Minerva21世紀ライブラリー㉜

近代日本哲学のなかの西田哲学

比較思想的考察

小坂国継 著

ミネルヴァ書房

まえがき

本書に収めた論稿は大きく分けて三つの部類に分けられる。いずれも「西田哲学とは何であるか」を明らかにしようとする意図をもったものであるが、それを、もっぱら西田幾多郎自身の著作に即して明らかにしていこうとする原典主義的な論稿と、近代日本哲学のなかで西田哲学が占めている位置や、西田哲学が果たしてきた役割についての考察をとおして明らかにしていこうとする思想史的な論稿と、さらには、西田哲学が有している独自の性格を、いくつかの西洋に伝統的な哲学との比較をとおして明らかにしていこうとする比較思想的な論稿とに分類することができるだろう。むろん、こうした三つの要素を完全に切り離すことは難しく、したがってどの論稿も大なり小なり前述の諸要素を併有しているのであるが、それでもなお主たる傾向や力点の相違という観点から、そのいずれかに分類することができるだろう。

第一の部類に属する論稿としては「叡知的世界」「絶対矛盾的自己同一」「場所的論理と宗教的世界観」があげられる。これらはいずれも西田哲学の各時期における代表作であるが、中期と後期と晩年を代表するこの三つの著作のそれぞれの執筆の経緯、当時の西田の内面的生活の有様《ありよう》、時代的背景、思想の内容とその特徴を、日記や書簡や近親者の回想・報告等の資料や、何よりも西田自身の著作をとおして明らかにしようとしたものである。これらは、筆者が以前に大東出版社から出した注釈本『西田哲学を読む』シリーズの『叡知的世界』『絶対矛盾的自己同一』『場所的論理と宗教的世界観』に収められた各々の「解説」の部分に、若干、補筆し訂正を加えたものである。

したがって、これらの論稿は、その性格上、きわめて原典に忠実な中味になっているといえるだろう。このシリーズが刊行されてからかなりの年数も経っているので、今まで手にする機会のなかった読者にとっては、そのエッセンスを一度に知ることができて便利かもしれない。これらの三つの論稿はそれぞれ独立した著作として刊行されたので、内容上において若干、重複が見られる。けれどもそのことが却って西田哲学の展開や発展の過程を体系的に知る上で役に立つと思われる。

第二の部類に属する論稿としては「『善の研究』の現代的意義」と「西田哲学と陽明学」があげられるだろう。とくに前者は、近代日本哲学において西田幾多郎の占めている位置と、『善の研究』の果たした役割について論じたものである。これは『善の研究』刊行一〇〇周年を記念して西田幾多郎記念哲学館で開催された記念講演会で話したものを、のちに『点から線へ』(第六十一号)に収録したものである。原文は会話体(「ます」調)になっていたが、本書に収録するに際しては、全体の文体を統一するため論文体(「ある」調)にあらため、また若干、文章や内容に手を加えた。筆者はこの講演のなかで『善の研究』を日本の哲学における「独立宣言書」として位置づけたが、その考えは今日においても変わっていない。また『善の研究』は日本における東洋的実在観の論理化の端緒であるという認識も変わっていない。

なお「西田哲学と陽明学」や「日本の近代化と哲学」においても、部分的に西田哲学の歴史的意義について触れられている。

第三の部類に属する論稿としては「自然の形而上学と心の形而上学」「実在としての無」「イデアと場所」「西田哲学と陽明学」「西田哲学と宗教哲学」があげられる。ここでは、西田の著作の厳密な考察から離れて、西田哲学や西田幾多郎の思想を広く伝統的な西洋哲学の枠組みのなかで位置づけ、その独創性を浮彫りにすることに力点が置かれている。西田の「場所」の論理は、西田自身がいっているように、プラトンの『ティマイオス』にあるイデアの「受容者」(ヒュポドケー)としての「コーラ」(空間・場所)の観念からヒントを得たものであるが、それをプラトンのように受動的な受容者としてではなく、反対に、あらゆるイデアや存在を生みだす能動的で創造的な根源として解釈しようとしたものであるといえるだろう。ここに、西洋の「形相」や「有」の思想に対質する「無」の思想が誕生し、「自然の形而上学」に対して「心の形而上学」ともいうべきものが構築される基礎が作られた。西田の絶対無の思想は、ちょうどプラトンのイデアの思想の裏返しであるといってよい。それは西洋的な実在観を百八十度回転させたものである。そしてそこに「三界唯一心、心外無別法」や「心即理」や「諸法実相」等の東洋に伝統的な実在観とのつながりが認められる。こうした点を、筆者は先にあげた諸論稿において繰り返し強調した。

また「西田哲学と陽明学」や「西田哲学と宗教哲学」では、そうした東洋的実在観を内在的超越論として特徴づけた。それは外的で対象的な方向への超越を説く実在観ではなく、むしろ反対に内的で心底的な方向への超越を説く実在観である。ノエシスのノエシスあるいはメタノエシスともいうべき実在観である。実体主義の哲学ではなく、徹底した作用主義の哲学である。

最後に、序章について一言しておきたい。序章は日本における哲学の受容の歴史とその特質について論じたものである。日本における哲学の受容の仕方の歪《いびつ》な性格についてはK・レービットや丸山真男等の指摘があるが、筆者は「思想的座標軸の欠如」という彼らの批判の正当だと思われる点は受け入れつつ、それでもなお日本には彼らが見落としていた日本独自の座標軸があったし、またあってもいいのではないか、何もすべてのものを西洋的な物差しで測る必要はないのではないか、という考えを以前からもっていた。この論稿は、そうした考えを西田幾多郎、和辻哲郎、中村元、石田一良らの所見を参考にしながら展開したものである。当初は、第一章として収録する予定であったが、他の論稿と較べていささか性格を異にしているので、序章として収めることにした。それは、第一章以下の諸論稿のいわば基調音ともいうべきものであり、したがってまた筆者の思い入れのとくに強い論稿でもある。ひょっとしたら、若干、勇み足の部分があるかもしれない。もう少し婉曲的な表現に改めることができないか試みてはみたが、文章にはその時その時の勢いというものがあるので、その一部を変更しようとすると、全体の論調にも影響をあたえることがわかり、結局、断念せざるをえなかった。少なからず気になる部分もあるにはあるが、それを訂正することによって、反対に、自分が大切だと考えているものを失ってしまう懸念もあるので、今回は、これはこれで良しとしておきたい。大方の叱正を得ればさいわいである。

近代日本哲学のなかの西田哲学——比較思想的考察　目次

目　次

凡例

西田の著作および他の著者の著作からの引用は、読者の便宜を鑑みて以下のとおりとした。

一　原文の旧仮名遣いは現代仮名遣いに改めた。また、送り仮名についても、現在、一般に用いられているものに変更した。

二　いわゆる旧字体は常用漢字表の字体に変えた。ただし、たとえば「根柢」「綜合」のように原文の字体のままにしているものもある。

三　一部の漢字は平仮名や片仮名に直した。逆に平仮名を漢字に変えたものもある。

四　漢字や平仮名の表記はできるだけ統一した。

五　人名や読みにくい用語には適宜ルビをつけた。

六　読点を補ったものもある。

七　ただし、古典たとえば道元の『正法眼蔵』からの引用等は、慣例にしたがって原文のままとした。

序章　日本の近代化と哲学

1　わが国における哲学の受容

幕末までの日本の近代化

西洋近代の哲学は一七世紀に始まった。それは、キリスト教の教義とアリストテレスの哲学という二つの権威に縛られた中世の神学的・目的論的なスコラ哲学に代わって、思惟する主体としての自立的な自我から出立しようとする人間中心的で主観主義的な哲学であった(1)。われわれはその根本精神をデカルトの「我思う、故に我あり」（cogito ergo sum）の命題に見いだすことができる。この認識主観《コギト》（cogito）としての我《エゴ》（ego）は、自然をわれわれの外にある生命を欠いた物質的世界として、それを分析と総合の方法でもって、どこまでも機械論的に理解していこうとする主体である。客観としての自然に対峙する、このような実体的な自我が哲学の根本原理として据えられ、その上に要素還元論的な方法論が確立されることによって、二元論的で機械論的な哲学が成立した。これが近代の哲学の根本特徴である。そして同時に、このデカルトの哲学は——アリストテレスのオルガノンに対抗する新しいオルガノン（ノヴム・オルガヌム）として実験と観察にもとづく帰納法を提唱したF・ベーコンの思想とともに——近代自然科学の基礎づけの役割をも果たした。こうして自然の解明と支配を目的とした自然科学は急速に発展していった。すなわち近代の幕開けである。

ところで、西洋で認識主観としての自我から出発する近代的な哲学と実証的な科学が誕生し、急速な発展を遂げようとしていたまさにそのときに、またそれにともなう技術の革新と進取の精神によって旺盛な海外進出が図られようとしていたまさにそのときに、まるでこうした世界の動きに逆行するかのように、わが国は外なる世界に対して自らの門を閉ざした。そして、この鎖国状態は実に二世紀半もの長期にわたった。近代化と産業革命の高波が世界を席捲していた真最中に、日本は極東の地にあって、泰平に溺れ安眠を貪っていたのである。その功罪についてはここでは触れないことにする。(2)

けれども、正確にいえば、この間、世界の諸事情がまったくわが国に伝わっていなかったわけではなかった。外国との唯一の貿易地であった長崎の埋立地出島を中継地として、細々とではあるが外国の文物はわが国に入ってきていた。とくに徳川吉宗の時代（享保元〜延享二、一七一六〜四五、在職）に、文化統制が緩和され、オランダ語やオランダ文化を研究することが比較的自由になった。こうしていわゆる「蘭学」の基礎が築かれていった。これ以後、幕末までの洋学はもっぱら蘭学であった。しかし、その研究は天文・医学・物理・兵学のような実学ないし形而下の学問に限定され、哲学や宗教といった形而上の学問にまでは及んでいなかった。

日本における西洋の学問や技術が国家的規模で本格的に受容されるようになるのは開国（安政元、一八五四）以後のことである。幕府は開国にともない、主として軍事上・外交上の必要から、洋学を専門にあつかう研究機関の設置を急ぎ、安政三（一八五六）年に「蕃書調所」を設立した。蕃書調所（のちに洋書調所、開成所と改称）は、もと浅草の天文台内に置かれていた翻訳局「蕃書和解方」（文化八、一八一

一、設立）を独立の機関として整備拡大し、場所も九段に移して機能の拡大強化を図ったものである。当初は、西洋の軍事書・砲術書・外交文書・新聞等の翻訳を主要な目的としたものであったが、それと並行して科学・技術・医学・法律・政治・経済等のいわゆる「実学」の研究と教育が熱心に推し進められた。それは単なる学校という役割のほかに、一種の外交的機関としての機能をも有し、さらには出版事業もおこなったということである。[3] また、年々その学科内容を豊富にし、オランダ語や英語のほかにフランス語、ドイツ語、ロシア語等も教授されるようになり、物産局、洋算、化学、絵図方等の諸学科が増設されて、まさしくわが国における近代的な大学の様相を呈していた。[4] 皮肉なことだが、これは黒船来航がもたらした、思わぬ副産物であったのである。

わが国における哲学の変容史

さて、日本における哲学の受容も、この蕃書調所を舞台として始まった。[5] 調所の教授手伝並（のちに「教授手伝」となる）であった西周《にしあまね》（文政一二～明治三〇、一八二九～九七）と津田真道《つだまみち》（文政一二～明治三六、一八二九～一九〇三）は、政治学・法学・経済学等の実学だけでなく、それら諸学の基礎にある、万物の窮理の学としての哲学にも関心をもち、ほとんど独学で研究を始めている。文久元（一八六二）年に書かれたと思われる津田真道の稿本『性理論』はわが国における最初の哲学的文献と目されるが、西周はそれに次のような跋文を付している。

> 西土の学之を伝ふる既に百年余。格物、舎密、地理、器械等緒科、間ま其の室を窺う者あり、独り希哲学《ヒロソヒ》一科に至っては則ち未だ其人を見ず、遂に世人をして謂はしむ。西人論気は則ち備る、論理は則ち未だなりと。独り此に見るある者、とくに我友天外如来より始まる、今此論頗る其機軸を著わす。

既に夫の西哲を圧して之に軼ぐるものあり。知らず異日西遊の後、将に何等の大見識を以って其蘊奥を発せんとするや。(6)（傍点引用者）

［西洋の学問が日本に伝わってから既に百年余り。物理、化学、地理、機械等の諸学問、ときたまそれを研究する者はある。しかし、哲学に関してはまだそのような人を見ない。それで世人のなかには、西洋には形而下の「気」（自然現象）をあつかう学問はあっても、形而上の「理」（宇宙の根本原理や道理）をあつかう学問はないのではないかという人がいる。しかし、今ここに西洋に「理」をあつかう学問があるのを洞察した人がいる。それはわが友津田真道であって、彼が書いたこの本はすこぶるその中心問題を著わしたものである。その内容はすでに西洋哲学に勝るところがある。いつの日か、西洋に留学後、まさにその大見識をもってその奥義をきわめるであろう。］

ここでは philosophy は希哲学《ヒロソヒ》と訳され、宋学でいう性理の学、または理学に相当するものと考えられている。津田の『性理論』という題名も、おそらくこのような philosophy の理解にもとづくものであろう。この跋文で西が述べているように、当時一般に、西洋には形而下の「気」をあつかう学問はあっても、形而上の「理」をあつかう学問はない、と考えられていたようである。佐久間象山（文化八～元治元、一八一一～六四）の「東洋道徳、西洋芸術（技術）」という言葉や、橋本左内（天保五～安政六、一八三四～五九）の「器械芸術取於彼、仁義忠孝存於我」（器械芸術は彼が取り、仁義忠孝は我に存す）という言葉は、いずれもそのような通俗的な西洋理解の表白と見ることができるだろう。けれども、西は、このような通俗的な見方に対して、西洋にも理（性理または道理）に関する学（ヒロソヒ）が存在することを発見し、津田とともにそれに関心を示した。この跋文には、窮理の学としてのヒロソヒを発見した西の喜びと自負の念がよく表現されている。

「哲学」という日本語は西周の『百一新論』（明治七、一八七四）に初めて見られる。[7]先の引用文にもあるように、最初、ヒロソヒ（斐鹵蘇比または斐魯蘇非）と音訳され、ついで希哲学や希賢学と意訳されていた philosophy は最終的に哲学と訳されるようになった。そして、それが明治一〇（一八七七）年に設立されたわが国最初の大学（後に東京帝国大学と命名）の正式の科目名として採用され、今日に至っているわけである。[8]

このようにわが国における哲学研究は西周と津田真道の両名をもって嚆矢《こうし》とするが、それはやがて明六社の彼らの仲間である福沢諭吉（天保五～明治三四、一八三四～一九〇一）、中村（敬宇）正直（天保三～明治二四、一八三二～九一）、加藤弘之（天保七～大正五、一八三六～一九一六）、神田孝平《たかひら》（天保元～明治三一、一八三〇～九八）、箕作秋坪《みつくりしゅうへい》（文政八～明治一九、一八二五～八六）たちによって、機関誌『明六雑誌』を中心にして推し進められた。また、彼らは東京学士会院（明治一二年、一八七九設立）の最初のメンバーでもあったから、この会院を舞台にして『東京学士会院雑誌』誌上で展開されたともいえる。

ところで、わが国において最初に受容された哲学は、ミルやコントの功利主義や実証主義であった。幕府派遣のオランダ留学生としてライデン大学のフィッセリング（Simon Vissering、一八一八～八三）のもとで学んだ西と津田が身につけて帰国したのが、ミルの功利主義であり、コントの実証主義であった。[9]しかし、アメリカ留学（ミシガン大学）から帰国し、日本人最初の帝国大学教授となった外山正一《とやましょういち》（嘉永元～明治三三、一八四八～一九〇〇）がスペンサーの進化論を紹介し、また帝国大学綜理の要職にあった加藤弘之がヘッケルの進化論に傾倒して『人権新説』(明治一五年、一八八二)を書いたこともあって、明治一〇年代は進化論が広く受容された。しかし、明治二〇年代になると、井上哲次郎(安政二～昭和一九、一八五五～一九四四)が長期のドイツ留学から帰国(明治二三年、一八九〇)して帝国大学の主任教授になり、ハルトマンやヘーゲルの哲学を鼓吹してからは、ドイツ哲学が学界の主流となった。そして、この傾向は終戦まで続いている。しかるに、戦後はデューイを中心としたアメリカの哲学が積極的に受容される一方、ヨーロッパ大陸の実存主義、構造主義、解釈学、現象学等がさかんに摂取されて今日にいたっている。これを要約していえば、明治の初期はミルやコントの功利主義や実証主義が、一〇年代はダーウィン、スペンサー、ヘッケル等の進化論が、そして二〇年代以後はもっぱらドイツ哲学が受容され、戦後はアメリカ哲学やヨーロッパ大陸の諸思想が盛んに取り入れられたといえる。

以上がわが国における哲学の受容の経緯と歴史の梗概である。

現代日本の思想状況

最後に、現代における日本の思想状況について一瞥しておこう。端的にいって、現代日本の思想状況は世界の縮図であるといってよい。プラトンからハイデガーにいたるまでの、また孔子から西田幾多郎にいたるまでの、東西古今のあらゆる哲学・思想がわが国に混在しており、またそれぞれの哲学・思想が固有の鼓吹者や熱心な支持者を有して並在しあっている。しかも、その相互の間に、これといった論争や対決もなければ、対話や交通も見られない。個々の哲学が独立して、というよりも孤立して存在している。それは、まるでデパートの陳列棚に飾られた商品のようである。せいぜい自分を飾りたてて客のつくのを待っているといった具合である。思想は一種のアクセサリーのようなもので、われわれの心性の内に深く浸透するということがない。少なくとも外見的にはそのように見える。また、思想がアクセサリーであるとすれば、何もひとつにこだわることなく、多くの思想を所有し、それを時と場所に応じて適当に取り替えればよいということにもなる。実際、われわれ日本人の意識には少なからずそのような風潮が見られるのではなかろうか。哲学相互の間の真剣な論争や対決が欠如している理由も、この辺りに見いだすことができそうである。そして、このことは宗教についてもいえる。冠婚葬祭において、誰もが、適宜、神道・仏教・キリスト教を使い分けている。外国人の目には、それは神に対する冒瀆であり、信仰心の欠如のあらわれであるかのように映るかもしれない。実際、しばしばそのような指摘がなされてもいる。

しかし、はたして真相はどうなのであろうか。日本人にとっては哲学や宗教は単なるアクセサリーにすぎないのであろうか。それとも、それはただ表面上のことにすぎないのであって、その奥にはもっと違った、またもっと深い日本的心性が潜んでいるのではなかろうか。そして、まさしくそこに日本の思想や文化の本質を解くカギが隠されているのではなかろうか。この点は大いに考察する価値がありそうである。

2　日本の哲学の歴史的特質

日本哲学の特質(一)——儒教的・仏教的性格

わが国における哲学の歴史的特質について考える場合、まずわれわれが留意しなければならないのは、最初に哲学を受容した人たちの経歴であろう。彼らはいずれも人生の前半において漢学（とくに宋学）を学び、中途で洋学に転向している。西周、津田真道、西村茂樹、加藤弘之、福沢諭吉等、いずれもそうである。その理由や動機については人によって多少の違いはあっても、幼少の頃から儒学で鍛えられ、その後に蘭学や英学に転じたという点では一致している。彼らは彼らの生涯において二度、教育を受けた。しかも、それはまったく異質な教育であった。そして、このことがわが国における哲学の主要な特質を形成した。すなわち彼らは西洋の哲学を受容する際、彼らが幼少の頃から身につけた儒教的教養でもってそれをおこなった。いわば儒教という眼鏡をとおして、その眼鏡に映った西洋の哲学を理解しようとしたのである（のちには、これに仏教という別の眼鏡が加わった）。

　たとえば「哲学」という言葉自体がそうである。哲学はギリシア語のφιλοσοφία の訳語であるが、その命名者である西周は、最初、それを周廉渓《しゅうれんけい》（茂叔、一〇一七～七三）の「聖希天、賢希聖、士希賢」（『大極図説』）の言葉にヒントを得て「希賢学」とか「希哲学」とか訳していた（津田真道は「求聖学《サトリヲモトムルマナビ》」と訳している）[10]。それが最終的に「哲学」という言葉に落ち着いたということはよく知られている（そして、この「哲学」という用語は、逆輸入されて現在の中国でも用いられている）。

　また、西は主観、客観、先天、後天、理性、悟性、感性、観念、意識、命題、還元、帰納、演繹、綜合、範疇等、今日用いられている多くの哲学用語の命名者としても知られているが、それらの用語の多くは儒教用語の借用や転用であった。わが国においてこれらの用語が、儒教的な意味や背景から解放されて、純粋に原語それ自体の訳語として理解されるようになるのは、ずっと後のことである。漢学に対する関心が次第に弱まり、その素養が衰えていくにしたがって、逆に哲学用語の理解が正確さを増していくという皮肉な現象が生じたわけである。現在では、これらの哲学用語がもと儒教用語から作られたものであることを知る人はほとんどいない。

ところで、儒教用語（のちには仏教用語も加わる）でもって原語を理解しようとすることは、必然的に哲学を儒教的に理解しようとすることになるだろう。それは、原語自身がもっている意味に、儒教的意味を付加するということであり、儒教的ニュアンスにおいて解釈するということである。したがって、それは西洋哲学についての客観的な理解ではなく、前述したように、儒教という眼鏡をとおした、あるいは儒教という眼鏡に映った西洋哲学についての理解であるということになる。このようないわば儒教化された哲学の理解は、少なくとも最初の半世紀において顕著であった。そして、それは今日においてもなお完全には払拭されていない。現在は、むしろ空、無、中、現成、性起、往相、還相、無明、大悲、円融、無礙、無相、自性、無底等の仏教用語（を用いた訳語）が氾濫しており、それが西洋哲学の理解を一層困難にしているように思われる。

日本における哲学の儒教的・仏教的性格は、それが単なる西洋哲学の紹介や翻訳や解説の段階を脱して、独自の観点や立場から西洋哲学を解釈したり、批判したり、あるいはそれに対抗して自己固有の哲学を構築しようとする段階に入っていくにしたがって、希薄になっていくどころか、逆にますます顕著になっていった。いいかえれば、日本における哲学の自立化とともに、その傾向がますます強まっていった。しかし、もともと儒教は実践的で礼楽を重んずる傾向が強く、形而上学的な深遠さと論理的な緻密さに欠けるきらいがあったので、わが国における哲学は、当初の儒教よりも次第に仏教を基礎にする傾向が強くなり、儒教の影響は道徳論や倫理学の領域に限られるようになっていった。実際、日本の代表的な哲学である西田哲学、田辺哲学、高橋哲学はいずれも仏教思想をその基礎に据えている。そして、これが、概して日本の哲学が宗教哲学的傾向を有している理由でもある。そのことは久松真一、西谷啓治、瀧澤克己、鈴木亨、阿部正雄、上田閑照等の哲学についてもいえるだろう。これに対して、西村茂樹、井上哲次郎、西晋一郎、和辻哲郎等の道徳論や倫理学には儒教的要素が顕著に認められる(11)。

日本哲学の特質(二)——折衷主義的性格

日本哲学の歴史的特質として、第二にあげられるべきは、その折衷主義的な性格であろう。あるいはそれは歴史的特質というよりも、日本文化に固有の性格というべきかもしれない。前述した佐久間象山の「東洋道徳、西洋芸術(技術)」という言葉や、橋本左内の「器械芸術取於彼、仁義忠孝存於我」という言葉に、すでに折衷主義的な性格があらわれている。文字どおり、それは東洋の道徳と西洋の技術との折衷を説くものである。そして、このような折衷主義は、明治期に、いわゆる「和魂洋才」の精神として唱道された。けれども、歴史的に見れば、それは鎌倉時代の「和魂漢才」の精神の焼き直しであり、その近代版にほかならない。また、わが国古来の神道と伝来の仏教との結合や綜合を説いた「神仏習合」の教えや「本地垂迹」説も一種の折衷主義と見ることができるだろう。歴史的に見て、わが国においては神道と儒教と仏教が深刻に対立し対決したということはほとんどなく、むしろ相互に結びつき、共存し、依存しあう傾向が強かったから、この意味においては、わが国の文化は伝統的に一種の折衷主義的文化であったといえなくもない。今日では、この神道、儒教、仏教に、あらたにキリスト教が加わって、その折衷主義にますます拍車が掛かっているともいえるだろう。しかし、この点については、さらに慎重な考察と検討を要すると思われるので、後にあらためて論ずることにしたい。

ともかく明治期の日本の哲学はおおむね折衷主義的であった。われわれはその典型を井上哲次郎と井上円了（安政五～大正八、一八五八～一九一九）の思想に見いだすことができる。前者の思想が西洋哲学と儒教思想との折衷であったとすれば、後者の思想は西洋哲学と仏教思想との折衷であった。彼らはともに東西の思想の綜合を企図したが、その綜合はあまりに性急な、またあまりに安易な妥協に傾きがちであった。[12]このことは三宅雪嶺（万延元～昭和二〇、一八六〇～一九四五）の思想についてもいえるだろう。たしかに、伝統的な文化のなかに外から新しい強力な文化が入ってきたとき折衷主義的な考え方が生ずるのは致し方のないことであって、ある意味では、それは必然的ななりゆきであるといわねばならぬ。しかし、日本文化においてはとくにこの傾向が強いように思われる。

このような折衷主義的な傾向は、その姿を良質で深遠な形に変えて、西田哲学や田辺哲学にも見られる。たしかに、彼らは両井上とは違って、東西の思想の安直な折衷や結合に走ることなく、西洋の哲学と真剣に、また正面から対峙し、それを超剋することを目指した。しかし、その超剋の仕方は西洋哲学を否定し去ったり、廃棄してしまったりするのではなく、むしろそれを止揚し揚棄する仕方、いいかえれば自分の哲学のなかに包み込んで、それを生かすという仕方であった。これも一種の折衷主義であろう。それは両井上や三宅のような単なる混合主義（syncretism）ではなく、文字どおり、異質なものから真理を抽出して新しい立場から調停するという意味の、いわば良質の折衷主義（eclecticism）であった。いいかえれば「あれか‐これか」の二者択一の立場に立つのではなく、むしろ矛盾を矛盾として、また対立を対立のままに容認し、それをより高次の立場から綜合統一していこうとする考え方である。彼らがともに弁証法を説き、「一即多」とか「内即外」とか、あるいは「無即愛」とか「死復活」とかいった自己矛盾的な術語を常用するゆえんである。

西田幾多郎（明治三〜昭和二〇、一八七〇〜一九四五）の「場所」の論理は、一言でいえば、自然科学的認識やカントの認識論、またアリストテレスの主語の論理やヘーゲルの述語の論理、さらにはキルケゴールやマルクスの弁証法をも自己の内に包摂し、自己の立場から位置づけようとする論理であった。西田はあらゆる西洋の論理や思想を自分の哲学体系のなかに組み入れて、それを生かそうとした。たしかに、彼は西洋哲学と対決し、これを超剋しようとしたが、その仕方は、前述したように、西洋哲学を否定し廃棄するという仕方ではなく、より高次の立場から、あるいはより普遍的な立場から、それを包容し生かすという仕方であった。たとえば、西田は遺稿「場所的論理と宗教的世界観」（昭和二一年〈一九四六〉刊行）のなかで「逆対応」の論理を展開しているが、それは絶対と相対（神と人間・仏と衆生）の間に見られる、自己否定を媒介とした逆方向的な対応関係を説いたものであり、これによって彼は仏教とキリスト教を綜合統一しようとした。つまり、キリスト教と仏教における絶対と相対との間の宗教的関係を、同じ「逆対応」の観念でもって説明しようとしたのである。

また、西田はこの論文においては、従来、彼が慣用的に用いていた「絶対無」という言葉を避けて、「絶対的一者」という言葉を多用している。さらに、「終末論的平常底」というような、キリスト教と仏教の用語を混合した何とも奇妙な言葉を用いてもいる。そこには、明らかに仏教とキリスト教を自己の「場所」の立場から位置づけ、綜合統一しようとする意図が見られる。仏教とキリスト教を対決させて、その優劣を決定し、一方を取って他方を捨てるというような「あれか－これか」の発想は、そこにはない。むしろ両者をいかに結合し融和させるかという動機が顕著である。

このような「対立するものの二者択一」ではなく、「対立するものの綜合統一」という考え方は田辺元（明治一八～昭和三七、一八八五～一九六二）の哲学により顕著に認められる。田辺の哲学は「絶対媒介の論理」とか、「絶対弁証法」とかいわれるが、それはまさしく対立するものの綜合・統一という論理であり弁証法にほかならない。それは直接的なものの存在を何ひとつ認めず、矛盾・対立するもの相互の否定的媒介によって、いっさいのものを説明していこうとするものである。こうして、たとえば『実存と愛と実践』（昭和二一年、一九四六）ではキルケゴールとマルクスが、「キリスト教とマルクシズムと日本仏教」（同年）ではキリスト教とマルクス主義と日本仏教が、『哲学入門　補説第三　宗教哲学・倫理学』（昭和二七年、一九五二）では科学と倫理と宗教が、それぞれ相互に媒介され、綜合・統一されている。その論理はいささか強引であって、具体的現実に合わせて論理が組み立てられているというよりも、むしろ論理的整合性に沿って現実が裁断されているかのような、いわゆる「プロクルステスの寝台」のごとき印象を与えがちであるけれども、しかし矛盾・対立するもの相互の否定的媒介による綜合・統一というその思考方法そのものは、まさしく日本的な特性であるといわなければならない。

高橋里美（明治一九～昭和三九、一八八六～一九六四）の哲学についても同様のことがいえる。通常、高橋の哲学は「体験全体の立場」とか、「全体性の原理」とか呼ばれ、高橋自身もそう呼んでいる。それは「ヘーゲルの弁証法的発展そのものを止揚して、これを内に含むところの発展全体の静止の立場」[13]であるといわれる。この規定の内に、前述した日本的性格がはっきりとあらわれている。また、高橋は「他の一つの止揚」（昭和六年、一九三一）と題する論文において、彼の説く「止揚」の概念を、ヘーゲルの絶対者のように、すべてのものを止揚された契機として自己の内に包むものではなく、それをあるがままの姿で包むものとして、いいかえれば弁証法的止揚を止揚し、絶対者をも止揚して、それを自己の内に包む全体として特徴づけている。それは弁証法的止揚のような発展による止揚ではなく、むしろ発展を包むことによる止揚である。[14] こうして高橋は究極的実在をあらゆる存在を包越する全体存在であり、あらゆる運動を包越する高次の静止であり、あらゆる弁証法的契機を包越する包弁証法的存在であると考え、ヘーゲルやマルクスの過程的弁証法をも、また西田の場所の弁証法をも包越する「包弁証法」を説いた。[15] 思想としての深さや独創性を度外視すれば、高橋哲学はあらゆる立場を無限に包摂し、包越していこうとするもっとも徹底した立場に立っており、その点で、もっとも日本的な哲学であるともいえるだろう。

日本哲学の特質㈢——近代化と日本への回帰の並在

日本における哲学の歴史的特質として第三にあげられるべきは、日本の哲学思想においてはつねに近代化への動きと日本への回帰の運動が並在し、相互に葛藤しあっていることである。これは第二の特質としてかかげた折衷主義ないしは和魂洋才の精神とも関連がある。明治以後、日本人は欧化主義と国粋主義、開化主義と復古主義の両端の間で微妙に揺れつつ自己のアイデンティティをもとめつづけてきた。ある時期は近代化・西洋化の運動に傾き、ある時期はその反動として日本への回帰の運動を強めた(この運動にも、先の折衷主義の場合と同様、良質なものと稚拙なものが混在していることは論を俟たない)。そして、このような振動は周期的に起こっている。もともと、相反するこの二つの動きはどの時期やどの時代にも見られるが、何かの要因でその均衡が崩れると、民意はその一方の極端へと傾き、またその反動として他方の極端へと傾くということが繰り返されてきたように思われる。あるいはそれは、極端から極端に走るという日本人の心性、福沢諭吉のいう「極端主義」と関連があるかもしれない。

歴史的に見ても、古来、わが国は海外に雄飛して外国との貿易や交流を積極的に図っていこうとした時代と、反対に自国のなかに閉じこもって伝統的な慣習や習俗にもとづいた自己充足的な生活をしていこうとした時代を、交互に周期的に現出させてきたように思われる。外国の文化や文物を旺盛に摂取した外向的な時代と、外国に対して門を閉ざし、ひたすら日本的・国粋的な文化を熟成し開花させた内向的な時代が交互に繰り返されてきた。もしかしたらそれは極東に位置する日本の文化的水準を高揚させるための、また同時に文化的アイデンティティを保持するための巧みな方策ないしは智恵だったのかもしれない。

近代の歴史を見ても、「文明開化」や「鹿鳴館」という言葉で象徴されるような明治初期の開化主義、欧化主義の時代のあとに、明治二〇年代から、その反動として国粋主義的・復古主義的な日本への回帰の運動が起こっている。大正期から昭和の初期にかけては「モボ」とか「モガ」いう流行語で象徴されるような「モダニズム」や「大正デモクラシー」と呼ばれるような民主主義的な精神が受容されたが、やがてその反動として「日本精神」とか「大和魂」とかいった時代錯誤的な復古主義的運動が跳梁跋扈し、日本と日本人の運命を狂わせてしまった。戦後はアメリカ民主主義が導入され、デモクラシーの精神が鼓吹されたが、昭和三〇年代の後半、次第に国力が回復し国民的自信が戻ってくると、またまた日本への回帰の運動が生じた。それは例の「期待される人間像」や道徳教育の復活にあらわれている。ここでは、このような運動の是非を論ずることはできないが、われわれはそれを厳粛なる歴史的事実として、またとかく極端から極端に走りがちな国民性のあらわれとして、冷静に、そして批判的に受けとめなければならない。

また、このような欧化主義の動きと伝統への回帰の運動は個々の思想家についても見られる。たとえば西田幾多郎の初期の思想は、処女作『善の研究』(明治四四年、一九一一)や次作『自覚に於ける直観と反省』(大正六年、一九一七)に見られるように、欧化主義的傾向の強いものであるが、西洋哲学に対抗して東洋的な(日本的な)ものの見方や考え方に論理的な基礎づけをしようとした中期以降の思想になると、伝統的なものへの、あるいは日本的なものへの回帰の動きが顕著になってくる。たとえば、『働くものから見るものへ』(昭和二年、一九二七)の序には、「形相を有となし形成を善となす泰西文化の絢爛たる発展には、尚ぶべきもの、学ぶべきものの許多なるは云うまでもないが、幾千年来我等の祖先を孚み来った東洋文化の根柢には、形なきものの形を見、聲なきものの聲を聞くと云った様なものが潜んで居るのではなかろうか。我々の心は此の如きものを求めて已まない、私はかかる要求に哲学的根拠を与えて見たいと思うのである」と記されている。実際、以後の西田の思索はもっぱら西洋的な「有」の論理に対抗する東洋的な「無」の論理の構築に注がれた。

また、二四歳で『ニーチェ研究』(大正二年、一九一三)を書き、二六歳のときに『ゼエレン・キェルケゴォル』(大正四年、一九一五)を刊行して、欧化主義の先端に立っていたかに見えた和辻哲郎(明治二二〜昭和三五、一八八九〜一九六〇)は、三〇歳の作品『古寺巡礼』(大正八年、一九一九)を契機として、『日本古代文化』(大正九年、一九二〇)、『日本精神史研究』(大正一五年、一九二六)、『続日本精神史研究』(昭和一〇年、一九三五)等を上梓して日本回帰への動きを強めていった。彼が十余年の歳月を費やして完成させた『倫理学』全三巻(上巻、一九三七年、中巻、一九四二年、下巻、一九四九年)は、このような精神活動の集大成にほかならない。また、欧化主義・近代主義から日本的・東洋的なものへの回帰は現代の思想家矢島羊吉（明治四〇～昭和六一、一九〇七～八六）や山崎正一（大正元～平成九、一九一二～九七）の思想遍歴においても見られる。

3　日本思想の特徴——融和性と無形性

さて、われわれは第二節において、日本の哲学思想の歴史的特性として、その折衷主義的な性格を指摘し、それが単に歴史的に制約された特性ではなく、対決よりも融和を好む民族的特性によるものではないかということを指摘した。ともかく、「あれか－これか」の二者択一を排して、矛盾・対立するものを、矛盾・対立のままに自己の内に包摂し、生かしていこうとする包容的性格が近代の日本哲学に共通して認められる。そして、それは第一節の最後に指摘した、今日の日本における思想のデパート的現象や宗教のアクセサリー的現象とも関連があるようにも思われる。本節では、この点を少し検討してみよう。

和辻哲郎の日本文化論

まず、このような包容的・融和的な性格は日本文化史上どのような形であらわれているか。

日本精神史研究の先駆者である和辻哲郎は、日本文化の特性として「外国崇拝」と「重層性」という性格をあげている(16)。和辻によれば、日本民族は伝統的に外国崇拝・自国蔑視の風潮が強い。たとえば、日本の代表的な思想家である道元でさえ、大国シナに対する尊敬と小国日本への蔑視を公然と口にしている。しかし、それは道元の思想がシナの思想をも凌駕するものであったということを妨げるものではない。外国崇拝・自国蔑視は民族の性格であって、それは文化の優劣とは別の次元に属する。むしろ、この自己卑下的な性格の故に、われわれの先祖は自分を空しくして外国の優れた文化を摂取してきた。また、それをもとにして日本的な文化を構築してきた。そこには、日本人が優れた文化に対して鋭敏な感受性をもっていることと、優れたものに対しては謙虚にこれを学び取り入れるという進取の気質に富んでいることを示している（おそらく、これが、インドや中国と比較して、日本の近代化がスムーズにいった一因であったと思われる）[17]。

日本人の外国崇拝は極東の島国であるという地理的要因と、一度も外国の侵入を受けたことがないという歴史的要因に基づくところが大きいと思われる。この結果、日本人には異民族に対する憎悪というものは見られず、外国の文化が理想化された形で受容される傾向が強かった。つまり外国との実際的な接触がきわめて希薄であったから、外国の文化は主として文物をとおして理想化された形で摂取されたのである。「舶来品」という日本語がもっている独特な響きは、それをよくあらわしている。

これが日本における外国文化の受容の伝統的な仕方であり、またそのような受容の仕方が日本文化の特性の形成に寄与しているのであるが、もうひとつ看過できないのは、その重層的な性格である。古来、日本においては種々の文化や思想が並在してきた、というよりもむしろ重層的に展開し発展を遂げてきた。あるいは、これも日本が極東の島国であるという地理的要因と関連があるかもしれない。日本はいわば文化の伝播の終着地であって、おのずとあらゆる文化が最終的に日本へと行きつき、そこに滞留し、またその地で重層的に発展していったとも考えられる。その是非はともかく、日本においては新しい文化の興隆によって旧い文化が消滅するということは稀で、むしろそれを刺激として自己を自覚し再び活性化していくという傾向が見られる。

たとえば能楽は鎌倉時代に創られた芸能であるが、今でもその様式を変えることなく演じられている。この能楽のあとに人形浄瑠璃が誕生したが、それは能楽の様式の否定であった。能の演者は人間であるが、あたかも生きた人間であることを否定するかのように、できるだけ自然な動作を殺すところに、この演劇の特徴がある。意識的に自然な動作を殺すことによって、かえって無限の表情をあらわすことができるのである。表情がもっともあらわれやすい顔面を仮面で隠すのもそのためである。しかるに、人形浄瑠璃は、生きていない人形を、あたかも生きている人間であるかのように動作させるところに、その特徴がある。能楽において殺されていた部分を意識的に拡大して演じてみせるのである。したがって、人形浄瑠璃は能楽の否定であるが、しかしこの否定によって能楽は消滅したのではなく、かえって自己の特性を自覚し再び活性化して今日にいたっている。殺すことは生かすことであるという弁証法的関係がここに見られる。

そして、このような弁証法的関係は墨絵と障壁画、短歌と俳句、鼓と三味線等の芸能の間にも認められる。あるいは茶道や華道や武道等、習い事の新旧の諸流派においても同様な関係が認められるだろう。新しい流派の誕生は旧い流派を消滅させることなく、両者は並在して重層的に発展してきている。(18)

さらに、それはわれわれの日常的な衣食住についてもいえるだろう。文明開化の波に乗って、洋風の衣服や建築や料理が盛んに取り入れられ、モダンとかハイカラとかいった流行語を生んだが、しかしそれによって伝統的な和風の衣服や建築や料理が廃れたわけでもなくなったわけでもない。それどころか、洋風の輸入によって、その様式がますます洗練され磨かれて今日にいたっている。もっとも西洋的建築様式であるアパートやマンションにおいても、かならず和室や襖や障子があり、われわれは玄関で靴を脱ぐのである。

丸山真男の日本思想論

たしかに、このような特性を「徹底の不足」と見ることもできるだろう。あるいは原理や原則の欠如と考えることができるかもしれない。たとえば丸山真男（大正三～平成八、一九一四～九六）はそれを「思想的座標軸の欠如[19]」としてとらえている。丸山によれば、古来、日本にはあらゆる時代の思想や観念に相互の連関性を与え、またあらゆる哲学的・思想的立場がそれとの関連で自己を歴史的に位置づけるような、そうした中核ないしは座標軸のようなものが欠けていた。そのため新しいものや異質的なものが、過去との十分な対決をへることなく、次々と無批判的に摂取されることになり、それらが歴史的・時間的構造を失って、相互に矛盾するものまでが空間的に並存することになってしまう。ここから丸山は日本文化の特性として「無限抱擁性」と「精神的雑居性[20]」を剔出している。前者は精神的な寛容性を、後者は座標軸の欠如をあらわす用語である。

丸山は日本におけるこのような「思想的座標軸の欠如」の淵源を、儒仏伝来以前の「固有信仰」にもとめている。丸山によれば、神道には、本居宣長のいうように、人格神の形にせよ非人格神の形にせよ、究極の絶対者というものが存在しなかった。また、日本神話においては、和辻哲郎が分析しているように、祭られる神は同時に祭る神であるという性格をもっていた。つまり日本人の固有信仰は特定の教義やイデオロギーのようなものをもっていなかった。それで、神道はそれぞれの時代に有力な宗教と〈習合〉して、その教義内容を埋めてきたのである。神道が有しているこのような「無限抱擁性」と「精神的雑居性」という性格が日本の思想的伝統を集約的に表現している。「絶対者がなく、独自の仕方で世界を論理的・規範的に整序する」思想的座標軸が形成されなかったからこそ、「外来イデオロギーの感染に対して無装備だった」[21]というわけである。

レーヴィットの指摘——批判的精神の欠如

この丸山の主張は、われわれに例のカール・レーヴィット（Karl Löwith、一八九七〜一九七三）の批評を想起させる。[22] 実際、丸山はそれを念頭においているようである。[23] レーヴィットは日本人の自己批判的精神の欠如に触れて、次のようにいう。二階の書斎にはプラトンからハイデガーにいたるまでのヨーロッパの学問が紐に通したように並べられている。しかし、階下では日本人は相変らず日本的に考えたり感じたりしている。そして、この一階と二階をつなぐ梯子はない、と。[24] これを丸山式にいえば、一階と二階を関係づける思想的座標軸が欠如しているということになるだろう。

これは一見すると、もっともらしい主張のように思われる。それは折衷主義の思想的弱点を見事に突いた言葉のように見える。しかし、翻って考えてみれば、このように一階と二階をつなぐ梯子が欠けているとか、梯子が必要であるというのは、物事をつねに「あれか-これか」、オルターナティヴな形で考えようとする西洋的な発想であって、日本的な発想ではないのではなかろうか。実際、われわれはそれでもって少しも不都合を感じていない。また、それだからこそ和洋折衷でもって平気でいられるのである。少なくとも、日本人にとって違和感はない。しかるに、それを日本人の批判的精神の欠如と批評することは、[25] 西洋的思惟方法を西洋人ではない日本人に押しつけることになるだろう。このようなレーヴィットの主張の背後には西洋中心主義的な一種の倨驕《きょごう》が潜んでいるといわねばならぬ。けれども、われわれの率直な感覚からすれば、そこに梯子が欠如しているのではなく、むしろ梯子を必要としないのである。[26] 百歩譲って、たとえ梯子を必要とするとしても、おそらくそれはレーヴィットの考えているのとまったく違った種類の梯子であるだろう。

無の座標軸

文化には統一と個性が必要である。およそ統一と個性のない文化というものはない。したがって、この意味では、日本文化にも固有の統一と個性がある。しかるに固有の統一と個性があるということは、そこに一定の思想的座標軸があるということであろう。座標軸なくして文化的統一や個性というものは考えられないからである。したがってまた、この意味では、日本文化にも一定の座標軸があるということになる。けれども、それは西洋的なオルターナティヴな座標軸ではない。われわれにはそのような座標軸が欠如していること、否むしろそうした座標軸を必要としないことは、前述したとおりである。それだから、座標軸というものが必ず「あれか－これか」の二者択一の形式を有するものであるとするならば、さしずめ日本的座標軸は「座標軸のない座標軸」すなわち「無の座標軸」であるということになる。いいかえれば、それはあらゆる思想や観念が自ら座標軸になりうるような座標軸であり、しかもそれがけっして固定化することのないような座標軸である。それだからこそ、先にわれわれが思想のアクセサリー的現象と呼んだものも生ずるのである。それは日本的座標軸がもっているいわばネガティヴな要素のあらわれであるということができるだろう。それに対して西田哲学に代表されるような京都学派の哲学は、そのポジティヴな要素のあらわれであるということができよう。

ともかく、日本の思想においては座標軸が欠如しているのではなく、その座標軸が「座標軸のない座標軸」であって、自らは無にして、つねに自己否定的に自己を顕現するような動的な座標軸であるということである。およそそれは西洋の実体的思考様式においてはけっして見られないものであろう。それは実体としてはまったく無であるが、同時にあらゆる実体を包むものである。

石田一良の「着せ替え人形」説

日本文化論の先達である石田一良（大正二～平成一八、一九一三～二〇〇六）は「神道着せ替え人形論」なるものを唱えている。[27] これは神道の「原質」と「各々の時代の宗教・思想」との関係を「着せ替え人形」における「人形」と「衣裳」との関係に擬して考えようとするものである。神道は、儒教や仏教やキリスト教などのように、前代の宗教・思想の影響を保存しながら、次代の思想・宗教の影響も受け入れて、漸次に発展を遂げていくというような展開をしてこなかった。むしろ前代の他の宗教や思想の影響を完全に払拭して、あらためて原質の上に新時代の宗教や思想の影響を受け入れるような形で展開してきた。それはいわば着せ替え人形の人形と衣裳の関係のようなものである。原質としての人形そのものは変化せず、それに新しい宗教や思想という衣裳が着せられていくことによって、様々な形態をとってあらわれる。それだから、石田はそれを「関数主義」とも呼び、またFunction-ism（〔f(x)＝y〕ism）とも表示している。[28] 彼の考えでは、神道の神は弥生式の水稲農業時代に形成された、いわば形のない文化創造力のようなものであるが、それが各時代に他の宗教・思想の影響をうけることによって、その祭神の性質を変え、形姿を変えて自らのなかに取り入れてきた。それは、自らは形をもたないからこそ、どのような形にも変化することができ、またどのようなものをも包容しうるのである。石田は彼の神道観を次のように要約している。

> 日本の神道は誠に奇妙な発展の仕方をしてきた。仏教が伝来すると、仏教と結びついて神・仏習合神道となり、日本の神はインドの仏が仮りにこの日本に姿をあらわしたものであると説かれた。儒教が

入ると、仏教の衣裳を全く脱ぎすてて儒教と結びついて儒家神道となり、宇宙の根源である太極（理）の中に一気が萌しそめたところを神というと説かれた。さらに明治時代になると神は皇室をはじめ国民の家々の祖先神となり、また内戦外戦の戦没者の英霊にもなった。ここには仏教・儒教の影は全くない。

そこで、私は神道を f(x)＝y という関数式であらわしうる文化現象と考えた。f は水稲農業時代を通して再生産されつづける神道の原質、x はその時々の文明的状況、y はその時々の神道の具体的なすがたと考える。日本の関数主義原理〔f(x)＝y〕ism では特殊の個は無限の可能性をもち、無限の異文明包摂力をもつものと考えられる。(29)

このように日本の固有信仰である神道の神は、それ自身は特定の形をもたない、またいかなる意味でも限定されないものと考えられている。しかし、それはまったく無限定で空虚かというとそうではなく、無限の産出力であり、創造力であり、文化意志である。それは、前述したように、自らは形をもたないからこそ、どのような形にも変ずることができ、自らは無であるからこそ、どのようなものをも受容することができる。この点から見れば、「梯子」をかけるとか、「思想的座標軸」をもつとかということは、自ら形をもつということであり、自らを限定するということである。したがって、それは「あれか－これか」というオルターナティヴな形でしかものを見ることができない。このような二元論的な座標軸は必然的に主観的、排他的、独善的、闘争的な性格を帯びるようになる。

西田幾多郎の日本文化論

西田幾多郎は講演「日本文化の問題」（昭和一三年、一九三八）において、日本文化の特徴をいわば音楽的な文化で「形のない文化」としてとらえている。(30) 西田によれば、この形がないということは決して欠点ではない。というのも、自ら固定した形をもっていると、他の文化を破壊して自らの文化を押しつけるか、あるいは反対に他の文化によって破壊されるかのどちらかである。「あれか－これか」の選択しかない。しかし、自らに固定した形がなければ、次々に外国の文化を受け入れて自らを変化させることができる。また、それによって種々の文化を綜合統一していくことができる。これこそ日本文化がもっている長所であり、この長所を日本という孤立した世界においてではなく、世界という開かれた舞台において発揮していくところに日本が担っている世界史的意義がある、というのである。世界という観念が現実のものになり、文化のグローバル化が叫ばれている今日、このような融和的・包容的な日本文化の特性が寄与するところが大きいのではなかろうか。あらゆる文化の終着地という地理的観点から見ても、またあらゆる文化の雑居性ないしは重層性という歴史的な観点から見ても、東西文化の真の架け橋となるところに、日本文化の世界的意義があるように思われる。また、自己を無にして、あらゆるものを自己の内に包容し融合しようとする文化的特性が、それを可能にさせるようにも思われる。

4 歴史的感覚の欠如の問題

日本文化の主体性

以上、日本文化の包容的性格と重層的性格について触れ、またそこから「思想的座標軸」の欠如の問題を検討した。日本文化は無限に包容的な性格をもっており、また後代の文化が前代の文化を廃棄するということは稀であって、むしろ相互に並在しながら重層的に発展していくという傾向が顕著に認められる。しかし、それはしばしば指摘されるような批判的精神の欠如でもなければ、「思想的座標軸」の欠如でもない。丸山真男のいうように、日本にはあらゆる思想や観念に相互の連関をあたえ、またそれらを位置づける思想的座標軸が欠如しているのではなく、むしろわれわれの民族的特質はそのようなオルターナティヴな座標軸を必要としない、というよりもむしろ好まないのである。日本的な座標軸はいわば「座標軸のない座標軸」すなわち「無の座標軸」である。したがって、時代時代においてどのような思想や観念をも偏見なく受容し摂取することができる。また、それが日本文化の包容的で融和的な性格を形成しているといえるのである[31]。

とはいっても、われわれ日本人は外来の有力な文化や思想をそのまま受動的に摂取してきたわけではなかった。むしろ日本的な感じ方や考え方に即して、主体的に摂取してきたのである。この日本的な感じ方や考え方は思想や観念以前のものであって、それ自身は固定した形をもたないものであるが――したがって座標軸とはならないものであるが――このような原初的エトスが外来のものを日本の風土や日本人の性情に即して受容し、それを変容させてきたように思われる。それは、あたかも着せ替え人形において新しい様式の衣裳を着せる場合に、おのずとそこに色調や模様の好みがあらわれるのと似ている。この意味では、外来文化を受容するということは、必ずしも日本の文化が外来化するということではないのである。むしろ反対に、外来文化をとおして日本的なものがあらわれるということができるだろう。

実際、過去の歴史において、日本はシナ文化の圧倒的な影響をうけてきたが、それによって日本の文化がまったくシナ化したというわけではなかった。また、日本の歴史において仏教があたえた影響ははかりしれないものがあるが、それによって日本人の考え方がまったく仏教化したというわけでもなかった。そこには、依然として日本的特性が保持されている。たとえば、われわれの祖先は貪欲なまでにシナの制度や文物を摂取してきたが、各々の時代の為政者たちは当時のシナの制度をそっくりそのまま取り入れたわけではないし、親鸞や道元や尊徳は漢文を原意どおりに忠実に理解しようとしたわけでもなかった[32]。また、仏教が日本に伝来してから後、ある意味では、その原型をとどめないほどに、したがってもはや仏教と呼べないほどに変容を遂げたということが指摘されている[33]。これが日本的な受容の仕方であって、日本人は外国の文化を受容する際、常にそれを日本の風土や日本人の性情にあうように変容してきた。

近代において西洋の文化を受容したときも同様であったといえる。われわれ日本人は、「西洋かぶれ」といういささか自嘲的な言葉が作られるほど、西洋病に感染したのは事実であろう。「文化のどの部門においても、一口にいえば、すべてのものは皆外国からの借物であった。借物でないのは人力車とふんどし位なものだろう[34]」と極論する皮肉屋もいるほどである。けれども、まるで熱に浮かされたように夢中になって西洋の制度や文物を摂取しながら、われわれ自身は必ずしも西洋化したわけではなかった。

かつて儒教や仏教文化を受容したときと同じように、それを日本化し、日本の風土と日本人の性情にあうような形で受容したのである。たしかモース（Edward S. Morse、一八三八～一九二五）であったと思うが、「日本ではすべてがあべこべだ。西洋ではノコギリは押して切るが日本では引いて切る。西洋では缶やビンは右回りに開けるが日本では左回りに開ける。わざと西洋とは逆にしているとしか思えない」という趣旨のことをいっていたかと思う。(35)

このように西洋的な尺度でもって日本の文化や思想を測ろうとすると思わぬ陥穽《かんせい》にはまることがある。そのもっとも基本的な特質をとらえそこなう危険性がある。

歴史的感覚の欠如

しかしながら同時に、われわれはそこからきわめて有益な指摘を得ることもできる。それは普段われわれの気づかない欠陥をわれわれに気づかせてくれる。たとえば、日本における外来文化の受容に見られる「歴史性の欠如」という指摘がそうである。

古来、日本においては外国の思想や観念は、その歴史的経緯や脈略を無視して、その成果物だけを受容するという傾向が強かった。それが、どのような社会的・歴史的背景の下で、どのような意図をもって、またどのような経緯をへて誕生したのかということについては、まったくといっていいほど無関心であった。その結果、われわれはそのような思想や観念を生みだした原初的な精神やエトスを看過しがちであった。「成果」としての思想や観念はその「基礎」にある精神やエトスと切り離すことができないはずなのに、われわれはそれを切り離して、その成果だけを摂取しようとした。したがって、一般に外来の思想や観念についての理解は上滑りした観念的なものとなりがちであり、真に自己自身の血となり肉となるということは稀であった。要するに、それは「借り物」であった。また、それだからこそ、取っ替え引っ替え、着せ替えることができたともいえるのである。

　また、前述したように、われわれは外国の制度や文物を需要する際、それらを生み出した原初的な精神やエトスに含まれている矛盾や問題性についてもまったく無知であり、無自覚であった。そのことは「和魂漢才」や「和魂洋才」のスローガンに端的にあらわれている。そこでは、和魂が漢才や洋才と真剣に対峙し対決するということはなく、むしろ（その歴史的経緯や脈絡から切り離された）漢才や洋才は和魂に適合するよう都合よく変容されていったのである。いわばそれは和風化された漢才であり、和風化された洋才であったといわねばならぬ。そこでは、後者に含まれている矛盾や問題性は底の方に沈殿してしまって、表面上はまったく見えなくなってしまっている。

　たしかに、日本の近代化は日本の西洋化であるといってよいだろう。われわれは西洋の近代化を受容することによって日本の近代化を図ろうとした。これは紛れもない事実である。したがって、近代化するということは、とりもなおさず西洋化するということにほかならなかった。けれども、厳密にいえば、われわれは西洋の近代化の成果を受容したのであって、その過程を受容したのではない。近代化という思想や観念を摂取したのであって、実際にそれを追体験したわけではない。われわれは西洋の近代化を歴史的に体験することなく、ただその果実を移植したにすぎないのである[36]。日本の近代化は、いわば旧い樹木に新しい苗木を接木《つぎき》したようなものであって、自ら汗して獲得したものでなかったから、そこにどうしても「外なるもの」という要素が残らざるをえなかった。近代化の成果である科学や技術も「内なるもの」という性格をもつことができなかった。そこで、この「外なるもの」と「内なるもの」とをつなぐものが必要となり、「和魂洋才」というスローガンを生んだのである。それはかつてシナの制度や文物を摂取した際、「和魂漢才」というスローガンを生んだのと同様である。

われわれは西洋の近代化の成果をただ思想や観念としてのみ受容して、近代化を遂行した精神やエトスには無頓着であった。それだから、西洋の近代化が含んでいる矛盾や問題性についてはまったく気づかず、これを看過してしまった。西洋においてまさに近代化がもたらした矛盾や問題点が指摘され、疑問が投げかけられているとき、われわれは西洋近代の思想や科学を、プラトンやアリストテレスの思想と同時に、また同様の仕方で受容したのである。そこでは、各々の思想の歴史的経緯や脈絡はまったく等閑に付されている。西田哲学や三木哲学において「技術」の問題性が何ら問題とされず、それが肯定的に受けいれられている理由はここにある。これはヤスパースやハイデガーなどの実存哲学者や、あるいはホルクハイマーやアドルノなどのフランクフルト学派において、科学や技術のもつ非人道性や道具的性格がやり玉にあげられていたのとは好対照である。

また、日本においてニヒリズムの問題が現実の問題となったのは、極々、最近のことであった。ニーチェの思想はすでに明治の中期に高山樗牛《ちょぎゅう》（明治四～三五、一八七一～一九〇二）や登張竹風《とばりちくふう》（明治六～昭和三〇、一八七三～一九五五）等によって紹介されたが、しかしその個人主義や超人の思想が喧伝されているだけで、ニヒリズムには触れられていない。このことは和辻哲郎の『ニーチェ研究』（大正二、一九一三年）においても同様である。「マルクス主義もわかるし、実存主義もわかる」という、西洋人から見れば不可解としかいいようのない日本人の思惟様式はここから生じているといえるだろう。包容力があるといえば、たしかに包容力があるといえるし、無原則といえば、たしかに無原則でもある。

しかし、皮肉ないい方をすれば、まだ「和魂洋才」の精神で猛進している間は良かったともいえる。

というのも、曲がりなりにも、そこに基盤となる精神やエトスがあったからである。しかるに、終戦後、この「和魂」が苦い戦争体験と結びついた負のイメージを背負うようになり、一顧だに値しないものとして忌み嫌われ、捨て去られてしまった。そして、その空隙を埋めるべくマルクス主義やアメリカ民主主義なるものが導入された（あるいは、されようとした）が、いずれも日本の土壌に根づくことなく失敗した。しかし、それはそれらが外来のものであったからではない。ここでも、われわれは同じ過ちを犯したといえるだろう。たしかにわれわれはマルクス主義や民主主義を取り入れようとしたが、その成果物としての思想や理論を受容しようとしただけで、その基盤となる精神やエトスを追体験し、それを自己自身のものとしようとしたわけではなかった。それは、いわば観念的に受容されただけで、現実の力とはならなかった。また、それらはわれわれ日本人が原初的に有していたエトス、そして歴史的変遷をとおして保持されてきたエトスと適合しなかったともいえる。否むしろ、われわれは「和魂」そのものを意識的に廃棄したので、マルクス主義やアメリカ民主主義を都合よく日本的特性に適合させることができなかったのである。その結果、マルクス主義は単なる階級闘争を盾にした「物取り主義」に堕し、アメリカ民主主義は際限なく権利を主張する「エゴイズム」に堕してしまった。自己を抑制し、清貧に甘んじ、融和を貴ぶ日本的エトスが多少なりとも生き残っていたら、このような不様な状態にはならなかったであろう。

新しいパラダイム

今日、われわれは寄る辺ない真空状態にあるといってもよい。われわれの進むべき方向性が完全に見失われてしまっている。その一方で、科学や技術がその誕生の基盤から遊離して、一人歩きを始め、途方もない方向へと突き進もうとしているかのように見える。

われわれは機械や技術に対する統御力を完全に喪失し、漠然たる不安のなかで、ただ目先の経済的利益だけを追いもとめている。というのも、現在では、それだけが自分にとって確実なものであり、「目に見えるもの」であるからである。この意味で、今日ほど確固とした精神的基盤ないし座標軸を必要としているときはないだろう。では、一体どのような座標軸がもとめられるべきなのであろうか。

今日の精神的空白状態は西洋の近代精神の行き詰りを示している、ということは大方の認めるところであろう。「あれか－これか」の二元論的な物の考え方、合理主義的な精神、機械論的な自然観、物質主義的な幸福観、人間中心主義的な物の見方等々が完全に行き詰まっていることを、それは示しているといえるだろう。いいかえれば、思想的座標軸が見失われている。まさしく西洋はニヒリズムの真只中にいる。西洋人は精神的な拠り所を、もはや伝統的なキリスト教にも、ヒューマニズムや合理主義にももとめることができず、新しい拠り所を、あるいはそうした新しい拠り所を構築する触媒や媒体を非西洋的な原理にもとめているように見える。禅やヨガの異常ともいうべきブームは西洋人の精神的飢餓状態を端的に語っているといえるかもしれない。

しかし、それはただ西洋人だけの問題ではない。近代化がもたらした問題は、同時にわれわれ日本人にとっての問題でもある。われわれ自身も近代化の内にあるのであり、その外にあるのではない。したがって、われわれはそれを自分自身の問題として真剣に考えなければならない(37)。

では、新しいパラダイムはどのようなものであるだろうか、否、あるべきであろうか。

おそらくそれは東洋的なものと西洋的なものを綜合し統一するような原理であるだろう。東洋的なものと西洋的なものが相互に補いあうような原理であるだろう。世界の近代化を導いてきた西洋的原理が、今日、行き詰まりをきたしているとすれば、その打開策としては、あらたに西洋的ではない原理を導入する以外に方法はないのではなかろうか。今までとは異なった視点や見方でもって現実を見つめ直す必要があるのではなかろうか。真に世界がグローバル化した現在においてもとめられるのは、従来のような対決の原理ではなく融和の原理であり、否認の精神ではなく包容の精神であろう。そして、この意味で、前述してきた日本的なパラダイムが真に世界的なパラダイムになるのではなかろうか。

もしそうだとすれば、そのためには、われわれはわれわれが意識的に忘却し放擲《ほうてき》し去った東洋的なもの、日本的なものを再発見し、活性化させ、それを現代の言葉で西洋に向けて発信しなければならない。こうして東西の対話のための共通の土俵が整ったとき、真の意味での「世界哲学史」が始まるのではなかろうか。また、そのとき初めて日本の哲学は真に自立的となるだろう。

註

（1）中世の哲学はしばしば「神学の侍女」（ancilla theologiae）とか「アリストテレスの侍女」（ancilla Aristo-telis）とか呼ばれる。

（2）鎖国の功罪については和辻哲郎『鎖国』、とくにその「序説」参照。『和辻哲郎全集』第十五巻、岩波書店、一九六三年、一五〜四五頁。

（3）麻生義輝『近世日本哲学史』宗高書房、一九七四年（復刻）、二一一〜二一四頁、参照。

（4）同書、二一四〜二一五頁、参照。

（5）この点について、大久保利謙は次のように述べている。「西洋哲学に関する断片的知識は、たとえば幕末に近い頃の高野長英の遺稿「聞見漫録」に若干見られるが、まだまったくの断片的な記載で後世への連関などはない。故に明治の西洋哲学史の移植史の第一頁は、幕末洋学の蕃書調所を中心とする津田、西及び加藤弘之等の新洋学研究のうちに在ったといわなければならない」。大久保利兼編『津田真道　研究と伝記』みすず書房、一九九七年、九頁。

(6)『西周全集』第一巻、宗高書房、一九六〇年、一一三頁。

(7)『百一新論』『西周全集』第一巻、二八九頁。

(8)この点に関して、井上哲次郎は次のように語っている。「哲学という言葉は西が初めて造ったものである。『百一新論』の外『利学』の凡例のところに、フィロソフィーを哲学と訳したわけを書いてある。哲学を性理学などと訳すれば、儒教の一派などのように考えられるから、哲学という訳語を用いることにしたと、こういうことが書いてある。一体、明治初年には、哲学はいろ〳〵に訳されていた。しかし西のこの訳語は幾くもなく大学に採用され、ついに広く社会に採用されるようになったのである」。『明治哲学界の回顧』『岩波講座　哲学』岩波書店、一九三二年、一三～一四頁。

(9)拙稿「西周と近代日本の哲学」『研究紀要』（日本大学経済学研究会）、創刊号、一九八五年、参照。

(10)津田真道「天外独語」『津田真道全集』上巻、みすず書房、二〇〇一年、七三頁。

(11)もっとも、和辻哲郎の倫理学は実質的には仏教の「空」の論理を基礎にしている。

(12)高坂正顕『明治思想史』『高坂正顕著作集』第七巻、理想社、一九六九年、二二六～二二七頁、参照。

(13)『高橋里美全集』第一巻、福村出版、一九七三年、九六頁。

(14)同、第三巻、二六一頁。

(15)同、第三巻、二六四～三〇九頁、参照。

(16)『和辻哲郎全集』第四巻、三〇七～三一一頁、参照。

(17)野上豊一郎は日本人の特性としてその適応能力の高さをあげ、次のようにいっている。「われわれは昔から手近のものを順順に食いつくして来た。そうしてよく消化して来た。栄養になる部分をば吸収し、不用の部分をば排泄した。この消化作用は日本人が、民族的に考えて、最も得意とするもので、日本人の適応性の最上の現われである。日本人は非常に怜悧によく目先がきくから、いつの時代においても、その時代を最もよく代表するものに向って食指を動かし、働きかけ、呑み込み、消化する。それだけ、また、ひどくがつがつして、敏捷に、同時に軽はずみでもあることを免れない。けれども、長い目で見て、常にひとの物を自分の物とするこの能力が、結局よい結果をもたらすであろうことは考えられる」。『日本に於ける西洋思想移植史』『岩波講座　哲学』一九三三年、三三頁。

(18) この点については、和辻哲郎『続日本精神史研究』に収録されている「日本精神」を参照。『和辻哲郎全集』第四巻、二八一～三二一頁。

(19) 丸山真男『日本の思想』岩波新書、一九六一年、四頁。

(20) 同書、一四頁。

(21) 同書、二一頁。

(22) K・レーヴィット『ヨーロッパのニヒリズム』柴田治三郎訳、筑摩選書、一九四八年。

(23) 丸山真男、前掲書、五頁、参照。

(24) K・レーヴィット、前掲書、「日本の読者に与える跋」、一二九～一三〇頁。

(25) 「ヨーロッパ精神は先ず批判の精神で、区別し比較し決定することを弁えている。批判はなるほど純粋に否定的なものの如くに見える。しかしそれは否定することの建設的な力、古くから伝えられて現に存在しているものを活動の内に保ち、さらにその上の発展を促す力を含んでいる。批判は、常に存するものを一歩一歩と分解し前進せしめるが故に、正しくヨーロッパの進歩の精神である、東洋は、ヨーロッパ的進歩全体の基礎になっているこうした容赦のない批判が自分に加えられるのにも他人に加えられるのにも、堪えることができない。およそ現存するもの、国家及び自然、神及び人間、教義及び偏見に対する批判——すべてのものを取って抑えて懐疑し探究する判別力、これはヨーロッパ的生活の一要素であり、これなくしてはヨーロッパ的生活は考えられない」。同書、一三〇～一三一頁。

(26) この点に関しては、下村寅太郎「日本の近代化における哲学について」「日本人の心性と論理」(『下村寅太郎著作集』第十二巻、みすず書房、一九九〇年所収)を参照されたい。
(27) 石田一良『カミと日本文化』ぺりかん社、一九八三年、一七六頁。
(28) 同書、一三頁。
(29) 同書、一七六頁。神道の展開過程について石田はおおよそ次のように語っている。『古事記』は日本の古代国家が成立しつつあったころの国家主義的なイデオロギーの衣裳を着た神道を語っている。鎌倉時代になって、仏教は神道に本地垂迹思想という厚い衣裳を着せることに成功した。室町時代に入ると、神道は雑多を包摂するという時代の風潮によって、儒教・仏教・道教などの諸思想をごたまぜにした綴錦のような衣裳に着替えた。吉田神道はその典型である。徳川時代に入ると、ふたたび易理によって作られた新しい薄衣を着るようになった。これが度会神道である。また山崎闇斎は神道に儒教の厚い着物を重ねて垂加神道と称し、宣長は国学という衣装を着せて古学神道を構築し、平田篤胤はそれをキリスト教と習合させて平田神道を説き、明治に入ると家制国家主義の衣裳を着せられた」(同書、一五四～一五五頁)。
(30) 講演「日本文化の問題」『西田幾多郎全集』旧版、第十四巻、四一三頁。新版、第十三巻、一二六頁。
(31) ここでわれわれが論じているのは日本文化の特性についてであって、その優劣についてではない。
(32) 中村元『日本人の思惟方法』『中村元著作集』第三巻、春秋社、一九八九年、六～九頁、参照。
(33) 同書、三七～六六頁、参照。
(34) 野上豊一郎、前掲書、三二頁。
(35) モース『日本その日その日』1、東洋文庫一七一、平凡社、二四頁他。
(36) 日本の近代化の諸問題については、拙稿「京都学派と〈近代の超剋〉の問題」(藤田正勝編『京都学派の哲学』昭和堂、二〇〇一年、所収)を参照されたい。
(37) 同論文、参照。

第一章　自然の形而上学と心の形而上学

1　西田哲学とは何か

西田哲学の理解の難しさ

西田哲学とはいったいどのような哲学であるのだろうか。三木清は西田哲学を「東洋的現実主義の完成」[1]と評している。三木がどういう意味で「東洋的」という言葉を使用しているのかは不明であるが、西田哲学が現実主義の哲学であるという三木の評言はおそらく正鵠を得ているといえるだろう。その抽象的で難解な論理から受ける印象とは裏腹に、西田哲学は徹底した現実主義の哲学である。この哲学はどこまでも現実に即して物を見ていこうとする。現実の底の底に徹しようとする。西田哲学は一時《ひととき》たりとも現実を離れることなく、現実の内の内を究め尽くそうとする哲学であるといえるだろう。

ただ、ここでいう現実は、一般に思念されているような意味での現実とは少しく異なっている。西田の考える現実は、多くの人が考えているようないわゆる「現実」ではない。極端にいえば、むしろそうした観念の対極にあるものである。

通常、われわれは現実の世界を、主観と客観、内と外、意識と対象とが対立している二元的世界と考えている。世界を自己の外にあるものとして考え、それを自己すなわち認識主観の側から対象的に見ていこうとしている。しかし、西田の考えでは、そうした世界は真実の世界でも、実在の世界でもない。われわれの生きているこの現実の真相とはほど遠いものである。それは一種の仮構的世界であり、抽象化された世界にすぎない。反対に、そうした二項的対立を自己の内なる二つの契機として包摂するような世界こそ真に具体的な世界であるのであり、真に現実的な世界であるのである。また、そのような世界を、世界自身の内から、あるいは世界自身の側から見ていくのが真実の物の見方なのである。

しかし、実をいうと、以上のような説明もまだ十分ではなく、正確でもない。というのも、世界を世界自身の内から見るとか、世界自身の側から見るとかいうとき、すでにそこに内と外との区別、自己と世界との対立が前提されているからである。「世界自身の内から」というのは、内と外とを分けた上で、（世界の外からではなく）世界の内からという意味ではなく、むしろそうした内とか外とかいった区別のないような世界それ自体からという意味でなければならない。同様に、「世界自身の側から」という場合も、その真実の意味は、世界を自己に対するものと見なした上で、（自己の側からではない）世界の側からという意味ではなく、自己と世界の区別を止揚したような無差別の立場からという意味である。いいかえれば、もはや（いわゆる）自己も世界もなく、しかも同時にまた自己が真に自己自身であり、世界が真に世界自身であるような立場からという意味である。

けれども、われわれがどのように思弁を弄しようとも、所詮、事物を説明するということは分別的思惟でもって説明するという制限を免れることはできないから、西田が考えているような無差別的な真実在の世界を言語的表現でもって正確に伝えることはできないのである。世界の外から見るのではなく、世界の内から見るといっても、その場合、どうしてもわれわれはそれを外に対する内として理解してしまう。内外の区別を超えた内として理解することは困難である。というのも、もともと内は外に対してのみ内であるからである。外を予想しないような内は内でも何でもない。このように、通常の言語においては、外でないものだけが内であることができる。外を含んだ内とか、外を超えた内とかいっても、やはりどこかに外に対する内、あるいは外ではないものとしての内という意味が残ってしまう。

また同様に、自己自身の側からではなく世界自身の側から見るといっても、われわれはそうした世界を、どうしても自己に対立する世界として受けとってしまう。

無分別の分別の世界

それを、自己と世界の対立を超えた世界として考えることは困難である。というのも、もともと世界は自己に対して初めて世界であることができるからである。そこに、言葉というものが本質的にもっている障壁がある。何かを考えるということは、それを他のものから分別するということである。したがって、前述したような無差別の世界はそうした分別をもってしては永遠にとらえることができない。万言を費やしても、ついに真相には到達しえないのである。禅宗で「不立文字」ということをいい、また「直指人心」ということをいうゆえんであろう。

けれども、哲学は宗教とは異なって、体験自身の立場ではなく、どこまでも体験を反省する立場である。体験の内容を言語的思惟でもって説明する立場である。そこに反省的思惟の限界があることを自覚しつつも、あくまでも言葉でもって真実の世界に肉薄していこうとするのが哲学の拠って立つ立場でなければならない。その意味で、哲学とは、けっして対象化することのできないような世界を対象化しようとする不断の試みであるといってもよい。われわれが西田哲学に接する際、まずもってこの点に留意する必要がある。彼が頻繁に用いる内即外・外即内とか、一即多・多即一とか、ノエマ即ノエシス・ノエシス即ノエマとか、絶対矛盾的自己同一とか、あるいはまた「物となって見、物となって行う」とか、「物の中に入って物の中から物を見る」とか、「世界が自覚する時、我々の自己が自覚する。我々の自己が自覚する時、世界が自覚する」とかいった諸々の自己矛盾的な表現は、もともと分別的思惟をもってしてはとらえられないものを何とかして分別的思惟でもってとらえようとする不断の試みなのである。

2　徹底的実証主義

絶対的客観主義

西田幾多郎は、晩年、自分の哲学を種々の用語でもって特徴づけている。そのなかで比較的多く用いられているのは「絶対的客観主義」「徹底的実証主義」「現象即実在論」という表現である。絶対的客観主義というのは、無論、主観主義という言葉の対語であるが、そこに「絶対的」という形容詞が付加されているのは、それが単なる主観主義に対する客観主義ではなく、いわゆる主観と客観の相対的な対立を超えた、より広い意味での客観主義であり、またそうした対立を二つの契機として自己の内に包摂しているような、より高い次元における客観主義であることをいいあらわすためである、と考えられる。西田は、デカルトやカントに代表される西洋近代の哲学を慣用的に「対象論理」と呼んでいる。それは、一言でいえば、世界を自己の外に、また自己に対してある対象と考え、またそうした客体化された対象を自己の側から見ていこうとするものである。現実の世界を対象界と考え、対象界としての世界を、（その外にある）意識的自己の側から見ていこうとするものである。

したがって、それは二元論であり、また主観主義でもある。

対象論理においては、つねに内と外、主観と客観、意識と対象が区別されている。そして、そうした二項的対立の図式でもって事物の真相が究明されている。それゆえに、それは二元論である。また、そこでは、世界はつねに認識主観である自己にとっての認識の対象として考えられ、しかもこのような認識対象としての世界が主観的自己の側から見られている。それゆえに、それは主観主義である。そこには純粋な客観というものはない。世界といっても、それは主観によって見られ、主観によって構成された客観であり、したがってそれ自身、一種の主観である。

むろん、同じく自我とか主観とかいっても、デカルトの考える心理的・経験的自我とカントのいう論理的・先験的自我では、その性質が異なっており、したがってまた、そうした性質の異なった自我によって構成され認識される世界の性質や内容も異なっているが、ともかく世界を主観（自己）に対してあるもの（対象・客観）と考え、それを主観の側から見ていこうとしている点では軌を一にしている。そこでは、いっさいのものは主観的性格を有している。対象といえども主観的対象であり、客観といえども主観的客観であり、世界といえども主観的世界である。

これに対して、西田は、自己というものを世界の外にあるものとしてではなく、世界の内にあり、世界の内で働くものとして考えている。世界とは、具体的には、「我々が之に於いて生まれ、之に於いて働き、之に於いて死にゆく世界」(2)のことであり、われわれの自己は世界のなかで生まれ、世界のなかで働き、世界のなかに死にいくものである。自己は世界の外にあるものでも、世界の外から世界を自己の対象として認識するものでもない。むしろ世界の内から世界の要素として働くものであり、見るものである。西田は、デカルトやカントのように、自己の側から客体として世界を見るのではなく、逆に世界の側から、世界の要素として働くものとして自己というものを見ようとしている。これが、いわゆる「場所の論理」であり、「世界」の論理である。正確にいえば「絶対無の場所の論理」であり、「弁証法的世界の論理」であるのである。

西田は対象論理の立場に立つ人と自分自身の思想的立場との相違を、端的に「自己から世界を考えるか、世界から自己を考えるかにある」といい、「カントの意識一般の立場といえども、主観主義的立場を脱却したものではない。個人的自己を超越したといっても、超個人的主観の立場たるにすぎない。私の立場は、これに反し世界から自己を考えるのである。主観主義とか個人主義とかいうものとは、正反対の立場である。絶対的客観主義である」(3) といっている。要するに、絶対的客観主義とは、世界が世界自身の側から自己を表現しようとするものであり、また世界の一要素としての自己を世界自身の側から見ていこうとするものである。

徹底的実証主義

また、西田は自分の思想をしばしば「徹底的実証主義」(4) とも呼んでいる。ここで実証主義というのは、認識論的な観点から主張された実証主義ではなく、行為的自己の立場から主張された実証主義である。周知のように、従来の実証主義というのは、所与の事実から出発して、それら感覚的諸事実の間の恒常的な関係や法則性を明らかにしようとするものであった。それを西田は「感覚的実証主義」(5) と呼んでいる。このタイプの実証主義は、同じく実証主義といっても、認識主観としての自己の側から所与的世界の法則性を明らかにしようとするものであるから「主観主義」であり、世界を自己の外に、自己の対象としてあるものとして考えようとするものであるから「対象論理」である。この点では、デカルトやカントの考えと少しも異なるところはなく、ただデカルトが説いた神学的形而上学やカントが追究した人倫的形而上学の可能性を否定して、あくまで認識の対象界を現実の世界に限定し、超自然的な世界や叡智的世界の究明を排除しているという点で、異なっているにすぎない。

これに対して、西田のいう実証主義は、世界が自己自身を表現するという意味での実証主義である。より正確にいえば、世界とは、われわれの意識をとおして自己自身を表現するものであり、事実と事実の関係を科学的法則という形式で表現するものである、ということを明らかにしようとする実証主義である。その際、各々の科学はそれぞれ固有の表現形式を有しているが、その表現形式がどうあれ、その表現が世界自身の表現であるかぎり真である。世界は世界自身を証明するものであって、「我々の意識は、いわば世界が自己自身を映す鏡のごときものである」[6]と考えられている。ここにも、先の絶対的客観主義と同じような考え方が認められるであろう。それは一種の内在主義の立場であり、世界の自覚の立場あるいは世界の自覚的な自己形成の論理である。そして、それは同時にわれわれの自己の自覚の立場であり、われわれ自身の自覚的な自己形成の論理でもある。弁証法的世界の論理は同時に行為的直観の論理でもあるのである。ここでは、われわれの自己が世界自身の自己表現として考えられている。自己と世界に対する従来の通念が一変されている。自己が世界であり、世界が自己であると考えられている。内が外であり、外が内であると考えられているのである。日常的言語においては、それは矛盾であるといわれるかもしれない。たしかに、それは矛盾であろう。しかし、それはまぎれもない事実である。それで、西田はこうした事態を絶対矛盾的自己同一と表現したのである。

形而上学の要求

ところで、実証主義はその考察の範囲を所与の事実に限定しようとするものであるから、必然的に現実主義であって、超自然的・超越的世界の認識を排除する。したがってまた、形而上学を否定する。しかるに、西田は、自分の哲学は徹底的実証主義であると自称しながら、一方では、つねに形而上学に対して強い関心をもっていた。彼は当時の流行思想であった新カント学派の認識論に満足できず、絶対無の場所の形而上学を構築した。すでに『自覚に於ける直観と反省』（大正六年、一九一七）において、単なる意識一般の立場ではなく、意識一般を反省する立場、すなわち意識一般の自己反省の立場に立つことの必要性を強調し、「コーヘンは意識状態を説くも、意識作用の起源についてなお深い思索を欠いている。しかして、この点が意味の世界と実在の世界の分岐点として深い考究を要するものと思う。余は認識論をもって止まることはできない、余は形而上学を要求する(7)」といっている。

また、場所の論理の形成期に、新カント学者左右田喜一郎の「場所の論理は認識論の単なる形而上学的転用にすぎない」という批判に対して、「単にリッケルトのごとき立場以外に出ることを形而上学と考えられるなら、私はむしろ好んで光栄ある形而上学の名を冒瀆したい(8)」と答えている。

さらには、場所の論理の完成期の『一般者の自覚的体系』（昭和五年、一九三〇）のなかでは、自分が考えているような叡智的世界を論ずるのが形而上学であるというのであれば、「私は形而上学というものにもその成立の根拠と権利を与えたい(9)」と述べている。

このように、西田は彼の思想形成のどの時期においても、形而上学に対して強い関心をいだいており、実際、一貫して形而上学を説いている。最初期の「純粋経験」の思想は「経験の形而上学」であり、次の「自覚」の思想は「意識の形而上学」であり、さらに「場所」の思想は「（絶対無の）場所の形而上学」である。ところで、西田の形而上学の特徴は、それがつねに彼の自己写像的認識論を基礎づけるものとして位置づけられていることである。つまりカントや新カント学派が「意識一般」の立場から認識論を構築したのに対して、西田はそうした「意識一般」の立場では満足せず、さらに「意識一般」の存在の根拠をもとめて、いわば「意識一般」を反省する立場――それが「絶対自由意志」であり、「絶対無の場所」である――へ遡源し、そうした形而上学的立場から彼の認識論を基礎づけようとした。そして、このような形而上学的要求がつねに西田の思索のライトファーデン（導きの糸）となっている。

けれども、徹底的実証主義はどうして形而上学と両立するのであろうか。実証主義はもともと形而上学とは相容れない性格のものなのではなかろうか。実証主義の対象領域は自然科学の対象領域と合致するはずではなかったか。

じつは、ここに、まさしく問題の核心があるのであって、西田が考えている形而上学は西洋に伝統的な形而上学とは少しく趣《おもむき》が異なっているのである。それどころか、むしろ正反対であるといってもよいかもしれない。従来の形而上学は、一言でいえば、自然を超越した超自然的世界の解明であった。自然の個々の現象を解明する学問（自然学）ではなく、自然を自然としてあらしめているような超自然的な原理の探究（超-自然学）であった。存在するものを存在するものとしてあらしめているようなあらゆる存在の根拠あるいは究極の原理の探究であった。アリストテレスはそれを「第一哲学」（πρώτη φιλοσοφία）とも「神学」（θεολογική）とも呼んでいる。プラトンの「イデア」（ἰδέα）や、アリストテレスの「第一形相」（πρώτη εἶδος）や、プロティノスの「一者」（τὸ ἕν）は無論のこと、キリスト教でいう「神」

（Deus）もまた超自然的な存在と考えられていた。

　周知のように、形而上学という言葉の原語は metaphysica であり、それは meta ta physika（自然の後に、自然を超えて）という言葉から派生している。一般に、古代のギリシア人は現実の自然を超越したところに真の実在がある、と考える傾向があった。ニーチェはそれを「背後世界論」（Hinterwelt-thorie）と評しているが、ギリシア人は有為転変する現実の仮相的世界の背後に恒常不変な真実の世界が存在すると考えた。その典型はプラトンのイデア説である。プラトンは不完全な感覚的世界の背後に理想的なイデア界を考え、両者の関係を「臨在」（παρουσία）と「分有」（μέθεξις）の観念でもって説明しようとした。たとえば、感覚的世界のなかのある物が「美しい」といわれるのは、それはその物が美のイデアを分有しているからであり、それを美のイデアの方から説明すれば、美のイデアがその物に臨在しているからだというのである。同様に、ある感覚的事物が円《まる》いといわれるのは、それが円のイデアを分有しているからであり、あるいは円のイデアがその物に臨在しているからである。こうして物の種類の数だけイデアがあり、イデアが物の存在の原因であるということになる。

　このようなイデア論が西洋の形而上学の原型ないし範型となっている。実在は感覚的ないし現象的世界にあるのではなく、それを超越した形而上学的世界にあると考えられた。アリストテレスの「第一形相」、プロティノスの「一者」、中世以後の哲学における「実体」（substantia）概念、カントの「物自体」（Ding an sich）、フィヒテの「絶対的自我」（absolutes Ich）、シェリングやヘーゲルの「絶対者」（das Absolute）はいずれもこうした超越的な性格をもっている。たとえ実在が客体的なものと考えられようと、あるいは反対に主体的なものと考えられようと、それらはいずれも自己の外に超越した存在と考えられている。このように、伝統的な西洋哲学においては、現象界と実在界は分離され、実在は現象を超えた外的超越者として考えられる傾向が強かった。したがって、その形而上学は、文字どおり「自然の形而上学」であったといえる。ヘーゲルの「絶対者」でさえ、内在的性格とともに超越的性格を有している。それは主体であるとともに実体であると考えられているのである。

現象即実在論

ところで、西田はこういう意味での形而上学の存在を否定する。彼の説く形而上学は西洋に伝統的な形而上学とは異なったものである。西田によれば、現象の世界の外に、現象の世界を超えて、実在の世界が別個にあるのではない。自然の世界の背後に、自然の世界を超えて、超自然的な世界があるのではない。現象界が唯一の世界であるのであり、現象がすなわち実在である。現象と実在とは相互に切り離されて存在するものではなく、両者は一体にして不二なるものである。このように、西田哲学は現象即実在論の立場に立っており、西田自身、しばしば現象即実在という言葉を使用している。彼はけっして超越的世界の存在を認めようとはしない。背後世界の存在を断固として否定するのである。そして、この点では、実証主義（西田のいう感覚的実証主義）と軌を一にしている。

しかし、西田は、この唯一の世界である現象界はけっして平面的なものではなく、無限の深さと奥行きをもったものであり、われわれの意識や自覚の境位の段階に応じて、種々の異なった相貌をあらわす、と考えていた。日常的な意識においては表層の世界があらわれ、根源的な意識においては深層の世界が見られる。とはいっても、この表層的世界と深層的世界はまったく別個の世界であるというわけではない。あたかも地球が何層もの地層から形成されているように、現象界は何層もの意識層から形成されている。同一の世界が、それを見る自己の側の意識の深浅ないし高下の程度に応じて、種々の異なった段階の世界を開示するのである。あたかもそれは、同じものを見ても、子供に映る世界と大人に映る世界とでは、まったく異なっているのと同様である。世界は唯一であり、同一であるが、それを見る側の意識や分別や感受性の違いによって、まるで異なった世界ででもあるかのようにあらわれてくるのである。

大人の目から見れば何の変哲もないようなものに、子供はひどく怯えたり、また反対に胸を躍らせたりする。その際、大人と子供は別個の世界を見ているのではなく、まったく同一の世界を見ているのであるが、その同じ世界が両者にとってまるで異なった世界のように見えるのである。この意味で、世界はわれわれの意識の反映であり、映像である。一切唯心造である。先に、われわれの意識は現実の世界を映す鏡であるといったが、それと同時に、世界はわれわれの意識の映像である。そして、自己と世界との間のこうした相即的関係を宗教の領域にまで拡大すれば、穢土即浄土、煩悩即涅槃ということになるだろう。煩悩にまみれた穢土の世界がそのまま涅槃寂静の浄土の世界である。その場合、穢土と浄土、あるいは煩悩と涅槃という異なった二つの世界があるわけではなく、同じ唯一の世界が、迷っている人から見れば煩悩の世界あるいは穢土として映り、悟った人から見れば涅槃寂静の世界あるいは極楽浄土として映るということである。イデア界と感覚界は別個の世界であり、神の国と地上の国は別個の国であるが、煩悩界と涅槃界は同一の世界であり、浄土と穢土は同じ国土である。前者の関係は対立的であるのに対して、後者のそれは相即的である。

内在的超越者としての絶対無

ところで、西田のいう絶対無とか、絶対無の場所とかいうのは、われわれの意識のこうしたもっとも深いレベルで見られる存在であり、世界である。それは、われわれの意識的自己の外に超越してある実在や世界のようなものではなく、むしろ反対に、われわれの意識的自己のもっとも内なる、意識の最内奥にあるものである。正確にいえば、その極限に見られるものである。そして、それは同時に、真正の自己であり、仏教でいうところの仏である。西田は絶対無の自覚を説明して、「見るものも見られるものもなく色即是空空即是色の宗教的体験[10]」といっている。西田は実在という言葉を使用するとき、つねにこうした性格のものを指す言葉として用いている。繰り返していえば、それは、外在的超越者ではなく内在的超越者であり、実体的なものではなく主体的なものである。ノエマ的なものではなくノエシス的なものであり、ノエシスのノエシス、純粋ノエシスあるいはメタノエシスである。それを、なぜ無とか絶対無とか呼ぶのかといえば、主体的なものは対象化できないからであり、ノエシス的なものは見ることができないからである。無というのはノエマ的・対象的に無ということであり、したがって無相ということであって、けっして非存在という意味ではない。むしろ、それは真の意味での存在であり、根源的な実在であるのである。

禅宗では「脚下照顧」ということをいう。文字どおり、「自分の足元を見よ。真理は自分の外にあるのではなく、自分の内奥にある」という意味であるが、これを捩《もじ》っていえば、真実在は自己の外に、自己を超越して存在するのではなく、自己の内に、自己の奥底にあるということになるだろう。王陽明もいわゆる「竜場の大悟」において「聖人の道は吾が性に自足し、向《さき》に理を事物に求めしは誤り[11]」と悟り、「心外に理なく、心外に物なし[12]」といっている。王陽明においては、この心内の理は「良知」であったが、西田においては「絶対無」であった。さらには、『華厳経』では「三界唯一心、心外無別法」ということをいう。こうした『華厳経』の精神は同時に西田哲学の精神でもある。

ところで、このような絶対無や仏は日常的な自己から見れば一種の超越者である。しかも自己の外に超越するものではなく、反対に自己の内に超越するものである。それで、西田はそれを「内在的超越」と呼んでいる。しかし、一方、絶対無は現実のわれわれ自身ではない、つまり日常的・平均的な自己ではない。むしろ、われわれ自身の根底にあるものであり、その意味で、われわれを超越したものである。したがって、絶対無や仏を探究するということは一種の超越的実在の探究であるから、それ自身ひとつの形而上学である、といえるだろう。けれども、それは従来のような形而上学ではない。古代のギリシア以来、西洋に伝統的な形而上学ではない。

従来の形而上学は、われわれの自己の外にある、日常的自然を超越した超越的実在の探究であった。したがって、それは自然を超えた自然学すなわち超‐自然学（meta-physica）である、といえるだろう。これに対して、西田が考えている形而上学は、日常的心の内に超越した超越的実在の探究であった。したがって、それは日常的な心の世界を超越した心の学すなわち超‐心学（meta-psychica）とでもいうべきものであるだろう。前者が「自然の形而上学」であるとすれば、後者は「心の形而上学」である。メタフュジカに対するメタプシュキカともいうべきものである。このように、西田の関心事はいわゆる外部的世界の真相を解明することではなく、反対に内部的世界の真相を明らかにすること、つまり真正の自己を探究することにあった[13]。

以上のように、西田は形而上学を従来のそれとはまったく異なった方向に考えている。従来の形而上学は、実在というものを、自己の外に、また自己を超越した方向にあるものとして考えてきた。したがって、それは物の形而上学であり、自然の形而上学であった。これに対して、西田は実在というものを、自己の外にではなく、反対に自己の内に、自己の内底に超越した方向にもとめる。したがって、それは自己の形而上学であり、心の形而上学である。禅仏教でいう己事究明が西田哲学の根本問題であるのである。この意味で、ドイツ観念論哲学、とくにフィヒテの哲学が、問題意識としては西田哲学にもっとも近いといえるのではないだろうか。実際、西田はフィヒテによって新しい実在概念がもたらされたという趣旨のことをいっている。[14] また、ヘーゲルのいわゆる「具体的普遍」(konkrete Allgemeinheit) の概念は西田の絶対無と通底する特徴を有している。おそらく西田は西洋の哲学者のなかでヘーゲルをもっとも身近に感じていたのではなかろうか。[15] 西田がその著作のなかで頻繁にヘーゲルを引き合いに出すゆえんである。

けれども、フィヒテの「絶対的自我」は純粋活動であると同時に実体的な要素を有しており、ヘーゲルの「絶対者」あるいは「絶対的精神」もまた主体であると同時に実体である、と考えられている。たしかに、それらは主体的であるが、しかし、それは純粋な主体ではなく、どこかに客体的要素をもった主体である。このように、西洋の哲学はどこか実体的要素から脱皮できないところがある。そこでは、つねに実体的なものが実在であると考えられてきた。対象的な超越者が実在であると考えられてきた。その例外ともいうべきはジェームズとベルクソンであろう。ジェームズは「思想や意識の流れ」(stream of thought or consciousness) を説き、ベルクソンは「純粋持続」(durée pure) を説いて実体的存在というものを否定し、主体的な不断の作用をもって実在と考えた。西田が両者に惹かれたゆえんである。西田のいう実在はけっして実体的なものではなく主体的なものであり、静止的なものではなく作用的なものである。フィヒテの絶対的自我は「事行」(Tathandlung) をその本質とする純粋活動であったし、ヘーゲルの絶対者は世界に内在的な弁証法的自己展開者であった。けれども、なおそれは実体的ないし客体的な性格をもったものとして考えられている。どこかノエマ的な性格が残っている。これに対して、西田のいう絶対無はどこまでも対象化することのできない真正の自己であって、西田はそれを「意識する意識」とか「ノエシスのノエシス」とか呼んでいる。したがって、それはけっして認識の対象とはならないものであり、しかも同時にあらゆる認識を可能にさせる根拠である。

3 心の形而上学

自己が自己でないものになる

自然の形而上学と心の形而上学は、外在的超越者である実在の探究と内在的超越者である実在の探究という相違のほかに、もう一つ別の相違点がある。自然の形而上学においては、実在の解明のためにわれわれの自己は自己でないものになることはないし、またその必要もない。自己は現在の自己のままで究極的な実在を探究することができる。そこでは、問うものと問われるものは別個の存在であり、別個の人格である。問うものとして自己はただ客観的な立場から普遍性をもった実在観を構築することがもとめられている。これに対して、心の形而上学においては、自己は自己でないものになることがもとめられている。心の形而上学は真正の自己の探究であり、自己自身の探究である。いわゆる己事究明である。そこでは、問うものと問われるものとは同一であり、同一の自己である。しかし、それと同時に、問われている自己は問う自己に対して超越的である。実在としての真正の自己は現象的な日常的自己ではない。前者は後者にとってはまったく超越的な存在であり、形而上学的な存在である。しかも実在としての自己は日常的自己の外にあるものではなく、その内奥にあるものである。この意味では、実在としての自己と日常的自己は同一である。そして、日常的自己が実在的自己を知るということは日常的自己が実在的自己になるということを意味している。というのも、実在的自己はけっして対象化できないノエシスのノエシスであり、純粋ノエシスであるから、それは認識の対象にはならないものであって、ただ自覚的にのみ認識されるからである。西田の表現を用いれば、それは自己の内に自己を映すことによってのみ認識されるが、そのためには、認識する自己（日常的自己）は実在的自己を自己の内に包むものでなければならないことになる。つまり自己（日常的自己）は自己でないもの（実在的自己）になる必要がある。西田自身も、「我々の自己は、どこまでも自己の底に自己を越えたものに於いて自己を有つ、自己否定に於いて自己自身を肯定する」[16]とか、「我々の自己は絶対の自己否定に於いて自己を有つ」[17]とかいっている。自己が真正の自己を知るということは、とりもなおさず自己が真正の自己になるということである。自己を認識するということは自己を実現するということである。ここでは、認識と行為は一致し、事実は当為となる。事実即当為であり、当為即事実である。

　では、自己が自己でないものになるとは、いったいどういう意味であろうか。

　それは、前述したように、自己が真正の自己になるということであり、現象としての自己が同時に実在としての自己になるということである。いいかえれば、真正の自己が現成するということである。しかし、そのためには日常的自己は自己を超えることがもとめられる、絶対の自己否定がもとめられるのである。自己は「大死一番絶後に蘇える」必要がある。そうして、それはいわゆる自己というものがなくなることであり、消滅することである。いわゆる自己が完全に消磨し尽くされたとき、そこに真正の自己があらわれる。この意味で、無我が真正の自己である。我が我でなくなるということが、我が真の我になるということであり、自己が自己でなくなるということが、自己が真の自己になるということである。

自他円融の世界

ところで、自己というものがなくなれば、物だけが存在するということになるだろう。また、自己というものがなくなるということは、見るものがなくなるということであるから、見るのは自己ではなく物自身であるということになる。同様に、自己というものがなくなるということは行為するものがなくなるということであるから、行為するのは自己ではなく物自身であるということになる。それで、西田は「物となって見、物となって行う」というのである。「物となって見、物となって行う」というのは、自己が物や世界の側から見られるということである。自己が物を見るのではなく、反対に自己が物によって照らされるのであり、いわゆる自己というものがなくなって、物が物自身を見るということである。西田が、「物来って我を照らす」とか、「物の中に入って物の中から物を見る」というゆえんである。

しかし、矛盾した表現のようではあるが、自己がなくなるということは、じつは自己が真の自己になるということでもある。自己がなくなるということは、自己が物になり、世界になるということであるが、それは同時に、物が自己になるということであり、世界が自己になるということでもある。自己というものがなくなれば、自己に対立する物というものもなくなる。そこには、いわゆる自己というものもなく、またいわゆる物というものもない。すべてが自己であるともいえるし、すべてが物であるともいえる。物心一体であり、事事無礙である。自己がなくなるということは物が自己になるということであり、したがってまた自己が物になるということである。そこにあるのは自他円融の世界である。事事無礙法界である。こうして、自己と世界との間のいっさいの区別や境界が消失する。そして、このようにいっさいの区別や境界がなくなった世界を西田は真実の世界であると考えているので、真実在の世界は自己の外にあるのではないということになる。

こうした西田の考え方は『正法眼蔵』の「現成公案」にある道元の考え方とぴったり符合しているといえるだろう。道元はいう、「自己をはこびて万法を修証するを迷とす、万法すゝみて自己を修証するはさとりなり[18]」と。自己の側から万物を明らかにしようとするのは迷いであり、万物の方から自己が明らかにされるのが悟りであるという。ここでも、主観主義が否定され、万物と対立する自己の存在が否定されている。また、道元は「仏道をならふといふは、自己をならふ也。自己をならふといふは、自己をわするゝなり。自己をわするゝといふは、万法に証せらるゝなり。万法に証せらるゝといふは、自己の身心および他己の身心をして脱落せしむるなり[19]」という。仏道は自己の探究であり、自己は自己を消磨して、物や世界の側から明らかにされるとき真正の自己になるという。この意味で、西田のいうように、自己の自覚は世界の自覚であり、世界の自覚は自己の自覚である。いわゆる自己というものがなくなったとき真正の自己が見られ、したがってまた真正の世界が見られる。われわれの自己は世界の側から見られるとき、初めて真正の自己となるのであり、そしてわれわれの自己が真正の自己となったとき、初めて真実の世界があらわれる、と考えられている。

4 形而上学の二つの形態

自然の形而上学と心の形而上学

西田が説く形而上学は通常の意味での形而上学ではない。西洋に伝統的な形而上学は自然を超越した超自然的な実在を探究しようとするものである。それは、形而上学という言葉 metaphysica が示しているとおり、超‐自然学であり、自然の形而上学である。イデアや実体はこのような意味での形而上学的存在である。現象の背後にある実在である。これに対して、西田のいう形而上学は、自己の外にある超自然的な実在を探究しようとするものではなく、むしろ反対に、自己のもっとも深い内奥にある超越的な自己を真実在として探究しようとするものである。それは内在的超越者としての真正の自己の探究であるから、超‐心学 metapsychica とも呼ぶべきものであろう。絶対無や空はこのような意味での形而上学的実在である。日常的自己の底の底に見られる究極的な実在である。

すると、ここに二種類の形而上学が存在することになろう。一つは超自然的な世界を探究する「自然の形而上学」であり、もう一つは超心理的な世界を探究する「心の形而上学」である。自然の形而上学は現象界の背後にもう一つ別個の世界つまり実在世界を考える。したがって、それは背後世界論であり、二世界論である。そこには、自然界と超自然界、現象界と実在界という二つの世界が前提されていて、実在はつねに現象界の外に、現象界を超越した方向に考えられている。真理はわれわれの自己の外に、われわれの自己を超越した方向にあると考えられている。これに対して、心の形而上学は真実の世界をわれわれの自己の内に見ようとする。実在は自己の外にあるのではなく、自己の内奥にある。それは内在的超越者である。自己の内なる極限である。それはどこまでも自己の内に超越するものであるが、しかし自己とまったく別個の人格であるのではない。むしろ真正の自己であり、自己の本来の面目である。すると、心の形而上学において真実在を探究するということは、同時に自己が本来の自己に還帰するということでもある。まさしく前進即遡源であり、発展即還帰である。

自然の形而上学においては、問われている実在は問う自己とは別個の存在であり、また別個の人格である。イデアや神はわれわれの自己とはまったく別個の存在であり、絶対の他者である。われわれはどんなに努力しても神になることはできない。われわれの自己にとって神はノエマ的な超越者である。外なる実在である。これに対して、心の形而上学においては、問われているものは問うているものと同一である。問われている自己は問うている自己とは別個の存在でもなければ、別個の人格でもない。絶対無や仏はわれわれ自身の自己であり、本来的な自己である。われわれの自己にとって仏はノエシス的な超越者である。内なる実在である。したがって、真実在を探究するということはわれわれの自己が真実在になるということであり、仏を探究するということはわれわれの自己が仏になるということである。ここでは、真実在は絶対の自者であり、また認識は同時に行為である。真の自己を知るということは真の自己になるということにほかならない。自己は真の自己になることによって初めて自己を知ることができる。

日常的自己が本来的自己を知るということは、もともと日常的自己のなかに本来的自己が内在しているということでなければならない。本来的自己は日常的自己の外に超越していて、そうした超越的な本来的自己に一歩一歩近づいていくというのではない。もし本来的自己がそのような存在であるとすれば、それは対象的な理念的存在であるということになるだろう。

本来的自己はけっして対象化されないものであり、到達すべき究極的な理念のような存在ではない。けっしてノエマ的なものではなく、むしろノエシスのノエシスあるいはメタノエシスともいうべきものである。それは自らを問う自己自身である。どのような意味でも有的存在ではなく、反対に、無的存在である。したがって、それは日常的自己の内奥にあるものであり、日常的自己がその一瞬一瞬に触れているものである。

こうして真正の自己を探究するということは自己が本来の自己に還帰するということである。そして、それは同時に本来的自己が自己自身を表現するということである。それはたしかに矛盾ではあるが、既述したように、それは本来、分別的思惟によってはあらわされない、分別的思惟を超えた自覚的で自証的な事実を分別的思惟によって表現しようとするところに生ずる矛盾なのである。体験によってしか得られないものを反省的思惟でもって説明しようとするところに生ずる矛盾である。

絶対無とイデア

以上、自然の形而上学と心の形而上学の異同について述べた。では、両者はいったいどのような関係にあるだろうか。心の形而上学は真正の自己の探究であるが、真正の自己は無であって、いわゆる日常的自己がまったく自己を消磨し消失し尽くした状態ともいうべきものである。だとすれば、そこにあるのは物の世界であり、自然の世界である。しかし、ここで物の世界とか自然の世界とかいっているのは、もはやいわゆる物の世界でも自然の世界でもない。いわゆる対象化された世界、自己の外に見られるような通俗的な世界ではない。正確にいえば、それは自己と物との区別がなくなった世界であり、内と外との境界がなくなった世界である。物心一如の世界であり、内即外・外即内の世界である。物の世界でも、心の世界でもない、いわば事の世界である。これが真実在の世界である。そして、そうした実在界はわれわれの自己の外にあるのではなく、内にある。否、むしろそうした内と外の区別のなくなったところにある。そこでは、内即外であり、外即内である。

この場合、内や外を空間的にとらえると真実の世界はとらえられない。ここで内というのはノエシス的方向ということであり、外というのはノエマ的方向ということである。したがってまた、内というのは無的方向ということであり、外というのは有的方向ということである。心の形而上学はノエシスのノエシスあるいはメタノエシスの方向に見られるものである。絶対に対象化されることのない絶対無をとらえようとするものである。いわば自己の最内奥を突き抜けていったところに開かれてくる世界である。そして、かような性格のものとして、それはどこまでも不可知的である。それは体験の世界であって、認識の対象界ではない。

しかるに、われわれの思惟は不可知なものの対象化をもとめる。いわゆる自然の形而上学はこうした心の形而上学をノエマ化したものといえるだろう。それは反省的思惟の必然の要求であって、この意味で、自然の形而上学は心の形而上学の対自化である。自然の形而上学の根底には心の形而上学がなければならない。目に見えるものの奥には目に見えないものがあるのであって、目に見えるものは目に見えないものの顕現であり、その対象化である。

心の形而上学はただ心の形而上学で満足してしまうと、いわゆる外部的世界への働きを欠いた心境的なものに留まってしまう。それゆえに、心の形而上学はどこまでも自己を対自化していく必要がある。

自己を対象的な形式で展開し、自己をノエマ的に発現していかなければならない。ただ単に対象的世界を自己自身の表現として見るだけでなく、どこまでも自己自身を対自化していかなければならない。すなわち自己の理念化がもとめられる。

こうして絶対無を対自化したものが絶対有であると考えることができるだろう。すなわち絶対有は絶対無のノエマ的限定である。絶対無自身は存在というよりも不断の自己否定的作用であるが、そうした絶対無の働きを理念化し理想化してノエマ的超越者としてとらえたものが絶対有であると考えられる。われわれの反省的思惟は必然的に絶対無の理念化をもとめるのである。本来、形のないものを形のあるものとして表現しようとするのである。そして、それが絶対有である。[20]

しかし、絶対無は、それが対自化されて絶対有となると、本来の自己自身ではなくて、むしろ理念的自己あるいは当為的自己といった性格を有するようになる。永遠に到達できない目標や理想といった性格をもつようになる。こうして絶対有は超越的な性格を有するようになり、いつしかわれわれの自己とは別個の人格と考えられるようになってくるのである。こうした抽象は思惟の要求にもとづくものであるとはいえ、方便的な性格を脱しえない。イデアや神という観念はどこかこうした方便的な性格を有している。しかし、方便的自己の根底にはつねに法性《ほっしょう》的自己がなければならない。この意味で、絶対無は絶対有を包むということができる。絶対無は絶対有の超越的ノエシスの方向に考えられるのである。また、絶対有は絶対無のノエマ的限定として考えられるとき、初めて独自の意義を有すると考えることができるだろう。

そして、絶対無と絶対有の間のこのような相即的で相補的な関係は心の形而上学と自然の形而上学についてもいえるのではなかろうか。心の形而上学を欠いた自然の形而上学は盲目であり、自然の形而上学を欠いた心の形而上学は空虚である。けれども、正確にいえば、ここでいう自然の形而上学はもはや従来のような形のものであってはならないであろう。それは、いわば外の外なる超越的な自然の形而上学ではなく、内の外なる内在的な自然の形而上学でなければならない。西田のいう「絶対的一者」というのは、こういう意味での超越者である。内在的超越的方向に考えられた絶対有である。

註

(1) 三木清は昭和二〇（一九四五）年一月、坂田徳男宛の書簡で次のように述べている。「今年はできるだけ仕事をしたいと思います。まず西田哲学を根本的に理解し直し、これを超えてゆく基礎を作らねばならぬと考え、取掛かっております。西田哲学は東洋的現実主義の完成ともいうべきものでしょうが、この東洋的現実主義には大きな長所と共に何か重大な欠点があるのではないでしょうか。東洋的現実主義の正体を捉えようと思って、仏教の本なども読んでみています。ともかく西田哲学と根本的に対質するのでなければ将来の日本の新しい哲学は生まれてくることができないように思われます。これは困難な課題であるだけ重要な課題です。大いに勉強してやってみるつもりです」（『三木清全集』第十九巻、岩波書店、一九六八年、四五三頁）。

(2) 『西田幾多郎全集』旧版、第七巻、二一七頁。新版、第六巻、一七一頁。以下、巻数と頁数のみを記す。

(3) 旧版、第十巻、五一〇頁。新版、第九巻、四九〇頁。

(4) たとえば、旧版、第十一巻、七頁。新版、第十巻、六頁。

(5) 旧版、第十一巻、七頁。新版、第十巻、六頁。

(6) 旧版、第十一巻、六頁。新版、第十巻、六頁。

(7) 旧版、第二巻、五～六頁。新版、第二巻、七頁。
(8) 旧版、第四巻、三二一頁。新版、第三巻、五〇三頁。
(9) 旧版、第五巻、一八五頁。新版、第四巻、一四八～一四九頁。
(10) 旧版、第五巻、四五一頁。新版、第四巻、三五七頁。
(11) 『年譜』『王陽明全集』第九巻、明徳出版社、修訂版、一九八三年、二七頁。
(12) 『伝習録』上六、『王陽明全集』第一巻、九三頁。
(13) メタプシュキカ（meta-psychica）という言葉は、いささか異なった文脈においてではあるが湯浅泰雄氏も用いている。「メタ・フィジカとメタ・プシキカ――東西精神史比較の原点を求めて」（『湯浅泰雄全集』第四巻、白亜書房、二〇〇三年、所収）参照。
(14) 旧版、第十一巻、一六七頁。新版、第十巻、一三二頁。
(15) 西田は「私の立場から見たヘーゲルの弁証法」のなかで、「私の今日の考えが多くのものをヘーゲルから教えられ、また何人よりもヘーゲルに最も近いと考えると共に、私はヘーゲルに対して多くのいうべきものを有っているのである」と語っている。旧版、第十二巻、八四頁。新版、第七巻、二七七頁。
(16) 旧版、第十一巻、四四五～四四六頁。新版、第十巻、三五二～三五三頁。
(17) 旧版、第十一巻、四二〇頁。新版、第十巻、三三三頁。
(18) 水野弥穂子校注『正法眼蔵』（一）、岩波文庫、一九九〇年、五四頁。
(19) 同書、五四～五五頁。
(20) 西田が遺稿「場所的論理と宗教的世界観」で「絶対的一者」という言葉を多用しているのも、こうした理由からであると考えられる。

第二章　実在としての無

1　有の思想と無の思想

東西の実在観の差異

東洋と西洋の物の見方や考え方の違いはいろいろあるだろうが、もっとも根本的な違いの一つは「実在」についての考え方であろう。一般に、西洋は「有」の文化であり、東洋は「無」の文化であるといわれる。あるいは西洋の思想は「有」の思想であるのに対して、東洋のそれは「無」の思想であるともいわれる。何の変哲もない規定のようだが、これはなかなか含蓄に富むものであって、考えれば考えるほど、なるほどと思い当たるところがある。しかし、その深い意味については追い追い触れていくことにして、さしあたってはそれを東西の実在観の異同について語ったものとして受けとっておきたい。すると、先の一文は、一般に西洋では実在を「有」と考えるのに対して、東洋では反対にそれを「無」と考える、というくらいの意味になるだろう。そして、もしそうだとすれば、そこに東洋と西洋の思惟方法の違いがはっきりと、また対照的な形で表現されていることになる。

しかしながら、ここでいう有とか無とかいうのはいったい何なのであろうか。とくに無とはいったい何なのか。そもそも実在を無というのは不合理なのではなかろうか。実在は有であるのが当然で、無ではありえない。無は実在の否定であるから、実在を無と考えるのは矛盾以外の何ものでもないのではなかろうか。

このような疑問が生ずるのはもっともなことである。けれども、ここで有とか無とかいうのは、正確にいえば、形の有無のことである。つまり実在を、何らかの意味で形のあるものと考えるか、それともいかなる意味でも形のないものと考えるかということである。この点からすれば、一般に西洋の思想は実在を有すなわち形のあるものと考える。たとえば、プラトンの「イデア」（ἰδέα）にしても、キリスト教の「神」（θεός）にしても、何らかの意味で形のあるもの、実体的なものと考えられている。たしかにそれは観念的なものではあるが、対象的に超越的な、ある種の形をもったものとして考えられている。これに対して東洋では、実在を無すなわち形のないものと考える傾向が強い。仏教では「諸法無我」「一切皆空」を説き、老荘は「無極」を説き、京都学派は「絶対無」を説く。それらはいずれも実体的な形のあるものの否定である。

無からは何も生じない

存在についての古代ギリシア人の考え方は「無からは何も生じない」（ex nihilo nihil fit）という言葉の内に集約されている。有るものはただ別の有るものからのみ生ずるのであって、無から何かが生ずるなどということはギリシア人にとってはまったく背理のように思われたのである。たしかに、このような考え方にも一理はある。しかし、このように有はただ別の有からのみ生じ、その別の有もまたさらに別の有からのみ生ずるとすれば、結局、あらゆる有を生みだすもっとも根源的な有がなければならないということになろう。もしそうでないとしたら、われわれは有の因果系列を無限に遡っていかなければならないことになるからである。そこで、ギリシア人はこのような根源的な実在を「有」（ὄν）と呼び、それを恒常不変で静的な実体と考えた。一般にギリシア人は変化するものや可滅的なものを不完全なものと考える傾向があったから、根源的な実在は、自らは変化しない永遠不動のものであると考えられ、またこのような実在からいっさいの変化するものや可滅的なものが生ずると考えられたのである。プラトンの「善のイデア」（ἡ τοῦ ἀγαθοῦ ἰδέα）やプロティノスの「一者」（τὸ ἕν）がその典型である。

ギリシア人にとって「有」とは「形相」（εἶδος）のことにほかならなかった。すなわち何らかの意味で「形をもったもの」「実体的なもの」「対象的なもの」が「有」であった。これに対して、「無」とは、このような形相の欠如したもの、あるいはまだ形相になっていないもののことである。したがって、正確にいえば、無とは「非有」（μὴ ὄν）すなわち「有の欠如」のことであり、「潜在的な有」あるいは「可能的な有」のことであった。無とは有の反対概念であって、有ではないもののことであり、あるいは有になる可能性をもっていながらも、現実にはまだ有ではないもののことである。

このように、一般にギリシアにおいては、無は潜在的な有ないし有の欠如体として消極的・否定的に考えられている。そして、このような無の概念が近代の西洋に受けつがれていったように思われる。たとえば、今日、無を意味する英語は nothing であるが、それは文字どおり thing（物）の no（欠如、欠けていること）をあらわしている。すなわちそれは「物が欠如していること」、あるいは「何物でもないこと」である。辞典にも nothing は「no+thing の合成語であり、not anything のことである」と説明されている。要するに、「無」はあくまでも消極的な概念であり、否定的な概念なのである。

東洋的無の観念

これに対して、東洋思想は伝統的にあらゆる形のあるものの根底に形のないものを考える傾向があった。そして、すべて形のあるものは形のないもの、すなわち無から生じたものと考えられてきた。「形のあるものは形のないものの影であり、その映像である」。ここでは、もはや無は有の欠如ではなく、むしろ有の根源である。形のないものというよりも、形を生みだすものである。形のあるものの原因を遡っていけば、結局は形のないもの、すなわち無に行きつく。なぜかといえば、それがいかに根源的なものであろうとも、形のあるもの、すなわち有はさらにその原因を有すると考えられるからである。その形の原因をもとめることができるからである。西洋哲学で根源的実在が第一原因（causa prima）と呼ばれたり、自己原因（causa sui）と呼ばれたりするゆえんである。それらは因果の無限の連鎖というアポリアを解決するために考案された観念であるといえる。したがって、それは、いかに論理的な衣裳でもって身を飾ろうとも、一種のデウス・エクス・マキナ（Deus ex machina）であることは否定できない。これに対して、あらゆる有の原因を無と考えれば、このような不合理は生じない。なぜなら、誰も無の原因をもとめたりはしないからである。無は端的に無であって、その無の原因をもとめることは不合理である。もし無に原因があるとすれば、それはもはや無ではなくなってしまうだろう。

こうして無はいっさいの有の原因と考えられる。無とは形がないということであるが、自らは形がないからこそ、どのような形にもなりうるというわけである。あたかもそれは風呂敷が自己固有の形をもたないからこそ、どのような形にもなり、どのような形のものをも包むことができるのと似ている。否むしろ、それは折り紙にたとえられよう。折り紙はそれ自身はいかなる形をももたないから、どのような形にもみずからを変化させることができる。このように有の原因としての無は、もはや有と相対する無ではなく、有無の対立を超越したものであるから「絶対無」（西田幾多郎）と呼ばれる。また、それはいっさいの有を生みだす根源的な働きであるから「能動的無」とも呼ばれ、またそれは西洋では見いだされず、歴史的に東洋において見いだされたので「東洋的無」（久松真一）とも呼ばれる。それは形のない（無相の）根源的な働き、正確にいえば、自己否定的な働きであり、自己（無）を否定することによってあらゆる形のあるもの（有）として自己自身をあらわすものである。

西洋の原理が「有」すなわち形のある、実体的な、恒常不変な存在であるとすれば、東洋的な原理は「無」すなわち形のない、非実体的な、変転極まりない働きである。それだから、西洋的な有はどこまでも自己を肯定し、どこまでも自己自身を主張しようとする。これに対して東洋的な無はつねに自己を否定することによって自己自身をあらわそうとする。自己を否定するということは無であることを否定するということであるから、有となるということである。したがって、ここから自己肯定の論理と自己否定の論理が生ずる。実在を「有」すなわち「形のあるもの」と考える立場からは必然的に自己肯定の論理が生じ、反対に実在を「無」すなわち「形のないもの」と考える立場からは必然的に自己否定の論理が生ずるのである。あるいはそれを父性の原理と母性の原理といいかえてもいいかもしれない。すると、一般に、西洋の思想は自己肯定の論理であり、父性の原理にもとづいているのに対して、東洋の思想は自己否定の論理であり、母性の原理にもとづいているといえるだろう。この点については、また後に触れることにする。

2　現象と実在の関係

以上、西洋と東洋の実在観をそれぞれ「有」の思想と「無」の思想として特徴づけてみた。仏教では、この無としての根源的実在と、そのあらわれとしての現象との関係を、しばしば水と波の比喩でもって説明している。

水波の比喩

通常、われわれは水と波を別個の存在と考え、それぞれを別個の実体と見なしがちである。水は水であり、波は波であると考える。しかし、少しく反省してみればわかることだが、水と波はけっして別個の存在ではない。われわれは両者を分かつことはできない。水の外に波が存在するわけではないし、また波の外に水が存在するわけでもない。水が種々の形をとってあらわれたのが波である。すなわち形のない水が自らを否定して、形のあるものとしてあらわれたのが波である。波は水の顕現であり様相である。反対に水は波の根源であり本体である。この意味で、水と波は一体にして不二なるものである。

ところで、一口に波といっても、大波もあれば小波もあり、荒波もあれば細波もある。このように波は多種多様であり、それ自身、千変万化を繰り返す。しかし、波の本体ともいうべき水自身はいささかも変化することはない。もともと形のないものには変化もないからである。しかるに、もしそれが変化するとすれば、それはもはや形のないものではなくなってしまう。波は一瞬一瞬に生じては消え、また消えては生ずるが、水自身は生じることもなければ、また消えることもない。水は波として自らをあらわすけれども、しかしどこにもその痕跡をとどめない。この意味で、水は「体」であり、波はその

「用《ゆう》」である。

こうして波と水の関係は現象と実在との関係としてとらえられる。波は「形のあるもの」であるのに対して、水は特定の「形のないもの」である。そして現象としての波は実在としての水のあらわれであるとすれば、「形のあるもの」は「形のないもの」のあらわれであるということになる。しかも「形のないもの」は「形のあるもの」の根源でありつつ、「形のあるもの」の内にいささかもみずからをとどめない。そして、まさしくここに実在としての無の根本的性格がある。

波と水は別個の存在ではないように、現象と実在は別個の存在ではない。実在の顕現が現象であり、現象の根源が実在である。そして、この意味で、現象がすなわち実在であり、実在がすなわち現象である。現象即実在・実在即現象である。ここでは現象と実在が相互に内含的関係にあり、現象にとって実在は内在的超越の方向に考えられている。これを西洋的な「有」の論理における現象と実在の関係と比較すると、その違いはきわめて明瞭である。

前述したように、一般に西洋では根本的実在は対象的・超越的方向に考えられている。プラトンの「イデア」にしてもキリスト教の「神」にしても、現実の世界を超越したところに存在していると考えられている。実在のこのような性格は近代におけるカントの「物自体」（Ding an sich）やシェリングの「絶対者」（das Absolute）についても認められるだろう。これをいいかえれば、西洋的思惟方法にはどこか二世界論的ないし背後世界論的な傾向があり、したがってまた二元論的な傾向が強く認められる。ここでは現象と実在は截然と区別され、実在は現象にとっていわば「絶対他者」（das ganz Andere）である。現象は此岸にあるものであるのに対して、実在は彼岸にあるものである。いいかえれば、後者は前者にとってけっしていたりえない理念であり、極限である。

これに対して、東洋的な「無」の論理においては、実在は現象にとって内的に超越的な方向に考えられている。実在は現象の外にあるものではなく、むしろ内にあるものであり、より正確にいえば、現象の底の底にあるものである。仏教で「脚下照顧」とか「回光返照」とかいうゆえんである。いずれも真理は自分の外にあるのではなく、かえって自分の内にあるということをあらわしている。そして、このように実在が現象にとって内なるもの、自己の底にあるものと考えられているということは、それが自己とは別個のものではなく、自己自身であると考えられているということ、いいかえれば「絶対自者」(das ganz Selbst)として考えられているということである。すなわち現象それ自身が実在なのであり、実在それ自身が現象なのである。ここには現象と実在との二元論は存在しない。

一切唯心造

ところで、現象と実在を分ける西洋的な分別的思考は必然的に現実と理想の分別を招来する。というのも、現象と実在の関係は容易に現実と理想との関係に置き換えられるからである。実在が現象にとって超越的方向に考えられるところでは、理想は現実にとって彼岸的方向に考えられる。そしてここに此岸の世界と彼岸の世界の対立が生ずる。プラトンにおける「感覚界」と「イデア界」、アウグスティヌスにおける「神の国」と「地上の国」、カントにおける「自然界」と「叡知界」(目的の国)の区別がその典型であろう。そのいずれにおいても二つの世界は、あたかも水と油のように、けっして融和することのない対立的な世界として考えられている。

なるほど仏教でも「煩悩」の世界と「涅槃」の世界あるいは「穢土《えど》」と「浄土」を区別する。両者は根本的に異なった対照的な世界である。前者は迷いの世界であるのに対して、後者は悟りの世界である。

けれども、仏教はそれらをけっして別個の世界であるとは考えない。煩悩の世界の外に涅槃の世界があり、また穢土の外に浄土があるとはけっして考えない。そうではなく、もともと煩悩の世界と涅槃の世界あるいは穢土と浄土は一体不二なるものであるが、それが迷っている人から見れば煩悩の世界となり、悟った人から見れば涅槃の世界となるというのである。同一の世界が、それを見る人によって穢土とも映れば浄土とも映るというのである。

仏教では「一切唯心造」ということがいわれる。すなわち、いっさいのものはただ心のあらわれであり、反映であるという意味である。大人にとっては何の変哲もないものが、子供にとってはとても怖いものに思えたり、あるいは反対に胸をわくわくさせるものに見えたりすることがよくある。まったく同じものを見ていても、見る側の感受性や想像力や理解力の違いによって、異なった受け取り方がなされる。これと同様に、同一の世界が、ある人にとっては「浄土」の世界に見え、別の人にとっては「穢土」の世界に見えるのである。現実の世界は、迷っている人から見れば煩悩熾盛《しじょう》の世界であるが、悟った人から見れば涅槃寂静の世界である。存在するのはただひとつの世界であり、「煩悩即涅槃」「穢土即浄土」である。このような考え方は西洋的な思惟方法とはまったく異なるものであるといわなければならないだろう。

理論と実践

西洋的な分別的思考と東洋的な無分別的（平等的）思考の相違は理論と実践との関係についての考え方にも見られる。周知のように、カントは『純粋理性批判』においては、「不可知論」（agnosticism）の立場に立って形而上学の成立の理論的可能性を否定した。それは人間の認識能力の限界を超えたものであるから、そのような対象を認識しようとすると理性は必然的に「誤謬推理」（Paralogismus）や「二律背反」（Antinomie）に陥るというのである。しかるに、カントは『純粋理性批判』では解決することのできなかった形而上学的理念すなわち「自由意志」「霊魂の不死」「神の存在」を、『実践理性批判』においては、「最高善」（summum bonum）の可能性の制約として「要請」（Postulat）した。そしてそこからまた理論理性に対する「実践理性の優位」（Primat der praktischen Vernunft）の思想を導き出した。その是非はともかく、そこに見られるのは理論と実践、認識と行為の明確な区別である。

同様に、ジェームズはその晩年に「根本的経験論」（radical empiricism）を主唱し、「純粋経験」を唯一の根本実在と見なす一種の形而上学的認識論を説いたが、この教説と、従来、彼が説いてきた実践的な行為の理論である「プラグマティズム」との関係について次のように述べている。

少なくとも一つの誤解を避けるためにことわっておきたいが、私の理解しているようなプラグマティズムと、最近私が『根本的経験論』として述べた教説との間には、なんら論理的連関はない。根本的経験論はそれ自身独立したものである。人はそれをまったく拒否してもなおプラグマティストであることができる。(1)

このようにカントにおいてもジェームズにおいても理論と実践、認識と行為は別個の領域として考えられている。理論は理論、実践は実践であり、そこに何か統一的な原理を想定する必要はない。それぞれが独立した世界であると考えられているのである。しかるに、東洋的伝統においては、この理論と実践、認識と行為は一体不二なるものとして、したがってまた不可離なものとして説かれる。たとえば、王陽明の知行合一説はその典型であって、寒さは実際に寒さを体験することによって知られるのであり、知と行は別のものではないと説かれる。

同様に、仏教においては「冷煖自知」ということがいわれる。水が冷たいか煖かいかは実際に水のなかに手を入れたり、その水を飲んでみたりすることによって知ることができるというのである。たとえば、『景徳伝燈録』には「今蒙レ指二授入処一、如二人飲レ水、冷煖自知一」(2)とあり、また『大慧普覚禅師書』には「到二這裏一、如二人飲レ水冷煖自知一、不レ著レ問二別人一」(3)とある。いずれも悟りの自証的性格を説いたものであるが、理論と実践、認識と行為が一体不二であることを主張している点で儒教思想と軌を一にしている。

3　即非の論理

以上、実在を「有」と考えるか、それとも「無」と考えるかという実在観の異同の考察から出発して、次第に分別的思考と無分別的思考という思考方法の相違の問題へと議論が展開してきた。後者の問題は前者と無関係なものではなく、もともと前者のなかに潜在的に含まれていたものである。

般若即非の論理

ところで東洋における無分別的思考方法は、前述したような現象と実在、現実と理想、理論と実践の関係について見られるだけではなく、さらには全体と部分（要素）、一と多、個物と個物の関係についても認められる。

鈴木大拙は仏教的論理を「即非の論理」として特徴づけた。この即非の論理は般若系思想の根幹をなしているものであり、それゆえに「般若即非の論理」とも呼ばれる。[4]『般若経』の一部である『金剛経』には、一見、矛盾したいくつかの命題が提示されている。曰く「仏説般若波羅蜜、即非般若波羅蜜、是名般若波羅蜜」[5]。曰く「如来説世界、即非世界、是名世界」[6]。曰く「所言一切法者、即非一切法、是名一切法」[7]等々。いずれも同じ論法であって、これを定式化すると「ＡはＡではない、それゆえＡである」とか「ＡはＡではないからＡである」ということになる。けれども、形式論理学の立場からすれば、「ＡはＡでない」というのも不合理であれば、「ＡはＡでないからＡである」というのも不合理である。いったいどうしてこのような不合理な主張がなされるのであろうか。

この場合、もし「ＡはＡではない」とか、「ＡはＡではないからＡである」という命題におけるＡがすべてまったく同じＡを指しているとすれば、たしかにこの命題は不合理である。それらはいずれも思考の根本原則に違反している。ゆえに、それらは背理である。けれども、もし「Ａでない」という場合のＡと、「Ａである」という場合のＡが同じ次元のＡでないとすれば、事情が変わってくる。この場合には、この命題はかならずしも背理であるとはいえない。たとえば、もし先の命題が「ＡはＡ'ではない、それゆえＡである」という意味だとすれば、それは別に不合理でも何でもないことになるだろう。

般若即非の論理も結局は「ＡはＡである」といっているのであって、「ＡはＡでない」といっているわけではない。ただ、形式論理学における同一の原理のように、端的に「ＡはＡである」とはいわずに、そこに一旦、否定を挿んで「ＡはＡではない、それゆえＡである」というのである。したがって、問題は、なぜそこに「ＡはＡではない」という否定を挿むのかということであり、また「Ａではない」というときのAと「Aである」というときのAの異同は如何ということである。

山の比喩

この点を明らかにするために、一つの比喩でもって考えてみよう。今、われわれは眼前に広がる壮大な景色を見ているとする。その左手前方には高い峰が屹立しているが、それが右方へと次第に緩やかな斜面を描き、やがて広大な裾野へと延び、ついには満面に水を湛えた湖へと達しているとする。それはけっして分節できない一つの全体である。その状景を説明するのに、峰とか裾野とか湖とかいった言葉を用いたが、あくまでもそれは説明のために仮に用いたのであって、それらが実体として独立に存在しているわけではない。それはいわば「逆の意味での唯名論（nominalism）」である(8)。眼前に広がる光景はどのような部分や要素の寄せ集めでもない。それはけっして分けることのできない、ひとまとまりのものである。それだから、われわれはそれを分節することなく、ひとつの全体としてあるがままに受けとらなければならない。

しかるに、われわれはこの全風景を勝手に分断して、その屹立した部分を山、なだらかな斜面を丘、平らな部分を大地、水を湛えた部分を湖と呼ぶ。そしてそれらがあたかもその全体や他の部分から切り離されてそれ自身で独立に存在しているかのように考える。すると山は山であって、丘でもなければ、大地でもなく、湖でもないということになる。同様に、湖は湖であって、山でもなければ、丘でもなく、大地でもないということになる。そして最初の全体の景色はこのような独立した部分から構成されたものにすぎないと見なされる。

しかし、全体は単なる部分の集合ではなく、それ以上のものであり、また各々の部分は全体や他の部分から切り離しては考えられないものである。先の事例でいえば、もしわれわれが山を全体の景色から分離して、それをそれ自体で独立にあるものと考え、したがってまた丘や大地や湖とは異なったものとして考えるならば、その場合、それは山の具体的な真相をとらえたことにはならないだろう。全体や他の部分から切り離された山は具体的な山ではない。真の山は他のものと一体不二なるものである。しかるに、通常、われわれは山を他のものとは別個の独立したものとして考えている。それだから、われわれの考えている山は山の真相をとらえていないといわねばならない。分節された山は真の山ではない。したがって、「山は山ではない」といわねばならぬ。

けれども、一方、山は山であって、丘でもなければ、大地でもなく、湖でもない。山は屹立しているから山であって、なだらかな斜面や平地や水を湛えた部分ではない。この意味では、山は全体の景色とも、丘や大地や湖とも区別される。要するに、山はたしかに山であり、山以外の何ものでもないのである。すなわち「山は山である」。それで、以上のことをまとめていえば、「山は山ではない、それゆえ山である」ということになる。

以上が即非の論理の趣旨であると理解できる。一言でいえば、それは分別的思考の否定であり、無分別をもって真の分別と見る見方である。仏教では、分別知に対して無分別知が強調され、また鈴木大拙が「無分別の分別」を説くゆえんであろう。これを先の命題に適用していえば、さしずめ二番目の山は他のものから分別された山を指しているのに対して、三番目の山は無分別の分別としての山を指しているといえるだろう。

理事無礙と事実無礙

ところで、仏教における無分別的思考は単に全体と部分（要素）についていわれるだけでなく、部分と部分、要素と要素との関係についてもいわれる。そしてそれは個体という観念が一種の幻想であるという主張とも結びついている。

『華厳経』では「事事無礙」ということをいう。事事無礙とは、現象界における諸事象が相即相入しあってさまたげのないことをいう。いっさいの事象は理から生じ、理と一体不二の関係にある（理事無礙）。だとすれば、理が無差別にして平等であるように、事もまた無差別・平等であり、事と事は相互に溶けあって融通無碍である。これを先に引いた水波の比喩でいえば、現象としての波は実在としての水のあらわれであり、水は波の根源であって、両者は密接に連関して一体不二の関係にあるように、甲の波と乙の波は相互に切り離しえない相依関係すなわち相即相入の関係にあるということである。

このような主張はただ単に個物の実体性を否定するだけでなく、個体性そのものを否定する主張へといきつく。前述したように、もし全体から切り離され、他の部分から切り離された個体というものはないとすれば、通常われわれが考えている個体という観念そのものが幻想であるということになるだろう。

西田幾多郎は『善の研究』の序で、「個人あって経験あるにあらず、経験あって個人あるのである。個人的区別よりも経験が根本的である」といっているが、実際、存在するのはけっして分節されることのない全体であって、個体というのはこの全体を後から人為的に分断することによって得られた観念であるともいえる。そして、もしそうだとすれば、個体は単なる名前すなわち「普遍の後にある名」(nomina post universalia) にすぎないことになる。先にも触れたように、ここには西洋中世におけるノミナリズム（唯名論）とは逆の形のノミナリズムが見られるといえよう。そして、もしこの形のノミナリズムが成立するとすれば、われわれはもはや他人を羨むこともなければ蔑むこともないということになる。なぜかといえば、ここでは甲は甲であり、乙は乙であると同時に、甲は乙であり、乙は甲でもあるからである。このように他者が自己であり、自己が他者であるような立場において、他者を羨んだり蔑んだりするということは、とりもなおさず自分自身を羨んだり蔑んだりするということである。それは自己矛盾以外のなにものでもない。

禅宗では「張公酒を喫して李公酔う」ということをいう。(9) 文字どおり、張さんが酒を飲むと李さんが酔っ払うという意味である。常識的に考えれば、これは不合理であろう。酒を飲んだのは張さんなのだから、酔っ払うのは張さんでなければならない。しかるに酒を飲んでもいない李さんが酔っ払うというのは矛盾である。しかし、それは張さんと李さんを相対立する別個の個体と考えるからである。もし張さんと李さんが相互に相和し呼応しあう関係にあるとすれば、張さんが酒を喫すれば李さんが酔うということは不思議でも何でもない。むしろそれが本来あるべき関係だといえるだろう。このように個人と個人の間の個体的な区別が消失したとき、いいかえれば個人と個人を隔てる境界がなくなったとき、個人は真の自己となる。すなわち「自己は自己ではない、それゆえ自己である」。こうして自己は自己であることを完全に否定したとき、自己は真の個体となるのであり、したがってまた真の自己となるのである。このような考え方は自己中心主義的で利己主義的な近代西洋の人間観の対極にあるといえるだろう。

4 西洋近代の論理

我思う、故に我あり

西洋近代の人間観はデカルトとともに始まったといっていいだろう。一言でいえば、それは自然に対立し、他己と対峙する孤立した認識主観である。

周知のように、デカルトは学問の方法として「懐疑」(doute) を提唱した。彼の言によれば、すべての学問を堅固な基礎の上に構築しようと欲するならば、一度あらゆるものを懐疑という篩《ふるい》にかけ、少しでも疑えるものはこれを虚偽として斥けなければならない。そうして疑っても疑ってもどうしても疑いえないような絶対に確実な事実ないしは自明な原理から出発しなければならぬ。このようなデカルトの態度は、いっさいのイドラ (idola) すなわち偏見や先入見を排除して、一旦、精神をいわば白紙の状態に戻し、まったくの無前提から出発すべきことを説いたベーコンの態度と符合する。そこには近代の標識である批判的精神が赫々と脈動している。両者が近代哲学の父とか近代自然科学の父と称されるゆえんであろう。

実際、デカルトはその『方法序説』において、いっさいの感覚的事実の真理性を疑っただけでなく、いっさいの想像による所産の真理性をも、さらにはあらゆる数学的真理さえをも疑った。そして、あらゆるものを徹底的に疑っていって、最後に、絶対に疑いえないものとして、そのようにすべてのものを疑っている自分自身、この世のなかに確実なものは何ひとつないと考えている自分自身の存在にいきついた。なぜかといえば、我は我の身体をもたないと考えることもできるし、また我をとりまいている世界や物体が存在しないと考えることもできるだろう。しかし、そのように考えている「我」自身を無と考えることはできないからである。考えるものが考えているときに存在しないというのは不合理である。それだから、「我思う、故に我あり」(cogito ergo sum) という命題は哲学的思索において出合う最初のもっとも確実な命題であり、したがってそれは哲学の第一原理と呼ばれるにふさわしい。

このようにデカルトは徹底した懐疑をとおして、いっさいのものを疑ったり考えたりしている当の自分自身の存在にいきつき、それを「我思う、故に我あり」という命題であらわした。それは懐疑の果てに必然的に到達する意識の直証的な事実を表現したものであり、またそのようなものとしてそれは絶対に確実で疑いえないものである。こうして哲学の出発点として「自我」(ego)の原理が初めて導入された。「古代の哲学は自然より始まり、中世の哲学は神より始まる。しかるに近代の哲学は自我より始まる」といわれるゆえんである。

近代の主観主義的認識論

ところで、近代哲学の原理となったこの「自我」は身体から切り離された、純粋に思惟する主体であり、世界を自己の認識対象として、これを客観的に認識しようとする「認識主観」である。こうして身体とは別個の存在として自我が定立され、また身体をも含む世界がこの自我の認識対象として自我の外に定立された。いいかえれば、我と物、精神と身体、主観と客観の二元論的世界観が成立した。

デカルトは考えたり疑ったりする思惟作用があるという事実から、思惟作用の主体としての自我の存在を導き出し、それを実体と見なしたが、それが論理的には「論過」であり「誤謬推理」(paralogismus)であることは、すでにカントが指摘しているとおりである。[10] 実際に存在するのは考えたり感じたり意志したりする個々の心的な作用であって、自我という実体的な存在ではない。しかるに、種々の心的な作用があるという事実から、その作用の基体ないし本体としての自我の存在を導出しようとするところに、デカルトの犯した論過がある。百歩譲って、仮にこのような本体があるとしても、それを自我としての精神と考える必要はどこにもなく、それを脳としての身体であると考えても少しもおかしくはない。実際、今日の大脳生理学において、従来、謎とされていた脳の各部分の働きが次第に明らかになっていくにしたがって、いわゆる心とか霊魂とかの存在が否定され、疑問視されてきている。

しかし、われわれがここで考察すべきは、このような誤謬推理についてでもなければ、精神的実体の存在についてでもなく、デカルトの思惟方法そのものであり、したがってまたその世界観それ自体である。というのも、デカルトは哲学の根本原理として「自我」(ego) すなわち「考える我」(res cogitans) を実体として立てることによって、主観と客観、心と身体、精神と物体の二元論を導出した。ここでは、世界は思惟する自我の外に、自我に対立して存在するものとして考えられている。これを逆に言えば、自我は世界の外にあって、世界の外から世界を客観的に認識しようとする認識主観であると考えられている。しかし、これが抽象の産物であることは少しく反省してみれば明白である。現実にはわれわれは世界の内にあるのであり、また世界の内から世界を見ているのであって、世界の外に立って、世界の外から世界を認識するなどということは土台不可能である。

このようなデカルトの考え方のなかには、できるだけ主観的な意図や想像や思惑を排除して、世界を冷静に客観的に眺めようとする科学的な精神があることはたしかである。彼が従来の目的論的世界観を廃棄して、要素還元論的な思惟方法にもとづく機械論的世界観を主唱したのも、そのような意図のあらわれと見ることができる。しかし、そうした意図に反して、自我を認識主観として客観的世界の外に定立することによって、世界はもっぱら自我の側から自我の対象として見られたものとなり、また自我自身はその対象の外にあるものとなった。それは一種の主観主義であり、また不可知論である。もっともデカルト自身は、前述したように、自我を実体と考えた、というよりも見誤ったから、認識主観としての自我が論理的には不可知的存在であるということ自体がまだ自覚されていなかった。

このような主観主義的な認識論をより徹底させたのはカントである。従来、認識においては自我の方が対象に従うのであり、認識とは対象をありのままに映しとることである、と考えられてきた（模写説）。したがって、自我が自己を滅却して対象を正確に映しとれば映しとるほど、その認識は客観的であるとされた。これに対してカントは、反対に、認識においては対象の方が自我の認識形式に従うのであり、認識とは自我による対象の再構成の働きである（構成説）、と考えることによって、そのいわゆる「コペルニクス的転回」（kopernikanische Wendung）を遂げた。[11] ここでは世界はもはやそれ自体として存在しているのではなく、世界の外なる自我すなわち認識主観の主観的構成によって成立すると考えられており、また主観であってけっして客観とならない自我、いいかえれば、いかにしても対象化されない自我それ自体は不可知的なものとして認識の対象外となった。このようにカントの認識論は徹底した主観的観念論であり、したがってそこでいわれる認識の普遍妥当性とは、普遍的な主観のア・プリオリ（先天的）な認識形式に従うという意味での普遍妥当性を意味している。そして認識主観としての当の自我自身はこのような認識形式に従わない、というよりも当てはまらないから不可知的であると考えられたのである。

カントにおいては、認識とは自我のア・プリオリな認識形式による対象の再構成作用である。ここでは、「物自体」（Ding an sich）と「現象」（Erscheinung）が明確に区別され、われわれの認識形式に従わない、というよりも認識形式を超越した前者は不可知とされた。こうしてデカルトが無批判的に承認した実体の存在は否定され、自我も実体としては不可知であるが、あらゆる認識の成立要件として前提されなければならない論理的主観と考えられた。それが意識統一としての「先験的統覚」（transzendentale

Apperzeption）という観念であり、「意識一般」（Bewußtsein überhaupt）という思想である。

いずれにしても近代の西洋哲学においては、主観と客観、精神と物体はそれぞれ独立した別個の存在と考えられており、また認識は世界の外なる自我による世界の再構成の働きであると考えられた。明らかにそれは主観の側から世界を見ようとする主観主義の立場に立つものである。西田幾多郎はこのような西洋近代の論理を一括して「対象論理」と呼び、また「物の論理」とも呼んだ。それは世界を自己の対象界として、あるいは自己に対してある物として、これを自己の側から見ていこうとする考え方である。

物我一体・身心一如

しかしながら、具体的な世界はこのように主観と客観、精神と物体が分離し対立している世界ではなく、むしろ主観と客観、精神と物体の境界がなくなった世界であるのではなかろうか。このような二元的・分別的世界は思惟による抽象の産物であって、真実の具体的な世界ではないのではなかろうか。少なくとも、東洋の伝統には、自己と物、心と身体の区別を否定して物我一体・身心一如の立場からものを見ていこうとする考え方がある。それは、前述したように、我と物との境界がなくなった立場であるが、同時にそれは我というもの自身が消失した立場である。ここでは、デカルトやカントのように、物が自己の外に、自己の対象として見られるのではなく、むしろ自己の内に、自己自身の表現として見られている。否、もっと正確にいえば、物が物自身を見ているのであり、したがってまた自己が自己自身を見ているのである。物が自己であり、自己が物である。

たとえば、本居宣長のいう「もののあわれ」は自分の外に対象的に見られた「もののあわれ」ではない。いいかえれば、自分の外なるもの自身の表現としての「もののあわれ」でもなければ、外なるものに対して自分が感ずる「もののわはれ」でもない。むしろそれは自分自身の感情として自分の内から感じられるような「もののあわれ」であり、自分自身が物となって感ずるような「もののあわれ」である。そこには物と我との間に両者を隔てる境界はなく、したがってまた物と我との区別もない。西田幾多郎が「物となって見、物となって行う」とか、「物来って我を照らす」というのも、これと同じ精神の表現であると考えられる。そこでは、我の方から物を見るのではなく、反対に物の方から我が見られているのである。我は自己自身を消失して物になりきっているのである。

さらには、道元が「自己をはこびて万法を修証するを迷とす、万法すゝみて自己を修証するはさとりなり」といい、「仏道をならふといふは、自己をならふ也。自己をならふといふは、自己をわするゝなり。自己をわするゝといふは、万法に証せらるゝなり。万法に証せらるゝといふは、自己の身心および他己の身心をして脱落せしむるなり[12]」というのも、これとまったく同じ精神の表現であるといえるだろう。それはいわゆる自我というものがなくなったところからものを見ていこうとするものであり、また我と物との境界が消失したところからものを見ていこうとする精神である。それは前述したデカルトやカントの主観主義的な対象論理とはまったく正反対の精神であるといわねばならぬ。

5　西田幾多郎とA・ネス

以上、西洋近代の論理がもっぱら「対象論理」であり、「主観主義」の論理であったことを述べた。それは世界を自己の外にあるものとして、これを自己の側から、自己を中心にして見ていこうとする精神である。したがって、このような主観主義的で自己中心的な対象論理は必然的に自己肯定の論理となる。たとえそれが、一見するところ、自己否定的であるように見えても、それを東洋的な「心の論理」と比較してみると、いかに自己肯定的な性格を有しているかということが明らかになる。その一例として、「良心」についてのカントと西田の考え方を比較してみよう。

カントの良心論

カントにおいては、良心とは、一切の欲求・願望・性向・好悪の感情等を否定して、ひたすら義務に対する尊敬の念から義務を果たすべきだと呼びかける内なる理性の声のことであった。それは個人的な「自愛の原理」を斥けて、万人に共通に与えられた普遍的な義務の意識――それを定式化したものが道徳法則である――に従うべきだとする内からの呼び声である。それゆえ、ここでは個人的なもの・感性的なものが否定され、普遍的なもの・理性的なものが肯定されているのであるから、明らかにそれは自己否定の論理であるように見える。キルケゴールも、倫理的実存とは良心にしたがって生きることであり、普遍的なもののために個人的なものを犠牲にするような生き方である、といっている(13)。このような、自己の個人的な欲求や願望を斥けて、普遍的な道徳法則を遵守すべきだとする主張は自己否定の論理以外の何ものでもないといえるだろう。

しかし、翻って考えてみれば、ここで否定されているのは感性的な自己であり、自愛の原理に従うような自己であって、理性的な自己や道徳法則に従うような自己ではない。いいかえれば、同じ自己が有している感性的要素が否定され、理性的要素が肯定されているのである。したがって、それは必ずしも自己否定の論理とはいえない。しかも、ここで普遍的と考えられている良心とは、じつは自己の内から呼びかけてくる理性の声のことである。それは自己の側から見られた良心であり、また自己の内なる良心である。そのようなものとして、それはどこまでも主観主義の残滓をとどめるものであるといわなければならない。

西田幾多郎の良心論

これに対して西田の考える良心とは、世界の根底からの呼び声であり、世界の中心からの呼び声である。同じ普遍的な呼び声であるにしても、ここではその呼び声は自己の内からではなく、反対に世界の内から惹起される。いいかえれば、それは自己と世界の境界がなくなったところにおいて、したがってまた自己というもの自身が消失して無となったところにおいて初めて聞かれるような世界の呼び声である。ここでは、良心はカントのように自己の内から自己自身が呼びかける声ではなく、反対に世界の内から世界自身が呼びかけてくる声である。

西田哲学においては、その一即多・多即一という用語からうかがわれるように、個と普遍は相対立する別個の存在ではなく、むしろ個は創造的世界の創造的要素として考えられている。そして個体の一々の働きは世界自身の自己表現であると考えられている。したがって、自己が自己であることを否定して世界の一表現点になったとき、自己は真に創造的であるのであり、また真に個性的な自己となるのである。良心とは、まさしくこの意味での世界の根底からの呼び声である。したがって、良心に従うとは、「物となって見、物となって行う」ことであり、「物によって照らされる」ことにほかならない。それは徹底した自己否定の論理であって、これと比較するとカントの良心論はまだ主観主義であり、自己中心的であることがわかる。つまりそれは本質的に自己肯定的な論理なのである。

西田哲学は東洋的な伝統にもとづいた哲学である。それはいっさいの分別的・二元論的な思考様式を斥ける。そして個と普遍、自己と世界の分別以前の、あるいは分別を超越した根源的な立場から物を見、物を考えていこうとする。すなわち自己と世界が一体不二であるような立場をもっとも具体的な立場と考え、そのような立場から物を見ていこうとするのである。現代の西洋の哲学者のなかでこれともっとも近い考えをもっているのはおそらくノルウェーの哲学者ネス（Arne Naess、一九一二〜二〇〇九）であろう。

自己実現の観念

ネスはディープ・エコロジーの提唱者として知られているが、彼の世界観の根底には自己と世界が一体不二であるという汎神論的なものの見方がある。これは、ネスがスピノザやガンディー（Mohandas K. Gandhi、一八六九〜一九四八）の影響をうけていることと関係があると思われるが、それはともかく、このような考え方をもっともよく表現しているのが彼の「自己実現」（Self-realization）の観念である。[14]

ネスの考えを要約していえば、人間は通常考えられているよりもはるかに大きな可能性をもった存在であって、あらゆる面でバランスのとれた成長を遂げると、ますます自己を他者と同一視し、また同一化するようになるが、それは自己の側から見れば、ますます自己が拡大し自己実現を遂げていくということであり、またそのことによってますます生の喜びと意味が深まっていくのである。ネスは自己（self）を利己的で偏狭な自我（ego）から区別するとともに、この自己が無限に自己を拡大し自己実現を遂げていけば、その究極においては宇宙的自己（Self）と一体不二なるものとなる、と考えている。また、彼は、自己を他者と同一化するということは「他者のなかに自己を見る」（sees oneself in the other）ということであり、「自らも生き他者をも生かす」（live and let live）ということであるから、[15]他者の自己が妨げられるということは自己の自己実現が妨げられるということと等しい、したがって自己実現と愛他主義は一致するともいっている。[16]

このようなネスの主張、とくに個人的自己と宇宙的自己とが一体不二であるという思想や「他者のなかに自己を見る」という考え方は、前述した西田の一即多・多即一の思想や「物となって見、物となって行う」という考え方と符合しているように思われる。ネスの「自己実現」の思想はスピノザのいう「自己の存在を維持する力」としてのコナトゥス（conatus）を念頭においたものであり、スピノザの思想そのものが多分に東洋的な性格をもっていたので、ネスの考えが西田の考えと親近性を有していることはうなずける。

しかしながら、ネスの自己実現の思想はもっぱら自己を対象的方向に拡大していく方向で考えられている。自己が対象を包み込む方向で考えられている。そのことは、ネスが自己と他者との同一化は「共感」（sympathy）によって生ずると答えているところからも明らかである。しかし、共感は、それがどんなに純粋なものであっても、自己の側からの働きによる他者との「同一化」（identification）の感情であって、他者の側からの働きによる同一化の感情ではない。したがって、それは結局のところ自己肯定の働きであり、ネス自身の言葉をもってすれば「自己拡大」（self-extension）の働きである。そして、この意味で、自己実現が愛他主義と一致するのである。

ネスはしばしば「包み込む自己」（comprising self）ということをいっている。(17) それは世界を自己の内に包み込み、すべての生命を自己の内に包み込むようないわば極大の自己のことであり、究極的な自己実現の形態である。明らかにそれは自己肯定の極限に考えられるものである。このように、ネスの自己実現の思想はどこまでも自己を肯定し、これを無限に拡大していく方向で考えられている。いいかえれば、主観主義的な方向すなわち無限に他者を包み込んでいく方向で考えられている。そこにはなお二元論の残滓が認められる。このことは、たとえばネスが「究極の自己実現」(the maximum of Self-realization) は一つの過程であるといっているところからも明らかであろう。[18] それは、カントの「最高善」(summum bonum) と同様、けっして到達できない理想や目標と考えられているのである。いいかえれば、対象的に超越的な方向の極限に考えられているのである。

これに対して、東洋的な思惟方法においては、反対に自己が物によって包まれ、世界によって包まれるところに、自己と物や世界との同一化が生ずると考えられている。自己を肯定し、これを無限に拡大していく方向で物や世界との同一化が考えられているのではなく、むしろどこまでも自己を否定し、自己というもの自身が消失していく方向で物や世界との同一化が考えられている。そしてこのように自己と物との区別や境界がなくなったところから物を見ていくのが、もっとも具体的な物の見方であると考えられてきたのである。そして、前述したように、西田はこのような東洋に伝統的な思惟方法を「物となって見、物となって行う」とか「物来って我を照らす」という言葉でもって特徴づけた。東洋的な物の見方には、そもそも個体という観念は幻想であり、自己という存在は幻影であるという深い知見があるように思われる。そしてこのような知見はけっして根拠のないものではなく、したがってまた現代科学の成果と矛盾するものでもないのではなかろうか。

註

(1) William James, *Pragmatism*, Harvard Univ. Pr., 1975, p. 6.

(2) 『景徳伝統録』四、蒙山道明章。

(3)『大慧普覚禅師書』下。
(4) 鈴木大拙『金剛経の禅』『鈴木大拙全集』第五巻、岩波書店、一九六八年、三七一頁。
(5)『般若心経・金剛般若経』岩波文庫、一九六〇年、七二頁。
(6) 同書、七二頁。
(7) 同書、九八頁。
(8) 通常、唯名論というのは実念論（realism）に対する言葉で、普遍（universalia）の実在性を否定する立場をいう。この立場においては、実在するのは物（res）であって、普遍は「物の後にある名」（nomina post res）にすぎず、「声として発する風」（flatus vocis）にすぎないと考えられた。しかるに、ここでは逆に個物の方が実在性のないものと考えられているので、「逆の意味での唯名論」といったのである。
(9)『雲門録』中。
(10) Immanuel Kant, *Kritik der reinen Vernunft*, A341-405/B399-413.
(11) *Ibid.*, BXIV-XVIII.
(12) 道元『正法眼蔵』㈠、岩波文庫、一九九〇年、五四～五五頁。
(13) Søren Kierkegaard, *Fear and Trembling*, edited and translated by Howard V. Hong and Edna H. Hong, *Kierkegaard's Writings*, VI, 1983, pp. 54-56, 68-69, 82-83.
(14) Arne Naess, "Self-Realization: An Ecological Approach to Being in the World", *The Trumpeter* 4, 1987. なお、この論文は「自己実現」という題名で邦訳されている。アラン・ドレングソン・井上有一編『ディープ・エコロジー』昭和堂、二〇〇一年、所収。
(15) Arne Naess, *Ecology, Community and Lifestyle; Outline of Ecosophy*, 1989, pp. 172-173.
(16) 前掲邦訳書、四六～四八頁。
(17) 前掲邦訳書、六四～六六頁。
(18) David Rothenberg, *Is It Painful to Think?; Conversation with Arne Naess*, 1993, p. 187.

第三章　『善の研究』の現代的意義

1　『善の研究』と近代日本の哲学

『善の研究』が弘道館から刊行されたのは明治四四（一九一一）年一月のことで、西田幾多郎の満年齢で四〇歳のときであった。この本の前身は西田の第四高等学校教授時代の「倫理」の講義草案であったことはよく知られているが、この講義草案に、西田の根本思想である純粋経験についての論文と、当時西田が雑誌に掲載した数篇の宗教に関する論稿を加えて成ったのが『善の研究』である。だから、それはけっして最初から順序立てて書き下ろされた書物ではない。むしろ冊子や論文のいわば寄せ集めにすぎないものであって、何ら系統的あるいは体系的な性格を持ち合わせていないのである。そのことは、たとえば『善の研究』の第二編第一章が「考究の出立点」となっていたり、第四篇の宗教に関する論稿の内容が一部重複しているところからもうかがえる。通常、「考究の出立点」は第一編の最初に述べられるべき性格のものだと思われるが、それが第二編におかれていることは、第一編よりも第二編の方が、先に書かれたということを示している。また、第四編の内容が一部重複していて統一性が欠けているということは、それがもともと独立に書かれた諸論稿の集成

『善の研究』の特質

であることを示している。

さらには、第二編と第三編には随所に補遺がついているが、第一編と第二編にはついていない。これは第二編と第三編がもと第四高等学校の「倫理」の講義草案であったので、学生の理解をうながすために多くの補遺がつけられたのだと想像される。

最後に、『善の研究』というタイトルも西田自身がつけたものではなく、出版社の意向を汲んで他人がつけたものである。後年、西田自身はこのタイトルに不満であったことをもらしている。(1) こうした経緯を鑑《かんが》みると、西田が自分の処女作の出版を少しく急ぎすぎたのではないかという印象は拭えないように思われる。

けれども、『善の研究』の中味を見ると、それは見事な体系性と統一性を具備している。その思想や主張の一貫性と徹底性は誰もが認めるところであろう。こうした事実は、その外観はともかく、西田の思想そのものは当時、既に完成し熟成していたということを示している。外形から見ればいろいろと不備や不統一が目立つが、その内容自体はどの部分も緊密な統一を堅持しており、また随処に深い洞察に満ちた思想が見られる。それらは後の西田哲学の原型になったもので、この点から見れば『善の研究』は老成された著作という印象さえあたえる。

『善の研究』について最初の書評を書いて以来、つねに西田哲学を道標(Leitfaden)とし、また西田哲学を批判することによって自らの哲学的立場を構築していった高橋里美(明治一九～昭和三九、一八八六～一九六四)は、後年、西田自身から直接に聞いた話として、「自分も始めのうちはいろいろ懐疑に苦しみもしたが、大学を出たころには取るべき立場がきまり、その後それがぐらつくことはなかった」(2) という言葉を伝えている。若干の誇張はあるにしても、おおむねそのとおりであったのではないだろうか。その基本となる思想が終始一貫していて少しも揺るぎがないのが西田哲学の顕著な特質であるといってよい。スピノザにしても、バークリにしても、フィヒテにしても、あるいはいわゆる天才と呼ばれる思想家には思想の早熟性と一貫性という共通した性格が付きもののようである。

本章では、最初に『善の研究』が日本の哲学史においてどのような位置を占めているかについて述べ、ついで同書で展開されている純粋経験の思想の根本的な特徴を明らかにし、さらにはそうした思想が現代においてどのような意義をもっているのか、またそれは今日、人類が直面している諸問題の解決に、どのような形で貢献し、寄与することができるのかを考えてみたい。

日本における哲学の受容と『善の研究』

日本に初めて哲学が受容されたのは安政年間（一八五四～六〇）のことであった。安政元（一八五四）年の開国によって、幕府は主として軍事上、外交上の必要から、従来の公認の学である儒学に代わって洋学を専門にあつかう研究機関の設置を急ぎ、安政三（一八五六）年に「蕃書調所」を九段坂下に開設した。当初は、西洋の軍事書、砲術書、外交文書、新聞等の翻訳を主要な目的としていたが、それと並行して科学、技術、医学、法律、政治、経済等のいわゆる「実学」の研究と教育が熱心に推し進められた。また、そのために各藩から有為の士を集めてそれぞれの研究と教育に当たらせた。学科内容も年々充実し、オランダ語や英語のほかにフランス語やドイツ語、ロシア語等も教授されるようになり、また物産局（薬学）、洋算、化学、絵図方等の諸学科が加えられ、我が国における近代的な大学の様相を呈していたのである。

わが国における哲学の受容も、この蕃書調所（後に洋書調所、開成所に改称）を舞台としておこなわれた。調所の教授手伝並（研究員）であった西周（文政一二〜明治三〇、一八二九〜九七）と津田真道（文政一二〜明治三六、一八二九〜一九〇三）は政治学、法学、経済学等の実学を学ぶかたわら、それらの諸学の基礎にある万物の窮理の学としての哲学に関心をもち、共同して研究に着手した。「哲学」という用語が西周の『百一新論』（明治七年、一八七四）に初めて見られることや、主観、客観、先天、後天、理性、悟性、感性、意識、命題、綜合、範疇など、今日用いられている哲学用語の多くが西の命名したものであることはよく知られているが、津田真道の稿本『性理論』（文久元年、一八六一）は我が国最初の哲学的文献であった(3)。

それ以後、西洋の哲学は広く紹介され、翻訳され、解説されたが、日本独自の哲学というものはなかなか打ち立てられなかった。多くの哲学書が刊行されたが、そのほとんどは啓蒙書の類であって、独自の哲学といっても、その内実は伝統的な仏教思想や儒教思想に新しい西洋哲学の外衣を着せただけの通俗的で浅薄きわまりないものであった。その多くは安直な折衷主義に流れるか、それとも独断的に伝統思想に固執するか、そのどちらかで、およそ学問というにはほど遠い感があった。たしかに清沢満之《まんし》（文久三〜明治三六、一八六三〜一九〇三）や大西祝《はじめ》（元治元〜明治三三、一八六四〜一九〇〇）のように深い宗教的経験と鋭い批判的精神をもった少数の先覚者がいるにはいたが、不幸にして彼らは夭逝し、みずからの思想を十分に開花させることはできなかったのである。

わが国に哲学が受容されて以来、西洋哲学の単なる紹介や解説の域を脱して、日本人が真に独立した独自の哲学をもったのは西田幾多郎の『善の研究』をもって嚆矢《こうし》とする。津田真道によって『性理論』が起稿されてからちょうど半世紀後のことであった。『善の研究』は日本における最初の自前《じまえ》の哲学書であり、いわば日本における哲学の独立宣言書の役割を担ったのである。それはフランスにおけるデカルトの『方法序説』、イギリスにおけるロックの『人間知性論』、ドイツにおけるカントの『純粋理性批判』に匹敵する書物で、『善の研究』は日本における哲学的思考の根源であり基址であるとともに、すべての哲学徒の思想形成の標識でもあり基準でもあった。それは近代日本哲学の出発点であって、今日、何人も何らかの形で『善の研究』と関わることなくしては自らの哲学を語りえない。先に触れた高橋里美は『善の研究』を読んで日本人としての誇りをもったことを語っているが(4)、高橋より一世代あとの三木清（明治三〇～昭和二〇、一八九七～一九四五）は『善の研究』が哲学徒としての自分の出発点となったことを追懐している。自分の一生の仕事として何をやったらよいか迷っていた三木に、哲学をやろうと決心させた動機がほかでもない『善の研究』との出会いであった(5)。『善の研究』を読んで感動し、そこから全人格的な影響をうけ、西田のもとで学びたいという一念でもって三木は一高から京大への進学という、当時としては破天荒な行動を決行した。そしてこうした三木の行動に戸坂潤、谷川徹三、西谷啓治などが倣って、当時、一高から京大への進学は一種のブームにさえなったのである。

このように『善の研究』は日本哲学の一つの古典というにとどまらず、日本哲学の唯一ともいうべき源泉であり、母胎でもあった。まさしく『善の研究』は日本の哲学のあり方や特質を決定した著作であり、もっとも日本的な哲学は『善の研究』の精神から生ずる、あるいは同書との真剣な対話や対決から生ずる、といってもけっして過言ではないのである。

2　純粋経験の二つの要素

純粋経験とは何か

では、『善の研究』とはいったいどのような書物であったのだろうか。一般に、『善の研究』の根本思想は純粋経験であるといわれる。実際、同書の第一編は「純粋経験」となっており、西田自身、純粋経験は「自分の思想の根柢」であると語っている。また同書の序で「純粋経験を唯一の実在としてすべてを説明してみたい」(6)とも語っている。純粋経験が『善の研究』の拠って立つ立場であることは明白であって、この点については何の疑問もない。問題は、では純粋経験とはいったい何であるかということである。この問いに対する答えはそれほど明瞭ではない。とくに「純粋」という言葉の意味がわかりにくく、多くの読者がその理解にとまどっている。はたして純粋経験は通常の経験とどのように異なっているのだろうか。

『善の研究』の冒頭の一節で、西田は純粋経験を規定して、「毫も思慮分別を加えない、真に経験そのままの状態」であり、「未だ主もなく客もない、知識とその対象とが全く合一している」状態であるといっている。(7)通常の経験は、「私は雷の音を聞いている」とか、「赤い花を見ている」とかいうように、そこにはすでに思慮や分別が含まれており、また主観と客観が分離している。音を聞いたり花を見たりしているのは私であり、また聞かれているのは雷の音であり、見られているのは赤い花である。だからそれは純粋な経験とはいえない。純粋経験とは、音を聞いたり、花を見たりするその瞬間、まだ少しも判断が加わらず、主観と客観が分離していない意識の統一的状態をいうのである。この意味では、純粋経験は直接経験と同一であって、それは「おっ！」とか、「あっ！」とかいった感嘆詞であらわされるような世界である。それは分別以前の世界であり、反省的思惟のまったく加わっていない世界である。この段階の純粋経験を表現するのに西田は直接経験のほかに、しばしば嬰児の意識をあげている。たしかに明暗の区別さえさだかでない嬰児は主客未分の純粋経験の世界にあるといっていいだろう。

けれども西田は、一方では、芸術家の神来《インスピレーション》や宗教家の三昧《サマーディ》の境地こそ真の純粋経験であるともいっている。たとえば音楽家が一心に名曲を奏でている状態とか、宗教家が無心になって瞑想しているような状態が真の意味の純粋経験であるというのである。そしてこの段階の純粋経験は知的直観とも呼ばれ、もっとも理想的で、究極的な純粋経験とされている。それは分別以前の世界というよりも、もはや分別を超えた世界といっていいだろう。同じく純粋経験といっても嬰児の意識と天才の意識においては雲泥の差があるだろうし、直接経験と知的直観では格段の相違があるだろう。けれども、そうした違いがあっても両者は等しく純粋経験である、と西田はいう。それどころか、別の箇所では、意味や判断の世界、すなわち反省的思惟の世界も純粋経験である、とさえいっている。というのも、統一とか不統一とかいっても相対的なものであり、比較程度上のものであって、統一しているものもより統一しているものと比較すると不統一であり、反対に、不統一なものもより不統一なものと比較すれば統一しているといえるからである。現実には絶対に統一しているものもなければ、絶対に不統一なものもない。したがって、いっさいの経験は純粋経験であるというのである。

また西田は、いっさいの経験は体系的に自発自展していくものであるが、発展には分裂が不可欠であり、統一には分化が必要である、といっている。およそ事物というものは分裂することによってより大なる統一へと発展していくという。だとすれば、分化や分裂は統一や発展には欠かすことができず、前者は後者の必然的な契機であることになる。したがって、この分化や分裂の契機である反省的思惟も一種の純粋経験であるということになる。ここに「純粋経験を唯一の実在としてすべてを説明してみたい」という当初の西田の意図を看取することができるだろう。

現在意識としての純粋経験

しかしここまでくると、いささか詭弁のようにも思えるが、じつは西田にはもう一つ別の視点がある。それは純粋経験を「現在意識」としてとらえる視点である。そしてこの視点からすれば、すべての経験が現在意識であり、純粋経験であるということになる。感覚や知覚が現在意識であることはもちろんだが、記憶も現在の意識であって、それを過去と感ずるのも現在の感情である。また、抽象的概念も、たとえば三角形を考える場合、一個の三角形を想像しながら、それをもってすべての三角形を代表させるから、一種の現在意識である。さらには快・不快の感情も現在の意識であり、意志もまた現在の欲望である。したがって、すべての経験は現在意識であるということになる。そしてこうした現在意識を西田は純粋経験と考えているのである。

では、この現在意識とはいったい何なのだろうか。この点については、西田は具体的には何も説明していない。したがって、今ひとつはっきりしないところがあるが、前後の文脈から推して一連の経験や生命の流れのようなものを指しているのではないかと思われる。あるいはジェームズのいう「意識の流れ」（stream of consciousness）やベルクソンのいう「純粋持続」（durée pure）のようなものを考えていたのかもしれない。とにかくそれは非実体的な生命や意識の流れであって、こうした流れの一瞬一瞬が純粋経験であると考えていたようである。それはいわば普遍的な経験の流れであり、いわゆる個人の一生涯にわたる経験や、永遠な宇宙的生命の流れのようなものである。

西田の純粋経験説には、個々の具体的な経験からものごとを説明していく視点と、そうした個々の経験の背後にある普遍的な意識の流れから、逆に個々の経験を位置づけ説明していく視点がある。そしてこの普遍的な意識の流れから見るとき、個々の経験間の差別はなくなり、いっさいが同じく現在意識として受けとられる。こうした普遍的な現在意識を西田は「統一的或者」とか、「潜在的一者」とか、「根源的統一力」とか、さまざまな言葉でもって表現している。そのことは、この時期には、まだ西田の用語法が確定していなかったということを示している。『善の研究』は個々の純粋経験から出発しているので、経験の背後にある普遍的な意識は背景に退かざるをえなかったのだが、次作『思索と体験』（大正四年、一九一五）では、それは「動的一般者」と呼ばれ、『自覚に於ける直観と反省』（大正六年、一九一七）では「自覚」と呼ばれ、その極限においては「絶対自由意志」と呼ばれるようになった。このことは、西田の思索が個体主義から、次第に普遍主義へと移行していったということを示している。

西田哲学にはつねに主観と客観を分けないで、主客未分のところからすべてのものを見ていこうとする視点と、個体と全体を隔てることなく、個体を普遍の顕現や展相として見るという視点が同時に見られる。西田が『善の研究』の「序」で、ジェームズのいうような純粋経験によっていっさいのものを説明してみたいと述べたすぐあとの箇所で、「また経験を能動的と考えることによって、フィヒテ以後の超越哲学とも調和し得るかのように考え」た、と語っているとおりである。西田のいう純粋経験は主観即客観・客観即主観であると同時に個体即普遍・普遍即個体でもある。

西田は『善の研究』のなかで、「昨日の私の意識と今日の私の意識はただちに連結して一と考えることができるように、私の意識と汝の意識は連結して一と考えることができる」という趣旨のことをいっている。たとえば「昨日の意識と今日の意識とただちに統一せられて一実在をなす如く、我々の一生の意識も同様に一と見なすことができる。この考えを推し進めていった時は、ただに一個人の範囲内ばかりでなく、他人との意識もまた同一の理由によって連結して一と見なすことができる」(8)といったごとくである。後期になると西田は「他の内に自己を見る」とか、反対に「自己の内に他を見る」とか、あるいは「自己の底において絶対の他に出会う」とかいった表現をしばしば用いるようになるが、これらはいずれも同じ思想のヴァリエーションと考えることができる。だとすれば、それは西田哲学に一貫した固有の思想であるといってよいだろう。

ところで、「昨日の私の意識と今日の私の意識は直接に結びつく」という思想は比較的受けいれられやすい。というのも、われわれは自己という意識の統一性や連続性を信じて疑わないからである。たとえそこに時間的な断絶はあっても、したがってまた意識の停止があっても、昨晩、床につく前の私の意識と、今朝、目覚めたときの私の意識がただちに結びつくことは誰も疑わない。それは同じ私の意識であると信じている。そして西田もこのことを認めている。しかし、彼はそれにつけ加えていう、「それと同じように、私の意識と汝の意識は直接に結びつく」と。先の場合と異なり、この主張はわれわれにはなかなか受けいれがたいものがある。というのも、通常われわれは、私は私、汝は汝であって、私と汝はまったく異なった人間であり、個体である、と強く信じているからである。昨日の私と今日の私は同じ存在であるけれども、私と汝はまったく異なった人格であると考えられている。

しかし西田は必ずしもそのようには考えていない。私は私、汝は汝でありながら、同時に両者は一体にして不二なるものである、と考えている。というのも、前述したように、西田には事象を個体の側から見ていく視点と、それを普遍の側から見ていく視点があり、しかも両者は同一の実在を説明する異なった仕方である、と考えられているからである。個体的経験の側から見れば、私と汝はまったく異なった経験群に属している。いいかえれば、私と汝はそれぞれ独立の個体である。しかし、これを普遍的意識の側から見れば、私と汝は同じ根源的一者の分化発展の諸相であり展相であることになる。したがって、私と汝はつねにその根源のところではつながっていることになる。だとすれば、まったく別個の存在というわけではない。私と汝は、個体の側から見れば、まったく対立する二つの存在だが、これを普遍の側から見れば、同じ本体の諸相であり展相である。私と汝はその根源において一に帰すのである。

3　個と普遍の相即的関係

以上、述べたことをここでもう一度整理しておきたい。それは西田哲学の現代的意義を考える上で非常に重要なことなので、若干の論旨の重複は許されるだろう。

純粋経験の二つの要素

西田の純粋経験の思想にはじつは二つの異なった要素がある。むろん、その二つの要素は実際には緊密に連関していてなかなか分離することはできないが、内容の上からは分けて考えてみることができるし、またそうしなければならない。西田自身は二つの要素を明確に区別せず、その違いを自覚していなかったようにも思われるが、両要素はまったく異なったものであり、両者の違いをはっきりと認識しておくことはきわめて重要なことである。

通常、純粋経験というと主客未分の統一的な意識現象と考えられている。西田自身も『善の研究』の冒頭でそのように規定しているし、そもそも純粋経験という言葉自体がマッハやアヴェナリウスのいわゆる「経験批判論」(Empiriokritizismus) における reine Erfahrung、ジェームズの「根本的経験論」(radical empiricism) における pure experience の訳語であったことを想起すれば、純粋経験が主観でも客観でもない感覚所与あるいは中性的な「あれ」[9]であることは自明である。しかし、たとえばジェームズは、経験は本質的に個人的なものであって、普遍的経験などという観念はそれ自身矛盾であると考えていた。したがって、ジェームズにおいては個人の数だけ純粋経験の世界があることになり、彼の純粋経験説は必然的に多元論の形態をとることになる。実際、ジェームズには『多元的宇宙』(*A Pluralistic Universe*, 1909) という著作がある。また、彼はすべての純粋経験は等質的であると考え、種々の経験間に段階の差をもうけるようなことはしなかった。

これに対して、前述したように、西田は経験というものを独立自全で体系的に自発自展していく意識現象として考えていた。経験は自己の内に分裂と統一を繰り返すことによって不断に発展し展開していくものであると考えていたのである。したがって、純粋経験には嬰児の意識から天才の神来にいたるまで、あるいは感覚や知覚の段階から知的直観にいたるまで種々の発展段階があり、またそうした個々の純粋経験の根底には普遍的で統一的な意識が横たわっていると考えられた。そして個々の経験は普遍的な意識の分化・発展の諸相として位置づけられていた。そうしてこれが西田の純粋経験説が同時にフィヒテ以後のドイツ観念論哲学、とくにヘーゲルの「具体的普遍」(konkrete Allgemeinheit)の思想と結びついた理由である。じつに西田のいう純粋経験は、主観と客観が未分離であるという要素と、個と普遍が一体不二であるという要素をあわせもっている。けれども、主客が未分離であるという要素と個と普遍が一体不二であるという要素はまったく別個の要素である。ジェームズのように、後者の要素を否定して、前者だけを純粋経験の要素と見ることも可能である。しかし、西田は両要素を結びつけることに何の躊躇も感じていなかったようである。また、そのことをとくに意識するということもなかったようだ。そしてまさしくそこに西田哲学の特質がある、と考えられる。

絶対的客観主義

ところで、この二つの要素は後期の西田哲学においても一貫して認められる。主客未分という観念は、弁証法的世界の立場の時期には、個物的限定即一般的限定・一般的限定即個物的限定という定式でもってあらわされ、個と普遍の一体不二という思想は個物と個物の相互限定即一般者の自己限定という定式でもってあらわされるようになり、さらには絶対矛盾的自己同一の立場の時期には、前者の要素は内即外・外即内という術語でもって、また後者のそれは一即多・多即一という術語でもってあらわされるようになった。『善の研究』の時期には素朴に主客の合一が説かれていたのに対して、後期においては主客の相即が説かれ、また個の側の徹底した自己否定による自覚的な働きが強調されているという相違はあるが、基本的な考え方そのものは少しも変化していない。それは『善の研究』が出版されてから二五年後に、その新版の「版を新にするに当たって」のなかで西田自身がいっているとおりである。純粋経験という心理的世界が行為的直観という歴史的世界に推移していっただけのことだといってもけっして過言ではない。

このように西田哲学には世界をこちら側（個・自己）から見る視点と、反対に向こう側（普遍・絶対無）から見る視点があり、その両者が絶対矛盾的自己同一として考えられている。歴史的現実界は自己と環境が相互に限定しあっている世界であると同時に、絶対無が一瞬一瞬に自己を自覚的に限定している世界でもある。もしそうだとすると、自己の働きと世界の働きはけっして別個のものではないことになる。自己が働くということは世界が働くということである。また世界が働くということは自己が働くということである。自己は世界に対立するものとして働くのではなく、まさしく世界の創造的な要素として働くのである。それだから「世界が自覚する時、我々の自己が自覚する。我々の自己が自覚する時、世界が自覚する。我々の自覚的自己の一々は、世界の配景的一中心である」[10]といわれる。「世界が成立することは自己が成立することであり、自己が成立することが世界が成立することである」[11]。「絶対現在の瞬間として、我々の自己が成立する」[12]のである。

このように、西田哲学には自己を世界の側から見るという視点がある。通常、われわれは自己を中心にして自己の側から世界というものを見ている。したがって、それは主観主義である。デカルトやカントの哲学がその典型である。その自己がデカルトの場合はコギト（cogito）であり、カントの場合は超越論的主観（transzendentales Subjekt）であるという違いこそあれ、両者においてはともに自己の側から世界が見られている。いいかえれば、世界は自己に対する対象として位置づけられている。西田がデカルトやカントの哲学を「主観主義」といい、「対象論理」と批判するゆえんである。これに対して西田哲学は、反対に、世界の側から、世界の要素として自己というものを見ようとする。したがって、それは客観主義である。否、そこでは世界と自己との対立そのものがなくなっているので、いわゆる主観主義に対する客観主義ではなく、両者の対立を超越した絶対的客観主義であるといわなければならない。実際、西田自身、自分の哲学を再三、「絶対的客観主義」[13]と呼んでいるのである。

絶対否定作用としての絶対無

西田哲学の特徴は、個と普遍の関係を考える場合、普遍を個に対して超越的なものとは考えず、反対にどこまでも個に内在的なものとして考えている点にある。晩年、西田は「内在的超越」という言葉をよく用いているが、普遍は外的あるいは対象的方向に超越した外的超越者ではなく、反対に、個の内の内に、あるいは個の底の底に見られる内在的超越者である。外在的超越者はわれわれの志向対象になるが、内在的超越者はけっして対象として見られることはない。これを平易に表現すれば、外にあるものは見ることができるが、内にあるものは見ることができないということである。いいかえれば、どのような意味でも形のあるものとしてはとらえることができないということである。したがって、それは「絶対無」でなければならない。絶対無というのは、いかなる意味でも形相的なもの、ノエマ的なものではないということであり、絶対に対象とはならないということである。形相的なもの、ノエマ的なもの、対象的なものとしては絶対に無であるという意味である。それは作用の作用、ノエシスのノエシス、純粋ノエシスであるということである。

このように西田のいう絶対無はけっして実体的なものではなく、不断の自己否定的作用をいう。不断に自己を否定することによって自己を現実化するようなそうした無限の自己否定の働きをいうのである。無が自己自身を否定するということは自己自身が無であることを否定するということだから、それは無が自己自身を有として顕現させるということである。そして、そうした働きがわれわれの自己の根底であり、根源であるというのだ。また、われわれの自己はそうした自己否定的作用の極端だと考えられているのである。それが、西田が再々用いる「創造的世界の創造的要素」という言葉の意味である。したがって、絶対無は「純粋形相」というよりも、むしろ「純粋質料」といった方が適切かもしれない。むろん、それは受動的な質料ではなく、どこまでも能動的な質料であって、前述したごとく、不断に自己を否定しながら自己を創造し現実化していく絶対否定作用である。アリストテレスのいう神が純粋形相として完全現実態であるとすれば、西田の絶対無は純粋質料として完全可能態であるといえるだろう。

『善の研究』においては、個は純粋経験と考えられ、普遍は根源的統一力あるいは普遍的意識現象と考えられた。晩年の西田哲学においては、個は行為的自己と考えられ、普遍は絶対無あるいは歴史的世界と考えられている（ここで世界というのは絶対無の一瞬一瞬の自覚的な自己限定の形のことである）。たしかに初期と後期では用語法には歴然とした変化が見られ、また西田の関心領域も変移しているが、個と普遍、すなわち純粋経験と根源的統一力、自己と絶対無の関係についての考え方は基本的には変化していない。普遍はつねに個の内の内に、あるいは個の底の底に考えられている。超越の方向にではなく、内在の方向に考えられている。またそれはけっして実体的、ノエマ的なものとしてではなく、ノエシス的な否定的作用と考えられている。そのようなものとして、普遍はいかなる意味でも対象的には無であり、絶対無である。そこに西田哲学の根本的特徴があるといわなければならない。そしてこうした特徴は田辺哲学にも受けつがれている。田辺もまた絶対無を絶対に自己否定的な媒介作用と考えている。したがって、それは日本哲学の特徴といってもいいかもしれない。ここには明らかに従来の西洋に伝統的な思考様式とは異なった思考様式が見られる。

自己と絶対無

西田哲学の根本問題は一言でいえば自己の探究である。禅が己事究明をめざしていたように西田哲学も真正の自己の探究をめざしている。けれども西田は普遍をつねに自己の根源と考えていたので、この己事究明は同時に世界究明でもあった。西田は自己というものをつねに自己の内奥にある普遍との関係で考えた。自己を普遍の顕現ないし展相と考えた。というよりも、そうした自覚をもって行為することを説いた。そこに、西田哲学が大乗仏教思想や陽明学と結びつく要素があるのである。

最初、西田は自己を純粋経験としてとらえた。純粋経験が真の自己であるなどというと、何かぴんと来ないかもしれないが、自己はそうした純粋な経験の流れとしてとらえられたのである。いいかえれば、主客相没、物我相忘の境地あるいは天地同根・万物一体の世界が真の自己の世界と考えられ、それがさらに深められて「自覚」や「絶対自由意志」の思想となり、「場所」を転回点として最終的には「絶対無の自覚」にいたった。この意味では、西田哲学の展開は不断の己事究明の過程であるといってよい。そしてそれが同時に普遍つまりは自己の本体の究明の過程でもある。西田にとっては、普遍は自己の最内奥にある働きと考えられているので、真の自己を探究するということは自己の根源に戻るということを意味している。この意味では、すべてのものは絶対無から出て絶対無へと還っていく。発展は内展であり、前進は遡源である。西田哲学にはこうした東洋に伝統的な考え方が継承され、それが西洋哲学的な論理でもって現代風に表現されている。そこに西田哲学の現代的意義があるのである。

4 世界哲学史における西田哲学の位置

さて、以上のことをもとにして、世界哲学史における西田哲学の位置について少しく検討してみたい。

世界哲学史における西田哲学の位置

これまで二六〇〇年以上の間、哲学は西洋を中心に展開し発展してきた。そもそも哲学の発祥の地がギリシアであり、中世において一時期、アラビアが哲学の中心だった時期があったが、おおむね哲学は現代まで西洋で栄えてきた。哲学といえば西洋哲学のことだといって間違いなかったのである。たしかに細かく見れば、インド哲学や儒教や老荘思想や宋学など哲学的な思想はあったが、それが世界の中心になるということはなかった。日本においては、哲学は幕末の寛政年間に受容されたということは始めに述べたとおりである。

おそらく西田哲学は近代に入って西洋哲学に対抗するものとして東洋から発信された最初の哲学といってよいのではないだろうか。それは東洋に伝統的な思考様式を西洋哲学の論理的・概念的装置でもって表現しようとしたものだと考えることができる。多くの人が指摘しているように、西田哲学の基本にあるのは大乗仏教思想であり、西田哲学はこの伝統的な思想に近代的な表現形式をあたえたということができると思われる。東洋には西洋とはまったく異なった実在観があるが、それを自覚的に西洋の実在観に対抗して構築し、それを論理的に基礎づけたのがほかならぬ西田哲学なのである。

けれども、西田自身は自分の思想が西洋哲学とはまったく異質のものであるという自覚を最初のうちはもっていなかったように思われる。『善の研究』(明治四四年、一九一一)においても『自覚に於ける直観と反省』(大正六年、一九一七)においてもそうした意識は希薄である。この時期、西田はジェームズの純粋経験、ヘーゲルの具体的普遍、フィヒテの事行など、何某《なにがし》かの西洋思想と結びつけて自分の思想を展開しようとしている。それがギリシア哲学を媒介としていわゆる場所の論理を構築していく過程で、自分の思想の独自性というか、東洋的な性格を意識するようになった。そのことは『働くものから見るものへ』(昭和二年、一九二七)の「序」にある「形相を有となし形成を善となす泰西文化の絢爛たる発展には、尚ぶべきもの、学ぶべきものの許多なるはいうまでもないが、幾千年来我等の祖先を孚み来った東洋文化の根底には、形なきものの形を見、声なきものの声を聞くといった様なものが潜んで居るのではなかろうか。我々の心は此の如きものを求めて已まない、私はかかる要求に哲学的根拠を与えてみたいと思うのである」という言葉に端的に示されている。それはこの時期の西田の心情の偽らざる告白であった。彼の魂の奥底からの叫びであったといっても過言ではない。場所の論理はまさしく東洋的実在観の自覚の論理であったのである。

東洋的実在観の本質

では、東洋的実在観の自覚の論理とはどのような性格のものだろうか。それは、一言でいえば、真実在を自己の外にある超越者(外在的超越者)としてとらえないで、反対に自己の内なる超越者(内在的超越者)としてとらえようとするものである。真実在を現実の超越者と考える点では西洋哲学と一致しているが、その超越の方向を西洋の伝統的な哲学とは逆の方向に考えようとする。西洋の形而上学の範型であるプラトンのイデア論においては、真実在であるイデアは自己の外に超越したノエマ的な対象として考えられているが、西田哲学においては、むしろ反対に、どこまでも自己の内の内にある内在的な超越者と考えられている。そこでは、真実在は自分の外に超越してあるのではなく、自分の内に内在してあるものとして、したがってまた真実在は自己と別個のものではなく、反って真正の自己としてとらえられている。一般に、西洋では絶対者や神と人間の合一の思想は神秘主義として否定的に、あるいは批判的に受けとられる傾向があるが、東洋ではむしろ好ましい考え方として肯定的に、共感をもって受けいれられてきた。梵我一如といい、天人合一といい、天地同根・万物一体といい、それらはいずれも宇宙や超越者や万物と人間との間の一体不二の境地を表現したものである。

西田の場所の論理はこうした東洋の伝統的な考え方に根ざしている。それは自他対立の思想に対する自他融合の思想ともいうべきものである。西田哲学は個と普遍を対立させないで、両者を一体にして不二なるものとして考える。というよりも、そうした自覚から出発する。そこでは、普遍はいかなる意味でも実体的なものではなく、不断に自己を否定して、個として自己をあらわすと考えられ、一方、個は自己を否定して、自己の根源である普遍へと還っていくと考えられる。したがって、普遍はつねに虚や空や無としてとらえられている。つまりそれは絶対に自己否定的な作用なのである。こうした思考様式は仏教にも、老荘思想にも、さらには陽明学にも共通して見られるものである。そして西田はこうした東洋に伝統的な思考様式に論理的根拠をあたえようとしたのである。この点をもう少し見てみたい。

個体と全体との関係

個体と全体との関係を説明するのに二つの考え方がある。ひとつは独立的個と独立的個の結合によって全体的一が形成されるとする考え方であり、もうひとつはもともと独立的個などというものはなく、あるのは全体的一であって、その全体的一が内部的に分化して多数の独立的個となるという考え方である。一方は独立的個の側から出発して全体を説明する仕方であり、他方は反対に全体の側から出発して独立的個を説明する仕方である。近代の西洋の考え方は前者であり、それに対して西田哲学の考え方は後者であるといえるだろう。どちらも個と全の存在を承認するという点ではまったく同じである。個の存在だけを肯定して全の存在を否定するということもなければ、反対に全の存在だけを肯定して個の存在を否定するということもない。その一方の存在だけを肯定し、他方の存在を否定するというのはおよそ現実的ではない。問題は個と全のどちらの側から出発するか、どちらの側から考えるかということである。それによって個と全の関係はまったく異なってくる。

個物的多から出発すると全体的一は個別的多の総和ということになる。これに対して全体的一から出発すると個別的多は全体的一の要素ということになる。前者においては個は独立的存在であるが、後者においてはそうではない。それは実体的存在というよりもむしろ縁起的存在である。多数の個は相互に相依的関係にあると考えられている。けれども、同時にそれぞれの個は一つの全体であり、また全体を担うものである。禅の公案に「張公酒を喫して李公酔う」というのがあるが、これは独立的、実体的な個から出発する立場からは理解しがたい公案である。酒を喫したのは張公なのだから酒に酔うのは張公のはずで、酒を飲んでもいない李公が酔うというのは不合理だということになる。けれども、個は全体の要素であるとともにひとつの全体であるという立場からすると、この公案は不合理でも何でもない。というのも、そこでは、そもそも独立的個というものは存在しないので、張公が李公であり、李公が張公でもあるからである。個と個との間の明確な差別や境界がなくなってくる。先に引用した西田の「昨日の私の意識と今日の私の意識が直接に結びつくのと同じように、私の意識と汝の意識は直接に結びつく」という言葉も、このような立場あるいは自覚から発せられたものである。

通常、われわれは個を独立的個人として考えており、またそうした個人は他の多くの独立的個人に対立していると考えている。そして、それを当然のこととして、少しも疑うことはない。しかし、はたしてそれはそれほど自明なことなのだろうか。むしろ個を実体的存在と見るのは一種の幻想なのではないだろうか。実在するのは、それぞれの要素が相互に緊密に結合しあって有機的に活動している全体的一なるものではないだろうか。もしそうだとしたら、いわゆる個というのは全体的一の諸要素であり、したがってまた他の諸要素と有機的に連関しており、けっして孤立した存在ではないことになる。西田はよく「自己の内に他を見る」とか「他の内に自己を見る」とかいうが、この場合の自己や他己はけっして独立的ないし孤立的に考えられた自己や他己ではなく、世界の要素として考えられた自己や他己である。そうした自己はその底を通じて他己と結合している。私の底に汝があり、汝の底に私があるのである。そしてこのような私と汝の人格的関係にあるような個がもっとも具体的な個である、と西田は考えていた。

ところで、現代の諸問題の多くは個と個との衝突や対立、個と普遍の矛盾や軋轢から生じている。個が主我的で利己的であるかぎり、それは同じく主我的で利己的な他個と対立するし、社会全体の福利とも衝突する。それで何らかの形で個と個との融和や個と全体の協調の必要性が説かれる。そしてそのための手立てや方法が法律や倫理であると説かれる。

けれども、最初から個と個との対立や個と普遍との矛盾を前提とする立場からは真の意味での個と個の間の融和や個と普遍との協調は実現されることはないのではなかろうか。個と個、個と普遍との差別を前提とする立場からは真の平等は出てこないのではなかろうか。そこには、どこまでもエゴイズムが残るように思われる。個と個の対立や衝突を避けるためには出発点を変える必要がある。それは独立的な個から出発するという前提を変えるだけではなく、そもそも独立的な個の存在という前提そのものを疑ってみる必要があるように思われる。われわれはこれまで自明とされてきた個という観念の転換を迫られているように思われる。そもそも個という観念は幻想なのではないだろうか。「個人あって経験あるにあらず。経験あって個人あるのである。個人的区別よりも経験が根本的である」(14)という西田の言葉をよくよく玩味してみる必要があるだろう。

物となって見、物となって行う

『善の研究』における純粋経験の思想は、晩年の西田哲学においては行為的直観の思想となって結実した。西田は行為的直観を説明するのに、よく「物となって見、物となって行う」という表現を用いている。「物となって考え、物となって行う」という場合もあるし、「物となって見、物となって考える」という場合もある。むろん、それは同じ思想の種々のヴァリエーションにほかならない。また、ここで物というのは世界のことである。したがって、「物となって見る」というのは、正確には、世界の物となって見るということであり、世界の要素となって見るということである。そこには、全の個あるいは世界の個としての自覚が語られている。そもそも単独の個というようなものはなく、個はつねに全の個としてのみある。また全の個としてのみ他の個に対している。西田哲学では、全から独立した、いわゆる個という観念は幻想であることが語られており、またそうした自覚がいっさいの行為や実践の基礎となるべきことが語られている。そして西田はそれを「絶対無の自覚」と呼んだのである。

西田哲学は、一言でいえば、個の観念の転換を説くものである。従来の孤立的な個という観念、あるいは全体に対立する個という観念からの脱却を説くものである。個は全体と一体にして不二なるものであり、全体の自覚的な展相の一々なのである。西田の言葉を借りれば「創造的世界の創造的要素」であり、その「尖端」なのである。いわゆる個、すなわち全体と対立する個という観念は幻想なのではないだろうか。個と個とはもともと一体であって、全体的一から分かれたものである。したがって、個と個が結びつくとは、相互に対立するものが結びつくのではなく、もとの根源である一なるものへ戻ることである。それは個が自覚的個となることであり、「物となって見、物となって行う」ことである。自己は自己を超えたものにおいて真の自己を有つのである。

註

(1) 柳田謙十郎宛書簡(昭和一四年五月二二日)、旧版、第十九巻、七五頁。新版、第二十二巻、一二三五頁。
(2) 高橋里美「西田先生の言葉」『高橋里美全集』第七巻、福村出版、一九七三年、一六二頁。
(3) 拙稿「西周と近代日本の哲学」『研究紀要』創刊号、日本大学経済学部、一九八四年、参照。
(4) 高橋里美「意識現象の事実とその意味――西田氏『善の研究』を読む」『高橋里美全集』第四巻、一五三頁。
(5) 三木清「西田先生のことども」『三木清全集』第十七巻、岩波書店、一九六八年、二九六頁。
(6) 『善の研究』序、旧版、第一巻、四頁。新版、第一巻、六頁。
(7) 旧版、第一巻、九頁。新版、第一巻、九頁。
(8) 旧版、第一巻、七五頁。新版、第一巻、六一～六二頁。

（9）William James, *Essays in Radical Empiricism, The Works of William James*, Harvard U.P., 1976, p.13.
（10）旧版、第十巻、五五九頁。新版、第九巻、五二八頁。
（11）旧版、第十巻、五一六頁。新版、第九巻、四九五頁。
（12）旧版、第十巻、五一六頁。新版、第九巻、四九五頁。
（13）旧版、第九巻、二一八頁、第十巻、五一〇頁、第十一巻、七四頁他。新版、第八巻、四二一頁、第十巻、四九〇頁、第十一巻、六〇頁他。
（14）『善の研究』序、旧版、第一巻、四頁。新版、第一巻、六〜七頁。

第四章　イデアと場所

1　「自覚」から「場所」へ

自覚の哲学としての西田哲学

西田哲学とは何であるか。いろいろとその特質をあげることができるだろう。しかし西田哲学の根本性格を一言でもって云えといわれれば、おそらく「自覚」の哲学であるというのが穏当な答えなのではなかろうか。「自覚」という言葉は、当初はフィヒテの哲学の用語 Selbstbewußtsein の訳語として用いられたように思われる。『自覚に於ける直観と反省』（大正六年、一九一七）は当時のヨーロッパ思想の二大潮流であった新カント学派の論理主義とベルクソンに代表される「生の哲学」をフィヒテの「事行」（Tathandlung）に近い立場から綜合統一しようとする試みであったが、フィヒテがその知識学で頻繁に用いた Selbstbewußtsein という言葉を、西田は一貫して「自覚」と訳している。Selbstbewußtsein というのは、これを文字どおりに訳せば「自己意識」のことである。自己が自己を反省し内省することである。それなのに西田はそれを「自己意識」ではなく、「自覚」と表現した。「自己意識」は「自己が自己を意識する」反省的意識であるのに対して、「自覚」は「自己が自己に目覚める」自覚的意識である。そこには、ただ単に自己が自己を反省するのではなく、自己が真の自己に覚醒する、あるいは自己が本来の自己に還帰するという意味あいがある。自己が自己を反省することによって新たな自己を直観し、またその直観がさらなる反省を生んで次第に意識が深まっていき、ついには自己の究極の本源へと到達する。このように、「自覚」という言葉には、禅の「見性」にも似た深遠なる心的境位という要素が含まれている。自覚とは、文字どおり、本来の自己に目覚めることである。「自我が活動するということが、すなわち自我が存在するということであり、自我が存在するということは自我が活動するということである」というフィヒテの「事行」の思想が、禅体験と結びついて「自覚」の思想となったといえるだろう。

こうした自覚的要素は以後の西田哲学に一貫して認められる。それは『一般者の自覚的体系』(昭和五年、一九三〇)とか、『無の自覚的限定』(昭和七年、一九三二)とかいった著作のタイトルに見られるし、「自覚について」(『哲学論文集 第五』)や「デカルト哲学について」(『哲学論文集 第六』)といった論文のなかにも色濃くあらわれている。

自覚の概念の発展

ところで、西田は「自覚」を定義して、「自己が自己を見る」あるいは「自己が自己を映す」ことだといっている。「自己が自己を見る」ということは「直観」であり、「自己が自己を映す」ということは「反省」である。そしてこの直観が反省であり、反省が直観であるところに「自覚」の意義がある。したがって西田の認識論は一種の直覚主義であり、正確にいえば「自己写像説」ともいうべきものである。西田はそれをカントや新カント学派の認識論——西田はそれを「構成説」と呼んでいる。すなわちそれは超越論的主観がア・プリオリに有している認識形式によって客観的対象を綜合統一する作用である——に対立させた。

以上のように「自覚」とは「自己が自己を見る」ことであり、「自己が自己を映す」ことであるが、これをより正確にいえば、「自己が自己の内に自己を見る」ことであり、また「自己が自己の内に自己を映す」ことである。自己は自己の外に自己を見るのではなく、自己の内に自己を見る、また自己の外に自己を映すのではなく、自己の内に自己を映すのである。いいかえれば、「自己は自己に於いて自己を見る」のであり、「自己は自己に於いて自己を映す」のである。自己が自己を見る働きは自己という場所において生ずる。自己が自己を映す働きは自己という場所において生ずる。そこでは「見るもの」と、「見られるもの」と、その両者が（そこに於いて）ある「場所」とは同一である。これを「場所」の側からいえば、根源的な場所が自己の内に自己自身を見、自己自身を映すということになる。このように「自覚」の思想が、さらに（自覚が生ずる）「場所」の考えへと深まることによって、西田哲学は「自覚」の立場から「場所」の立場へと転じていった。「場所」とは、「自覚」が「於いてある場所」であり、「自覚の本体」である。

もともと「自覚の自覚」あるいは自覚の極限と考えられた「絶対自由意志」——さらには遡《さかのぼ》って『善の研究』において個々の純粋経験の背後あるいは根底にあると考えられた「根源的統一力」——は、いっさいのものの根源として、潜在的に、このような「場所」的要素をもったものであった。しかし、それは「統一力」とか「意志」とか考えられることによって、本質的に作用的性格をもったものとして特徴づけられ、その包容的な性格は背景に隠れていた。「根源的統一力」とか「絶対自由意志」とかいっても、それはいずれも作用の極限であって、作用を包むものではない。作用点であって作用面ではない。しかるに画期的論文「場所」（大正一五年、一九二六）において初めて、根本的実在としてあらゆる作用を自分の内に包み、それを自己の影として自己自身の内に映して見る「場所」の思想に到達した。こうした思索の経緯は『働くものから見るものへ』（昭和二年、一九二七）という著作のタイトルによくあらわれている。それは「働くもの」を根本的実在と考える立場から、いっさいの「働くもの」を自己の内に包み、それらをいわば自己の影として自己の内に映して「見るもの」への立場の転回である。

場所とコーラ

こうした作用主義ないし主意主義から直観主義への転回において、西田はギリシア哲学とくにプラトンの「場所」（コーラ）の概念からヒントを得た。「自覚」の立場から「場所」の立場に転回する自己の思索の経緯について、西田は論文「場所」の冒頭で次のように述べている。少しく長文ではあるが、当時の西田の基本的な考えが率直に表現されているので、そのまま引用してみよう。

現今の認識論に於いて、対象、内容、作用の三つのものが区別せられ、それらの関係が論ぜられるのであるが、かかる区別の根柢には、唯時間的に移り行く認識作用と之を超越する対象との対立のみが考えられていると思う。しかし対象と対象とが互いに相関係し、一体系をなして、自己自身を維持するというには、かかる体系自身を維持するものが考えられねばならぬとともに、かかる体系をその中に成立せしめ、かかる体系がそれに於いてあるというべきものが考えられねばならぬ。有るものは何かに於いてなければならぬ、然らざれば有るということと無いということとの区別ができないのである。論理的には関係の項と関係自身とを区別することができ、関係を統一するものと関係が於いてあるものとを区別することもできるはずである。作用について考えてみても、純なる作用の統一として我という如きものが考えられるとともに、我は非我に対して考えられる以上、我と非我との対立を内に包み、いわゆる意識現象を内に成立せしめるものがなければならぬ。此の如きイデアを受け取るものとも云うべきものを、プラトンのティマイオスの語に倣うて場所と名づけておく。無論プラトンの空間とか、受け取る場所とかいうものと、私の場所と名づけるものとを同じいと考えるのではない。(1)

ここで現今の認識論といっているのは、むろん、新カント学派の認識論のことである。カントおよび新カント学派の認識理論においては、認識の対象と、その内容と、認識作用とが区別され、それら相互の関係が論じられているが、結局のところ、超越的な認識対象と時間的に移りゆく認識作用（認識主観）との関係のみが論じられていて、そういう関係を成立させる根拠については何も触れられていない。せいぜいのところ「意識一般」とか「超越論的統覚」とかいった（両者の関係を根拠づける）統一者を想定しているにすぎない。けれども超越的対象と（それを内在化させる）認識作用とを統一すると考えられる超越論的主観の働きは、さらにその根拠、つまりそうした根源的作用が「そこに於いて生ずる場所」を必要とする。対象と作用をともに包み、それらを自己の内に映す場所がなければならない。また単なる対象についての意識作用ではなく、そうした意識作用を反省する超越論的な統覚的作用をも、自己のなかで成立させる場所というものがなければならない。

そこで、こうした対象を受けとるもの（受容者）を、プラトンの『ティマイオス』におけるイデアを受けとるもの（受容者）としての普遍的な空間すなわち「場所」（コーラ）に倣って「場所」と呼ぶことにするというのである。けれども、プラトンにおいては、「コーラ」はイデアの単なる受容者であったが、西田においては、「場所」はあらゆるものを自分の中に包み、それを自己の影として自己の内に映して見るものであった。西田が、「無論プラトンの空間とか、受け取る場所とかいうものと、私の場所と名づけるものとを同じいと考えるのではない」とことわるゆえんである。「場所」の観念には、プラトンのいう「コーラ」にはない、「包むもの」「見るもの」「映すもの」といった要素が含まれている。とかく場所という言葉は、空間的で、静止的で、受動的なイメージと結びつきやすいが、この点は西田の「場所」の論理の本質に関わるので、とくに留意すべきであろう。

そこで、順序として、プラトンのコーラがどのようなものであるかを述べ、ついで西田がそれをどのような形で自分の思想のなかに取り入れたかを検討し、最後にプラトンのコーラと西田の場所を比較してその異同を明らかにしてみたい。

2　『ティマイオス』と『創世記』における天地創造

プラトンの『ティマイオス』

周知のように、プラトン後期の対話篇『ティマイオス』において創造主デミウルゴスによる宇宙の創造が語られている。その要点をいえば、宇宙の創造主であるデミウルゴスはイデアをモデル（範型）にして、できるだけそれに似せて、質料（四元素）から宇宙を創造したというのである。

プラトンによると、デミウルゴスは宇宙を創造するに際して、できるだけ自分に似せて善なる宇宙を創造しようとした。質料としての世界は混沌としていて無秩序であったから、それをできるだけ秩序あるものにしようとし、「理性」（ヌース）を「魂」（プシュケー ψυχή）のうちに、また魂を「身体」（ソーマ σῶμα）のうちに宿らせるような形で宇宙を造った。その結果、宇宙は魂を具え、理性を具えた生きものとして生成した。この点について、プラトンは「この宇宙が、理性によって把握されるもののうち、もっともすぐれていて、すべての点で完全なものに似ていることを神（テオス θεός）は望んだ[2]」といっている。

ところで、宇宙を創造するには材料（質料）がなければならない。デミウルゴスはその材料として火と土という対極的なものを、また両者の中間にあるものとして水と空気を用い、それらが相互にできるだけ「比例」（アナロギア ἀναλογία）するように按配した。すなわち「火」対「空気」が「空気」対「水」に等しく、「空気」対「水」が「水」対「土」に等しいように構築した。このアナロギアは『国家』における線分の比喩を髣髴させるが、プラトンの言によれば、そこには次のような意図があったという。第一に、それが完全な部分からなる最大限に完全な全体であるような生きたものであること、第二に、それが存在する唯一の宇宙であること、第三に、それが老いもしなければ病にかかることもないことである。いいかえれば、デミウルゴスはどれも完全な材料から、一つの全体として完結した不老不病のものとしてこの宇宙を構築したというわけである。

またデミウルゴスは、この宇宙に完全な形をあたえるため、あらゆる形を内に含んでいる円球の形をあたえ、これを「中心からどの方向への距離も等しい球体[3]」に仕上げた。この完全な球体の宇宙は有限であるが、自足的であるから、そこからは何一つとして出ていくこともなく、また反対に入ってくることもない。さらに、この宇宙を手足でもって運動する必要のないように、つねに同一の場所で循環運動

をするように作り上げた、とプラトンはいっている。(4)

以上のような宇宙創造説にはエンペドクレスの四元素説、ピュタゴラスの比例(調和)の思想、パルメニデスの充実した球体としての「有」の概念、アナクサゴラスの「理性」(ヌース)の考えが取り入れられているのは明白である。この点で、プラトンの『ティマイオス』はソクラテス以前の自然哲学の総合統一の試みであるともいえるだろう。

さて、デミウルゴスが無から宇宙を創造したという思想は旧約聖書の『創世記』を想起させ、またあらゆる可能性のなかから最善の世界を製作したという思想は、後のライプニッツの『弁神論』を彷彿させる。

『創世記』の解釈

けれども、『創世記』においては、創造主は無から天地を創造したのに対して、『ティマイオス』においては、前述したように、デミウルゴスは無から天地を創造したのではなく、イデアに似せて材料(四元素)から天地を創造したのである。いいかえれば、(形相の欠けた)材料を秩序づけ、これにできるだけ良き形をあたえたのである。それだからデミウルゴスは厳密な意味では世界の創造者ではなくして製作者であることになるだろう。

もっとも『創世記』の冒頭にも、「地は形なく、むなしく、闇が淵のおもてにあり、神の霊が水のおもてをおおっていた」(1・2)と記されているから、天地創造以前の世界がまったくの無であったわけでもない、と解釈することもできるだろう。だとすれば、『ティマイオス』の天地創造説と『創世記』のそれは、きわめて近似した考えであるといえるだろう。そしてこの点からすれば、キリスト教の教父たちがいうように、プラトンの天地創造説は『創世記』をもとにしているといえるかもしれない。

また、『ヨハネによる福音書』の冒頭には、「初めにロゴスがあった。ロゴスは神とともにあった。ロゴスは神であった。このロゴスは初めに神とともにあった。すべてのものはこれによってできた。できたもののうち、ひとつとしてこれによらないものはなかった」（1・1－3）とある。これを文字どおりにとれば、天地はロゴスにしたがって創られたということであろう。するとこの文章は、天地はイデアを模倣して創られたという『ティマイオス』の思想と符合するようにも思われる。ロゴスをイデアに置きかえれば両説の間に齟齬はないといえるだろう。

けれども、『ヨハネによる福音書』におけるロゴスは「ことば」であって、それは神の意志を表現するものである。「神は〈光りあれ〉といわれた、すると光があった」といわれるように、神の言葉は神の命令であり、神の意志の端的な表現である。これに対してイデアを模倣して天地を創造したとする『ティマイオス』の天地創造説は、デミウルゴスの意志の表現ではなく、世界の理性的な構築を説こうとするものである。いいかえれば、それは世界の論理性を主張しようとするものであるといってよい。(5) しかも聖書の場合は、天地は神の意志であるロゴスそのものの表現であるが、『ティマイオス』の場合は、天地はイデアそのものの表現ではなく、イデアの模倣であり、似像であるところに明確な相違がある。プラトンにおいては、現実界はイデア界からの堕落であって、けっして積極的な世界とは考えられていない。

3　イデアの受容者コーラ

イデアの受容者

さて、デミウルゴスは無から世界を創造したのではなく、四元素を材料として、それに形相を付与することによって世界を創造したのである。だとすると、そうした材料がそこで形相化される場としての空間がなければならないだろう。ちょうどデモクリトスの原子論において、原子と原子が結合して事物ができるという場合、原子と原子が自由に動くことのできる「空間」（ケノン κενόν）がなければならなかったように、事物を形成する材料がそこでイデア（形）を受けとる「場所」がなければならない。イデアの受容者としての場所ないし空間がなければならない。これが『ティマイオス』における宇宙創造説の第二段階を形成するものである。

そこで、プラトンはもう一度、二種の有について語っている。ここで二種の有というのは「イデア」と「感覚物」（アイステートン αἰσθητόν）である。前者は「モデルとなるもの」「理性の対象となるもの」「つねに自己同一を保持しているもの」であり、後者は「モデルの模造品」「生成するもの」「可視的なもの」である。プラトンはこれに第三のものをあらたに付け加える。それはいわば「受容者」（ヒュポドケー ὑποδοχή）と呼ばれるものであって、文字どおりイデアを受けとるもの、あるいは（形相と質料の）媒介者である。それでしばしば「乳母」にたとえられている。この三者とは「生成するもののモデル」（イデア）と、「生成するもの」（感覚的事物）と、「生成する場所」すなわち「生成するものが、そのなかで生成する当のもの」（空間）とである。そしてこの三者の関係は父と母と子の関係に比せられる。すなわち形相（イデア）が父であり、受容者（コーラ）が母であり、感覚物（アイステートン）が子である。
この場合、注意しなければならないのは、受容者（場所）は、それ自身のなかに受容するもの（イデア）とはまったく無縁であるということである。というのも、もし受容者が、（自分が受容する）あるものと形が似ているとすれば、自分と形の似ていないものを受容するとき困難を来たすからである。それだから受容者自身はいかなる形をもたないものでなければならない。譬えでいえば、それは風呂敷のようなものであろう。風呂敷は、自分自身、いかなる（立体的な）形ももっていないからこそ、どのような形のものをも受け容れることができる。これと同様に、空間（コーラ）は、それ自身はいかなる形ももっていないから、どんな形のものをも受け容れることができる。
また、この受容者は火・空気・水・土のような四元素でもないし、それらの諸元素の混合物でもない。それはいかなる形ももたないものであり、目には見えないものであり、あるいはまた何でも受け容れるものであり、理性の対象の一面ももっていて、とらえがたいものである。この四元素と受容者との関係をプラトンは次のように述べている。

そのもの（受容者）の火化された部分が、いつでも火としてあらわれ、液化された部分が水としてあらわれ、土、空気の場合も、同じく受容者がそうした土や空気の模像を受容するかぎりにおいて、そのようなものとしてあらわれる(6)。

以上のことをまとめると、次のようになるだろう。

宇宙の生成には三つのものが前提される。

第一は、形相（イデア）である。これはけっして生ずることもなければ滅することもなく、つねに自己同一を保持している。また自己のなかに他のものを受容することもなく、反対に他のもののなかに入っていくこともない。けっして見えることもなく、一般に感覚されないものであって、ただ理性（ヌース）の対象となるものである。

第二は、感覚物（アイステートン）である。これは生成し消滅するものであり、つねに変化し運動しているものである。ある場所に生じては、またそこから滅していくものである。感覚の助けを借りて、「臆見」（ドクサ）によってとらえられるものである。

第三は、空間（場所・コーラ）である。これは生成消滅するものに、その場所を提供するものである。およそ有るものは、どこかになければならず、また一定の場所を占めていなければならないだろう。それが、ここでいうコーラである。コーラはこのようなものとして、それ自身は生じもしなければ滅することもなく、したがってまた感覚によって見られるものでもない。こうしてプラトンは先に「受容者」（ヒュポドケー）といっていたものを、明確に「場所」（コーラ）として確定する。

この「場所」（コーラ）はデモクリトスの「空間」（ケノン）と似ているが、ケノンは、原子がそのなかを移動する単なる虚空間であるのに対して、コーラは、先の引用文にもあるように、そこで四元素や、その混合物である感覚物が占有する、いわば部分的な空間であると考えられる。すなわち存在の材料である諸元素が、イデアの受容者である場所（コーラ）において、イデアを受けとることによって感覚物が生成するというのである。

コーラの問題点

このように宇宙の生成には三つの要素が考えられている。まず、そのモデル（範型）となるイデアである。次に、その材料となる諸元素である。そして最後は、この材料が、そのなかで形を受けとる場所、すなわち材料がみずからを有形化する空間である。デミウルゴスは永遠不動のイデアを模型にして、材料である四元素を用いて、場所（コーラ）のなかに感覚物を生成させた。これが第二段階における宇宙の生成説である。一応、説明としては合理的であるように思われるが、そこにはいくつか問題点が含まれている。それはいずれも「場所」（コーラ）に関わるものである。

まずコーラの性格がきわめて曖昧である。「場所」（コーラ）は目によって見られることもなく、また生成もしなければ消滅もしないという点では理性の対象であるイデアに似ている。一方、それは、自分自身はどのような形ももっていないという点では、感覚物の材料である四元素に似ている。コーラはいわばイデアと材料ないし要素（ストイケイオン στοιχεῖον）の中間者であり、また両者の仲介者あるいは媒介者でもある。

けれども、先の引用文では、イデアの受容者であるコーラの「火化された部分が、いつでも火としてあらわれ、液化された部分が水としてあらわれる」と述べられていた。この文章を文字どおりに理解すると、コーラの「火化された部分」が「火」となってあらわれ、「液化された部分」が「水」としてあらわれるということであろう。だとすれば、コーラと火や水とは本質的に別個のものではなくて、火や水はコーラ自身の部分であり、その発現であることになるだろう。火・水・空気・土という四元素があるのではなく、それらは場所自身の発現であることになるだろう。火そのものとか、水そのものとかいうのはどこにも存在しないことになる。あるのは場所自身の部分であり、その発現である。そしてこのことは、これら四元素の混合物であるあらゆる感覚物（アイステートン）についてもいえるはずである。目に見えるいっさいのものは場所自身の発現であり、その形相化であることになるだろう。

一方、イデアはといえば、四元素などの感覚的諸性質や感覚物から独立に存在することは不可能である。なぜなら、もしイデアが独立して存在するとすれば、それがどうして四元素や感覚物に臨在するのか、それらの内にみずからを具現するのかを説明できない。というのもイデアそのものは永遠不動であって生成変化することはなく、つねに自己同一を保持していると考えられているからである。それだからプラトンは、イデアは感覚物の単なる範型であって、デミウルゴスはイデアをモデルにして、これに模して感覚物を作ったという。そしてこの意味で、すべての感覚物はそれぞれのイデアを分有しているのだといっている。

けれども、論理的に考えれば、イデアが場所のなかにみずからを具現するということは、イデア自身が場所的性格をもっていなければ不可能であろう。それは理性によって知られるものであるイデアが場所（コーラ）において見られるものとなるということでなければならない。この場合、イデアからコーラに向かう道はない。というのも超越的なイデア自身はみずからの内にいかなる内在化の原理をもたないからである。したがってコーラの方からイデアに向かう道を考えなければならない。つまりコーラは自己自身をイデア化するのである。

こうしてコーラは、一方では、四元素（ストイケイオン）の形相化の原理であり、他方では、イデアの具現化の原理でもあることになる。プラトン自身も、「それ自体でそれぞれのものとして独立にある」（αὐτό καθ' αὑτό）ようなものがはたして存在するのかどうかという疑問を提示しているが(7)、それは感覚物の材料（要素）についても、またその形相についてもいえるだろう。むしろ両者はコーラがもっている二つの契機と考えなければならないのではなかろうか。形相としてのイデアと質料としてのストイケイオンがあって、両者がコーラにおいて結びついて感覚物（アイステートン）になるというのではなく、コーラ自身がみずからを具象化して目に見えるものになるのだと考えなければならないのではなかろうか。もしそうだとしたら、コーラは静的で受動的なものではなく、反対に、どこまでも動的で能動的なものと考えなければならない。そしてイデアとストイケイオンは、こうした活動的なコーラがもっている二つの契機と考えられる(8)。

4 イデアと場所

場所とイデア

以上、形相であるイデアの受容者としてのコーラがイデアの具体化の原理であり、同時にそれは感覚物の材料ないし要素（ストイケイオン）の形相化の原理であるということを述べた。むろんプラトンが実際にそういっているというのではなく、プラトンの、かならずしも明確ではない主張を整理して、それを整合化すれば、そうなるだろうというまでである。イデア（形相）とストイケイオン（材料）がコーラ（場所）において結合してアイステートン（感覚物）となるというのではなく、根源的実在はコーラであって、アイステートンはコーラ自身の具現化であり、イデアはコーラの形相化である。イデアとストイケイオンはコーラが有している二つの契機と考えられねばならない。それはコーラについての発想の転換であって、コーラをイデアの受容者としてではなく、かえってその形成者として考えようとするものである。
イデア論のこのような解釈はいささか突飛なようにも思われよう。それはイデアが本来有している超越的性格を否認し、その理想的性格を喪失させるように受けとられるかもしれない。しかし、筆者は西田哲学における「場所」の観念の根底にはそうした発想が見られるように思われる。一言でいえば、それは実在観と価値観の百八十度の転換である。超越的な有の思想から内在的な無の思想へのコペルニクス的転回である。たとえば西田はプラトンのコーラと自分のいう「場所」との関係について、次のように述べている。

プラトンの哲学に於ては、一般的なるものが客観的実在と考えられたが、真にすべてのものを包む一般的なものは、すべてのものを成立せしめる場所でなければならぬという考えには至らなかった。この故に場所という如きものはかえって非実在的と考えられ、無と考えられたのである。しかしイデヤ自身の直覚の底にもかかる場所がなければならぬ、最高のイデヤといえどもなお限定せられたものの、特殊的なものにすぎない。善のイデヤといっても相対的たるを免れない。単に対立的なる無の場所を意識の場所として考える時、直覚においてはかかる場所が消失すると考えられ、さらに直覚が「於いてある場所」という如きものは認められないかも知らぬが、私はかかる場所は直覚の内に包み込まれるのではなく、かえって直覚其者をも包むものであると思う。(9)

この一文を読むと、西田は自分のいう場所を、プラトンのコーラとは異なって、イデアの受容者ではなく、かえってその形成者として考えていたことが了解される。イデアのイデアである善のイデアといえどもまだ相対的なものであることは免れず、真の一般者は善のイデアをも自己の中に包み、それを自己の影として自己自身の中に映して見るものであるという。ここでは、場所は受動的なものとして理解されているのではなく、反対に、どこまでも能動的なものとして考えられている。イデアが形のあるものだとすれば、場所はいかなる意味でも形のないものであり、みずからは無にしていっさいの有を包むものである。しかるに形のあるものは対象的なものであり、超越的なものである。これに対して形のないものは作用的なものであり、内在的なものである。前者は特殊的なものであるが、後者は一般的なものである。それで作用的なもの、内在的なものが対象的で超越的なものを包むというのが、西田の「場所」論の基本的性格である。

プラトンと西田のイデア観の異同

プラトンにおいてイデアとは感覚物（アイステートン）の範型であり、理想であった。しかし、西田のいう場所は感覚的世界や感覚的事物を自分の内に包み、これをみずからの影として自己の内に映して見るものである。プラトンにおいても西田においても、感覚的事物は実在ではなく、真実在のいわば映像（エイコーン εἰκών）や影として考えられているという点では共通している。また前者が特殊であるのに対して後者は一般者であるという点でも共通している。けれども、イデアは超越的な一般者であるのに対して、場所は内在的な一般者である。場所とは、外延的にではなく、むしろ内包的に感覚界を包むものである。イデアも場所も、どちらも真実在であると考えられているが、その存在の方向はまったく逆である。イデアは超越的な実在であるのに対して、場所は内在的な超越者である。たしかに西田はイデアを自己の体系のなかに取り入れてはいるが、その場合、イデアはつねに内在的な超越者として考えられている。それは意識の内なる理想である。そしてイデアについてのこうした考え方の相違は、後述するように、両者の形而上学の本質的な差異となってあらわれている。

またプラトンにおいては、イデアは主として感覚的世界にある事物のモデルとして考えられていて、意識的世界にあるものの範型として考えられてはいない。たしかに霊魂は肉体の形相であり、理性は霊魂の形相であると説かれているが、そこでいう霊魂や理性は実体的なものとして、あくまでも対象的方向に考えられている。それはいわば客体化された主体あるいは客体的主体である。また正義や勇気や節制、あるいは美のイデアが説かれているが、これまた対象的、ノエマ的方向に考えられたイデアであった。これに対して西田のいう場所は単に対象的にあるものだけではなく、作用的にあるものの根拠でもある。あらゆる意識作用、すなわち認識作用や情緒作用や意志作用の根拠でもあり、自己自身の直覚作用の基盤でもある。いいかえれば、それは有の場所でもあり、意識の野でもあり、その極限としての絶対無の場所でもある。否むしろ、すべての場所すなわち一般者は無の一般者である絶対無の場所の顕現として、あるいはその自己限定の諸相として考えられている。

5 実在としての絶対無の場所

以上のように、西田のいう場所は、プラトンのコーラのような単なるイデアの受容者ではなく、自然的世界をも、意識的世界をも、また意志的世界をも、さらには直覚的世界をも自己の内に成立させる根拠であり、いっさいのものをいわば自己の影として自己の内に映して見るものである。そしてそのようなものとして、それはすべてのものの根源であり、形而上学的な実在である。この点について西田は次のように述べている。

認識するというのは体験が自己の中に自己を形成することに外ならない。体験の場所に於いて、形式と質料の対立関係が成立するのである。斯く自己の中に自己を映し行くもの、自己自身は無にして無限の有を含むものが、真の我として之に於いていわゆる主客の対立が成立するのである。此者は同ということもできない、異ということもできない、有とも無ともいえない、いわゆる論理的形式によって限定することのできない、かえって論理的形式をも成立せしめる場所である。形式をどこまでも押し進めていっても、いわゆる形式以上に出ることはできない。真の形式の形式は形式の場所でなければならぬ。アリストテレスの「デ・アニマ」の中にも、アカデミケルに倣うて精神を「形相の場所」と考えている。此のごとき自己自身を照らす鏡ともいうべきものは、単に知識成立の場所たるのみならず、感情も意志も之に於いて成立するのである。我々が体験の内容という時、多くの場合すでに之を知識化しているのである。此故に非論理的な質料とも考えられるのである。真の体験は全き無の立場でなければならぬ、知識を離れた自由の立場でなければならならぬ、此場所に於いては情意の内容も映されるのである。知情意ともに意識現象と考えられるのは之によるのである。(10)

ここで西田は「アリストテレスの「デ・アニマ」の中にも、アカデミケルに倣うて精神を「形相の場所」と考えている」と述べているが、その際、西田が「精神」と訳している元のギリシア語はプシュケー（ψυχή）であるから、正確には「霊魂」であり、しかも「思惟的な霊魂」である。またアリストテレスが「形相の場所」（τόπον εἰδῶν）といっているのは、「可能的に形相を受け取る場所」（形相の可能的な受容者）のことを指しているので、西田の文章の脈絡とは少しく異なっている。前述した引用文にもあるように、西田はそれを「形式の場所」としてとらえ、「真の形式の形式」としてとらえている。それはもはや形式の受容者ではなく、むしろ形式の発動者であり、能産者であって、あらゆる形式の根拠である。そしてこうした絶対無の場所は「自己の中に自己を映し行くもの、自己自身は無にして無限の有を含むもの」であり、それが「真の我」であると説かれている。西田のいう絶対無の場所はわれわれの自己の本体であり、真正の自己にほかならない。それはプラトンのイデアのように、われわれの意識を超越したものではなく、かえってわれわれの意識の根底であり、意識の意識である。西田の用語法でいえば、「意識する意識」であり、「ノエシスのノエシス」である。

6　実在観の転換

イデアの超越的本質

以上、西田によるプラトンのコーラの観念の転釈と、イデアと場所の差異についいて検討した。最後に、実在としてのイデアと場所との関係について見ておきたい。

プラトンにおいてはイデアが実在であり、感覚物（アイステートン）はその模造であり、似像（エイコーン）である。感覚界にあるものはいわばイデアに似せて作られたもの（イデアの映像）であって、変化の絶え間ない可滅的で不完全なものである。一方、イデアはそうした感覚物から超越して独立に存在している永遠不動で欠けたるところのない存在である。イデアはアイステートンの原型であり、模範であり、理想である。そしてそうしたイデアの極限に「善のイデア」が存在する。イデアは事物の形相であるが、善のイデアはいわばイデアのイデアであり、形相の形相である。しかるに、こうした究極的な実在を「真のイデア」ではなく「善のイデア」と呼んだところに、イデア論の実践的性格がうかがわれる。プラトンの思想は、その「死の練習」や「魂の浄化」の考えにもっともよくあらわれているといえるだろう。それはきわめて理想主義的で超世間的であって、われわれを感覚的な目に見える臆見の世界から解放して、理性によって知られる真実の世界へと飛翔させようとするものである。

プラトンは感覚的世界とイデア的世界の両界の存在を認める。したがってその思想は二世界論である。しかし両界はそれぞれ独自の価値をもっているというわけではない。感覚的世界はイデア界の不完全な模倣であり、似像である。真実の世界は精神の目によってのみ知られる永遠不動の自己充足的世界すなわちイデア界である。そしてこのイデア界はわれわれの自己からは対象的に超越的な方向に考えられている。それは自然界を超えた超自然界である。ゆえにその形而上学は自然の形而上学であって、文字どおり metaphysica（超‐自然学）である。

絶対無の場所の内在的本質

これに対して西田のいう「場所」は対象的方向ではなく、反対に、内在的方向に見られるものである。それは意識の奥の奥、内の内に見られるものである。それは意識の意識であり、作用の作用である。いいかえれば、あらゆる意識作用や心的作用の根底にあって、そうした意識や作用を根拠づけるものである。つまりは自己の極限であり、真の自己である。西田の絶対無の場所というのはこうした真の自己のことをいう。それは形相とは逆の方向に考えられたものであって、いかなる意味でも形をもたない、どんな仕方でも対象化できないようなもののことである。したがってそれは形相としては絶対に無である。しかもあらゆるものを自己の内に包み、それを自己の影として、自己の内に映して見るものである。それゆえに「絶対無の場所」と呼ばれる。絶対無といっても、存在として絶対に無であるという意味ではない。対象的ないしは形相的には絶対の無であるという意味である。ここでは、プラトンのイデアとは対照的に、真実在が外的に超越的な方向に考えられているのではなく、むしろ内的に超越的な方向に考えられているのである。外の外なるものが実在と考えられているのではなく、反対に、内の内なるものが実在と考えられている。それは空間的に永遠なるものではなく、むしろ時間的に動きゆくものである。そこに実在観の転換があるといわなければならない。

西田のいう「絶対無の場所」はいわゆる意識や心の作用の根底にあるものであり、そのようなものとして内在的な超越者である。西田は一貫して形而上学にこだわり、形而上学を要求しつづけたが、彼が考える形而上学は西洋に伝統的な形而上学、すなわち自然の形而上学（metaphysica）ではない。自然の究極の原理や実在を探求しようとするものではなく、反対に、現象的な心的作用の根底にある真の自己を探求しようとするものである。それゆえそれは心の形而上学あるいは超－心学（metapsychica）であるといえるだろう。自然の究極の原理を探求しようとするのがプラトンの「イデアの形而上学」だとすれば、自己や心の究極の根拠を探求しようとするのが西田の「場所の形而上学」である。それは禅仏教の己事究明の伝統を継承しつつ、西洋の正統的な形而上学に対抗するような形而上学を構築しようとするものであるといえよう。そしてこうした東洋的、否むしろ日本的な発想とその意気込みは『働くものから見るものへ』の序文に付加された最後の一句に端的に表明されているといえるだろう。

形相を有となし形成を善となす泰西文化の絢爛たる発展には、尚ぶべきもの、学ぶべきものの許多なるは云うまでもないが、幾千年来我等の祖先を孚み来った東洋文化の根柢には、形なきものの形を見、聲なきものの聲を聞くといった様なものが潜んでいるのではなかろうか。我々の心は此の如きものを求めてやまない、私はかかる要求に哲学的根拠を与えてみたいと思うのである。

西田は「形而上学的立場から見た東西古代の文化形態」（昭和九年、一九三四）のなかで、形而上学を「有」を実在の根底と考えるものと「無」を実在の根底と考えるものとの二つのタイプに分類し、前者の代表をギリシア哲学に、後者の代表をインド思想に見ている。また同論文のなかで、「科学者は現実を物と見、仏教者は現実を心と見る」(11)ともいっている。こうした分類は、先の「自然の形而上学」と「心の形而上学」の分類法にほぼ対応しているといえるだろう。西田は「有」の形而上学と「無」の形而上学をかなり詳細に比較・対照してその異同を明らかにし、また日本文化を「純情の文化」として特性づけた後、「私は私のいわゆる無の思想をもって我国文化を特徴づけてみたいと思う」(12)と述べている。そしてその際、何度も「無形の形、無聲の聲」(13)とか、「形によって形なきものを表す」(14)とか、「形なきものが形あるものを限定する」(15)とかいっている。西田の意向やその考え方の基本が那辺《どのあたり》にあったかは明白である。そうした鞏固《きょうこ》な思いが「すべて形のあるものは形なきものの現われである」とする「絶対無の場所」の論理として、あるいは「真正の主観が実在の本体である」とする「心」の形而上学として結実したといえるのではなかろうか。

註

（1）旧版、第四巻、二〇八～二〇九頁。新版、第三巻、四一五頁。
（2）「ティマイオス」三〇D。
（3）「ティマイオス」三四B。
（4）「ティマイオス」三三D。
（5）山田晶「デミウルゴスについて」『プラトン全集』12、岩波書店、一九七五年、「月報」参照。
（6）「ティマイオス」五一B。
（7）「ティマイオス」五一C。
（8）拙稿「プラトンのイデアについて」（『研究紀要』日本大学経済学部、第七七号、二〇一五年四月）参照。
（9）旧版、第四巻、二二三～二二四頁。新版、第三巻、四二七頁。
（10）旧版、第四巻、二一三頁。新版、第三巻、四一九頁。
（11）旧版、第七巻、四三八頁。新版、第六巻、三四二頁。また、『日本文化の問題』（昭和一五年、一九四〇）では、西洋の論理を「物を対象とする論理」として、また東洋の論理を「心を対象とした論理」として特徴づけ、両者を「物の論理」と「心の論理」として定式化している（旧版、第十二巻、二八九頁。新版、第九巻、一二～一三頁）。
（12）旧版、第七巻、四四〇頁。新版、第六巻、三四四頁。
（13）旧版、第七巻、四五〇頁。新版、第六巻、三五一頁。
（14）旧版、第七巻、四四六頁。新版、第六巻、三四八頁。
（15）旧版、第七巻、四四五頁。新版、第六巻、三四七頁。

第五章　西田哲学と陽明学

1　西田幾多郎と王陽明

『善の研究』に見られる陽明学の影響についてはすでに何人かの人が指摘している。(1) しかし、それらの多くは『善の研究』と陽明学とを相互に綿密に比較・対照した上での学問的な見解というよりも、むしろ双方の思想が表面的ないしは部分的に近似しているところから短絡的に導出された一種の臆断であるか、あるいは『善の研究』や西田の『日記』に何度かあらわれる王陽明という名前や『伝習録』という書名に因由した、いささか恣意的な推測の域を出ないものである。

たしかに、『善の研究』では、一箇所だけ王陽明という名前が出てくる。それは同書第三編「善」の最初の章で、「行為」の性格について論じた箇所においてである。そこで、西田は、知識と行為が一致すべきことを主張するに際して、王陽明の「知行合一説」を援用している。しかし、その場合、西田は、ただ自説を正当化する一つの道具立てとして王陽明を持ちだしているにすぎないのであって、王陽明の知行合一説に触れているということが直ちに王陽明から深い影響をうけたということの証拠にはならない。そのことは、文章の前後の脈絡から見ても明らかである。実際、当該箇所で王陽明の知行合一説に代えて、ソクラテスの「知徳合一説」を援用しても少しも支障はなかったであろう。

また、彼の日記には王陽明や『伝習録』という言葉が、他の思想家やその書名とともに、たびたび出てくるが、そこに、王陽明や『伝習録』を読んだ（あるいは読まなければならない、もしくは読みたい）ということ以上の意味があると考えるのは、学問的には何の根拠もない、主観的な思い込みにすぎないように思われる。それは、当時、西田が陽明学に関心があったということを示してはいても、それだけでは王陽明の思想から影響をうけたという証拠にはならない。実際、西田は王陽明や『伝習録』とともに、四書、聖書、プラトン、カント、スピノザ、ヘーゲル、碧巌録、臨済録、大乗起信論、ゲーテ、シェークスピア、ルソー等々、数多くの人名や書名をあげているが、それらの書物や思想家からはっきりした影響をうけたということを指摘するのはきわめて困難であろう。したがって、前述したように、『善の研究』と陽明学との関係を云々するには、『善の研究』で展開されている個々の思想と王陽明の教説とを相互に綿密に比較・対照してみる以外に方法はないように思われる。

以下、西田幾多郎と王陽明の思想を比較思想的観点から少しく考察してみたい。

2　主観的観念論

王陽明の詩「詠良知四首示諸生」

西田は明治四〇（一九〇七）年一月の日記の予記欄に、次のように記している。

王陽明　人々自有定盤針　万花根源総在心　却笑従前転倒見　枟々葉々外頭尋
　　無声無臭独知時　此是乾坤万有基　抛却自家無尽蔵　沿門持鉢效貧児(2)
人々皆有通天路

明治四〇年といえば、後に『善の研究』（明治四四（一九一一）年一月刊行）に収められる諸論文の執筆の最中であって、前年の明治三九年には『善の研究』の第二編と第三編の前身である『西田氏実在論及倫理学』が印刷に付され、また四〇年の三月にはその実在論の部分が補筆されて「実在に就いて」という表題で『哲学雑誌』（第二四一号）に掲載されている。先の王陽明の詩は、まさにこのような時期に日記に記されたものであるばかりでなく、内容的に見ても、それは、それまで日記に頻繁に記されている他の多くの警句や箴言《しんげん》の類とは異なって、日々の生活を律する人生訓や処世訓ではなく、純粋に自己の思想の立脚地を象徴的に表明しようとしているように看取することができる。この点で、この詩はとくに注目に値するように思われる。

前記の王陽明の詩は、その晩年の「居越詩」三十四首中、「詠良知四首示諸生」という題の詩の後半の二首である。書き下し文にすると、「人々おのずから定盤針あり。万花の根源はすべて心に在り。却って笑う、従前転倒の見。枝々葉々、外頭に尋ぬ」。「無声無臭、独り知るの時。これはこれ乾坤《けんこん》万有の基《もとい》。自家の無尽蔵を抛却《ほうきゃく》して、門に沿い鉢を持って貧児に倣う」となる。その大意を示せば次のとおりである。

人にはそれぞれ羅針盤が備わっており、万物の根源はすべて心にある。良知を発見する以前は、物事の枝葉末節ばかりを見て、つねに理を自己の内部にではなく、外部にもとめていた。『詩経』に「上天のことは、聞くべき声もなく、嗅ぐべき臭いもないが、しかし天下は自然に感化されている」とあるが、これこそわが内なる良知であって、それは天地万物の根本でもあるのだ。しかるに、良知の存在に気づかぬ人たちは、自分の無尽蔵な宝である良知を放擲《ほうてき》して、まるで貧児が鉢をもって家ごとに物乞いをしているようなありさまである。

また、日記に引用された詩の最後にある「人々皆有通天路」という語句は、おそらく「居越詩」のあとに来る「示書生三首」の中にある「人々有路透長安」を捩《もじ》ったものであろう。「人々有路透長安」というのは、聖賢の道は万人に開かれているという意味であるが、西田はそれを「人々皆有通天路」といいかえて、「天への路は万人に通じている」と表現したのであろう。

さて、先の王陽明の詩は自己の内なる「良知」（心の本体）を自覚し、それを世界観や人生観の根本に据えるべきであるということを説いたものと解釈される。王陽明はいわゆる「竜場の大悟」によって、「聖人の道は吾が性に自足し、向《さき》に理を事物に求めしは誤り」(3)なり、と喝破した。従来、人々は理を外なる事物や規矩《きく》にもとめてきたのは間違いである。真理は自己の外にではなく、自己の内に先天的に備わっている。それが心の本性としての良知である。したがって、われわれは内なる良知にもとづいて主体的に行為を選びとり、良知を個々の場で実現していかなければならない。これがいわゆる「到良知《ちりょうち》」あるいは「格物致知」の思想である。このように、王陽明の思想は典型的な主観的観念論（唯心論）であった。それが事上磨練の過程で練り上げられ、その精髄が象徴的に表現されたのが先にかかげた詩である。

純粋経験と主観的唯心論

ところで、西田の処女作『善の研究』は主客未分の統一的な意識状態である純粋経験を唯一の実在と考え、いっさいのものをこの純粋経験から、その分化発展の諸相として説明していこうとするのであるから、一見するところ、それは王陽明の主観的唯心論と直接には結びつかないように思われる。純粋経験はそれ自体としては唯心論でも唯物論でもない。また主観主義でも客観主義でもない。むしろ、そうした二元論的対立以前の、あるいは二元論的対立を超越した、統一的な意識状態をいうのである。

しかし、実際には、この時期の西田の思想は主観的唯心論の要素がきわめて強い。とくに第一編「純粋経験」よりも先に書かれた第二編「実在」において、その傾向が顕著である。たとえば同編第二章で、西田は、実在というのはただわれわれの意識現象すなわち直接経験の事実あるのみであって、この外に実在を考えるのは思惟の要求から出た仮定にすぎない、と論じたあと、それを補足して次のように説明している。

すべての独断を排除し、最も疑いなき直接の知識より出立せんとする極めて批判的の考えと、直接経験の事実以外に実在を仮定する考えとは、どうしても両立することはできぬ。ロック、カントの如き大哲学者でもこの両主義の矛盾を免れない。余は今すべての仮定的思想を棄てて厳密に前の主義を取ろうと思うのである。哲学史の上において見ればバークレー、フィヒテの如きはこの主義をとった人と思う(4)。

通常、バークリやフィヒテの思想は極端な主観的観念論と見なされているが、ここではそれらは「最も疑いなき直接の知識より出立せんとする極めて批判的の考え」として肯定的に受け取られ、西田自身も「この主義をとろうと思う」と述べられている。自己の直接的な経験から出発する立場が「批判的」立場と考えられ、これに対して直接経験の事実以外に実在を仮定する立場が「独断的」立場として斥けられているわけである。そして「ロック、カントの如き大哲学者でもこの両主義の矛盾を免れない」と述べられている。おそらく、それは彼らの「不可知論」(agnosticism)の考えを念頭に置いて批判したものであろう。逆にカントがバークリの哲学を指して「独断的観念論」(dogmatischer Idealismus)[5]と呼んだのとは好対照である。

もう一つ西田の純粋経験説が主観的観念論的要素を有していることを示す別の箇所を示しておこう。

我々は意識以外のことは知ることはできぬ。物体現象というのは意識現象中の一種の関係を有するものにすぎない、即ち esse = percipi と考えるのである。バークレーの如きがそれである。近代の意識一元論の如きもその議論の立て方から見てこの中に属するであろう。カントから出立したフィヒテの唯心論も認識論的基礎の上に立てられた唯心論という意味において、矢張りこの中に入れることもできるであろう。バークレーの唯心論では心理的自己が中心となっているが、フィヒテの唯心論ではカントの先験的自我という如きものが中心となっているのである。[6]

ここでも、主観的観念論がもっとも根源的な立場として首肯されている。のちに、西田は純粋経験の思想を心理主義の立場として斥けるようになるが、しかしその思想のなかに含まれている主観と客観、個体と普遍との相即的関係の主張は一貫して保持されている。西田哲学は、この主観即客観・客観即主観、個体即普遍・普遍即個体――これは後に内即外・外即内、一即多・多即一と呼ばれるようになる――を主観や個体の側から見る心理主義ないし「意識」の立場から、反対に、それを客観や普遍の側から見る「世界」の立場へと転回していった。そして、主観（個体）と客観（普遍）の間にあるこのような相即的関係は「絶対矛盾的自己同一」と呼ばれるようになった。西田哲学にはいくつかの特徴が見られるが、もっとも重要な特徴は、それがいわゆる主観主義でも客観主義でもなく、あるいは個体主義でも普遍主義でもなく、むしろそのような二元論的対立を止揚した主観＝客観主義ないしは個体＝普遍主義であるところにある。そして、この主観＝客観主義ないし個体＝普遍主義の立場を、最初、自己の直接的な経験や意識を基にして考えていったとき、西田はバークリやフィヒテの哲学に遭遇したといえるのである。バークリに関する言説は以後の西田の著作からは消えるが、フィヒテに関する言説はますます重要性を帯びるようになり、周知のごとく『自覚に於ける直観と反省』（大正六年、一九一七）における「自覚」の思想の基礎となった。その後、西田はフィヒテの哲学からも離れて自己固有の「場所」の論理を展開するようになるが、晩年においてもフィヒテの「事行」の思想を高く評価し、フィヒテにおいて新しい実在概念が開かれたという趣旨のことを述べている。(7)

3　良知と根源的統一力

心と良知

われわれは『善の研究』における西田の純粋経験説が主客未分の意識現象を唯一の実在と考える立場に立っており、したがってそれは唯心論でも唯物論でもないということが強調されているにもかかわらず、そこにはなお唯心論的な要素が多分に認められるということ、そしてその点は、バークリやフィヒテの哲学に対する西田のきわめて親近的な、あるいは同感的な評言のなかにあらわれているということを指摘した。このことは王陽明の思想との関係についても認められるだろう。

周知のように、王陽明の思想は「心即理」(8)を説き、「心外に理なく、心外に物なし」(9)と説く典型的な主観的唯心論である。前述したように、彼は流謫地《るたくち》である竜場《りゅうじょう》において「聖人の道は吾が性に自足し、向《さき》に理を事物に求めしは誤り」であることを悟った。(10)『伝習録』では「心は即ち理なり。天下また心外の事、心外の理あらんや」(11)といい、「心は即ち理なり。学ぶとは此の心を学ぶなり。求むるとは此の心を求むるなり」(12)ともいっている。これらの言葉を文字どおりに受けとれば、それは極端な主観的唯心論であり、主観的観念論の主張であるといえるだろう。王陽明の思想に事実としてこのような要素があることは否定できない。彼のいう世界は心の内なる世界であり、心に映った世界である。けれども、そこで陽明がいうところの心は「良知」をその本体とするものであり、またその良知は同時に「道」でもあり「天理」でもあるとされている。陽明はしばしば「我が心の良知」という表現を用い、心の真の本体としての良知を天理と同一視している。

このような陽明の思想に通底しているのは、われわれの心の内にはそのすみずみまで良知や理が浸透しており、この意味で良知（理）は我が心の本体であり、我が心は良知（理）の顕現ないし現象であるという考えである。そしてこのことは他の人の心にも同様にあてはまるから、その意味では自他の区別というものはなくなり、「天下の人の心は、皆吾の心なり[13]」という主張となる。さらには、それは天地万物との間の障壁の否定となって、「人の良知は就《すなわ》ちこれ草木瓦石の良知なり[14]」といわれ、ここから最終的には「万物一体の仁[15]」の思想が展開されていく。

王陽明におけるこのような心と理の同性観、あるいは個体（心）における普遍（良知・理）の遍在の思想は西田の純粋経験説の根本的な特徴でもある。結論を先取りしていえば、陽明のいう「心」と「良知」の関係は『善の研究』における個々の「純粋経験」とその根柢にある「根源的統一力」との関係にほぼ符合しているといえるだろう。

純粋経験と根源的統一力

西田は『善の研究』第二編「実在」のなかで、個々の意識の根底には普遍的な統一力が働いていることを述べ、この統一力を「理」と同一視して次のように述べている。

人は皆宇宙に一定不変の理なるものあって、万物はこれによりて成立すると信じている。この理とは万物の統一力であって兼ねてまた意識内面の統一力である、理は物や心によって所持せられるのではなく、理が物心を成立せしむるのである。理は独立自存であって、時間、空間、人によって異なることなく、顕滅用不用によりて変ぜざるものである[16]。

ここでは理は、一般に考えられているように、万物を支配している静的な原理あるいは万物がそれに則って動いている普遍的な原理のようなものとしてではなく、物の世界と心の世界の統一力であり、万物を生起させる動的な原理として考えられている。いいかえれば、万物がその内に理を具しているというよりも、理が万物に自らを具現していると考えられている。要するに理は「体」であり、万物はその「用《ゆう》」である。「理」についてのこのような説明はきわめて陽明学的であるといえるだろう。「理」は現実において生きて働いているものであって、反省的思惟によって考えられた単なる観念的な原理ではない。そのような理は「理の活動の足跡であって、理そのものではない」。理はどこまでも創造的なものである。「我々はこれになりきりこれに即して働くことができるが、これを意識の対象として見ることのできないものである」[17]、と西田は述べている。ここでは理はあくまでも主体的な働きとして考えられており、したがって対象化できないものとして考えられている。また、「我々はこれになりきりこれに即して働くことができる」という表現に西田の思想の特徴を見ることができる。そこでは理は観察や思考の対象として見られているのではなく、われわれが日々の行為や実践においてこれに触れ、体得されるものとして考えられているのである。つまり理は単に知の対象ではなく、むしろ行の目的である。

また、物の本体と現象との関係に触れて、統一力が物の本体であり、物はその現象であると論じたあと、この統一力が真正の主観であることを論じて次のように述べている。

かくいえば真正の主観が実在の本体であるといわねばならぬことになる、しかるに我々は通常反って物体は客観にあると考えている。しかし、これは真正の主観を考えないで抽象的主観を考えるによるのである。かくの如き主観は無力なる概念であって、これに対しては物の本体は反って客観に属するといった方が至当である。しかし、真正にいえば主観を離れた客観とはまた抽象的概念であって、無力である。真に活動せる物の本体というのは、実在成立の根本的作用である統一力であって、すなわち真正の主観でなければならぬ。(18)

このように、個々の純粋経験とその根底にある根源的統一力を現象と本体の関係として、あるいは経験的自己（主観）と真正の、あるいは普遍的な自己（主観）としてとらえる考え方は『善の研究』に一貫した思考方法であるといっていい。先にあげた引用はすべて『善の研究』第二編「実在」からのものであるが、他の編においても同趣旨の主張が繰り返しなされている。たとえば、同書第一編「純粋経験」第二章「思惟」では、「真に一般的なるものは個体的実現の背後における潜勢力である、個体の中にありてこれを発展せしむる力である(19)」といい、「個体とは一般的なものの限定せられたのである……一般的なるものが発展の極処に到った処が個体である(20)」といい、第三章「意志」では、「我々の真正なる自己はこの統一作用そのものであるとすれば、真理を知るというのは大なる自己に従うのである、大なる自己の実現である(21)」といい、第四章「知的直観」では、「真の一般と個性とは相反するものでない、個性的限定によりて反って真の一般を現わすことができる、芸術家の精巧なる一刀一筆は全体の真意を現わすがためである(22)」といっている。

また、第三編「善」では、この統一力は人格とも呼ばれている。すなわち「人格は単に理性にあらず欲望にあらず況《いわ》んや無意識的衝動にあらず、恰《あたか》も天才の神来の如く各人の内より直接に自発的に活動する無限の統一力である。……我々の人格とは直ちに宇宙統一力の発動である」[23]。そしてこの統一力としての普遍的な人格と個々の人格との関係について、西田は「人格の要求とは意識の統一力であるとともに実在の根柢における無限なる統一力の発現である、我々の人格を実現するというのはこの力に合一するの謂《いい》である」[24]といい、「我々の真の自己は宇宙の本体である、真の自己を知れば啻《ただ》に人類一般の善と合するばかりでなく、宇宙の本体と融合し神意と冥合《みょうごう》するのである」[25]といっている。

さらに、第四編「宗教」では、この統一力を神と同一視して、「神は宇宙の根本であって兼ねて我らの根本でなければならぬ、我らが神に帰するのはその本《もと》に帰するのである」[26]といい、「我々の神とは天地これによりて位し万物これによりて育する宇宙の内面的統一力でなければならぬ、この外に神というものはない。もし神が人格的であるというならば、かくの如き実在の根本において直ちに人格的意義を認めるとの意味でなければならぬ」[27]といい、また「統一的或者の自己発展というのがすべての実在の形式であって、神とはかくの如き実在の統一者である。宇宙と神との関係は、我々の意識現象とその統一との関係である」[28]とも、「すべての人が各自神より与えられた使命をもって生まれてきたというように、我々の個人性は神性の分化せるものである、各自の発展はすなわち神の発展を完成するのである」[29]ともいっている。

以上、長々と引用文をあげたが、われわれはそこから西田の『善の研究』における「純粋経験」と「根源的統一力」との関係が、ほぼ王陽明の「心」と「良知」との関係に対応していることが理解されるであろう。陽明においてはこの「良知」は同時に「天理」とも「性」とも「道」とも呼ばれたように、西田のいう「根源的統一力」は同時に「真の自己」とも「人格」とも「神」とも呼ばれ、やがてそれは彼の第二の主著『自覚に於ける直観と反省』においては「自覚」という観念に発展していくのである。

また、西田の純粋経験説がその実質上、唯心論であることは西田の個々の主張から跡づけることができる。たとえば、彼は第二編「実在」において、唯一の実在は純粋経験の事実であって、通常われわれが精神とか自然とか呼んでいるのは、この実在が有している「統一的方面」と「被統一的方面」のことをいうにすぎない、と述べているが、しかし同時に世界の根源を根本的統一力と考えているので、実在を精神的なものと考えていることは明らかである。たとえば、西田は「実在は精神において始めて完全なる実在となる[30]」といい、「最も根本的なる説明は必ず自己に還ってくる。宇宙を説明する秘鑰《ひやく》はこの自己にあるのである。物体によりて精神を説明しようとするのはその本末を転倒したものといわねばならぬ[31]」といっている。

万物一体の思想

さらに、西田は「厳密にいえば、すべての実在には精神があるといってよい[32]」とか、「自然もやはり一種の自己を具えているのである[33]」とかいって、物活論的もしくは汎心論的な考え方をも示している。そしてそこから万物同性的ないしは万物一体論的な考え方を提示している。たとえば「元来物と我と区別あるのではない、客観世界は自己の反影といい得るように自己は客観世界の反影である。我が見る世界を離れて我はない。……天地同根万物一体である[34]」といっている。この「天地同根万物一体」という言葉はもともとは荘子に由来する言葉であるが[35]、肇法師がその『肇論』のなかで「天地与我同根、万物与我一体」（天地は我と同根、万物は我と一体）と引いてからは、天地万物はそのまま仏性の顕現であり、自己の本心と異ならないという意で用いられるようになった。ここで、西田もそのような意味で用いている。そして、この万物一体の思想は王陽明がとくにその『大学問』で説いた「万物一体の仁」の思想と符合している。

周知のように陽明は『大学』の最初に出てくる明明徳・親民・至善の三綱領に通底している精神を万物一体の仁の思想としてとらえた。

大学とは、昔儒は以て大人《たいじん》の学と為す。敢《あえ》て問う、大人の学は、何を以て明徳を明らかにするに在りや。

陽明子曰く、大人とは、天地万物を以て一体と為す者なり。その天下を視《み》ること猶《な》お一家のごとく、中国は猶を一人《いちにん》のごとし。その形骸を間《へだ》てて爾我《じが》を分つ者のごときは、小人《しょうじん》なり。大人の能《よ》く天地万物を以て一体と為すや、これを意《おも》うにあらざるなり。その心の仁は本々かくのごとく、それ万物と一たるなり。(36)

(大学とは、朱子はこれを大人の学であるといったが、大人の学はどうして明徳を明らかにすることが目的なのであろうか。陽明答えていわく、「大人とは天地万物を一体とする者のことである。天地万物を一体とする者とは、世界をあたかも一家のように見、中国をあたかも一人のように見て、そこに区別を設けない人のことである。身体の相違にもとづいて自他を区別するのは小人であるが、大人は天地万物をもって一体とする。しかも、意識的に、あるいは努力してそうするのではなく、その心の内なる仁によって自然に天地万物と一体になるのである」)。

陽明はこの「万物一体の仁」の思想的根源を孟子のいう「怵惕惻隠《じゅってきそくいん》の心」(おそれいたむ心)にもとめているが、陽明自身においては、それは私欲や私心の否定すなわち我が心を尽して良知に則るという思想と結びついている。彼は再三再四、「心を尽す」とか、「良知を尽す」とか、「性を尽す」とか、「義を尽す」とかいうことを説いているけれども、それは、これまたしばしば用いられている「心の人欲を去り天理を存する」[37]ということと同義である。そして陽明のいう「心を尽す」というのは、西田のいう「物になりきる」ということ、晩年、彼が好んで用いた言葉でいえば「物となって見、物となって行う」というのと同じ精神の表現と見ることができよう。西田も「自己の知を尽し情を尽す」ことを説き、こうして「自己の全力を尽しきり、ほとんど自己の意識がなくなり、自己が自己を意識せざる所に、始めて人格の活動を見る」[38]といっている。それが「物になりきる」ということであり、「物となって見、物となって行う」ということである。

このように、万物一体の思想はその内に徹底した自己否定の思想を含んでいる。これゆえに西田においては偽我を否定し尽して物になりきることが説かれ、陽明においては心を尽して良知に則ることが説かれる。われわれは私欲や私心を否定し尽すことによって初めて万物一体の境地に入っていくことができ、我が心の良知や真の自己と一体となることができる、と考えられている。陽明が、『大学』のいわゆる八条目の内、とくに「誠意」を重んじ、また西田がしきりに「至誠」を説くゆえんであろう。

陽明は「誠は是れ心の本体なり」[39]といって、意を誠にすることが養心の根本であることを説き、西田は「至誠は精神全体の最深なる要求である」[40]といって、至誠が自己の根源的統一力すなわち人格的要求であることを主張している。また、陽明は「誠意の説のごときは、自《おのづか》らこれ聖門の人に功を用いるを教える第一義なり」[41]（意を誠にする説は、もともと孔門にあって人に修行を教えるなかの第一義のものである）といって、誠意を儒教道徳の基本として位置づけ、西田は「至誠とは善行に欠くべからざる要件である」[42]

といって、誠を尽すことを道徳に不可欠な要素とした。陽明は彼の晩年の『大学問』で「誠意」をとくに力説しているが、西田も彼の遺稿「場所的論理と宗教的世界観」（昭和二一年、一九四六刊）の終わりに近い箇所で意志と慈悲との関係に触れて、「意志は、主語的に本能的であり、述語的に理性的であるが、場所的自己限定として、歴史的形成的であるのである。純なる場所的自己限定として、一毫の私なき所、私は之を誠と考える。而して至誠は大悲大慈に基礎付けられていなければならない。私は実践理性の根柢を、此に置きたいと思う」[43]と述べている。このような誠意や至誠の強調、いいかえれば私欲や私心のなさの強調――それは「人欲を去りて天理を存する」とか「物となって見、物となって行う」という言葉で表現されている――は陽明と西田に通底した思想である。彼らの思想は世界や物を自己に内在的なものとして、あるいは自己の内に映されたものとして見ていこうとしている点では唯心論であり、それも極端な主観的唯心論であるが、同時にその世界や物をいわゆる自己が消滅したところ、自己が自己を喪失したところから見ていこうとする点で、むしろ無心論であり、徹底した即物論ともいうべきものである。いいかえれば、この哲学は自己が自己でないものになることを要求する哲学であり、また実際に自己が自己でないものになったときに初めて理解されるような哲学である。それゆえに彼らは知よりも意を、知識よりも行為を優先する。それが知行合一の思想である。

4　東洋的思惟方法の特質

西田哲学と陽明学の共通点

以上、西田幾多郎の『善の研究』と王陽明の『伝習録』を中心とした思想の類似性や親近性あるいは両者に通底している精神についてやや詳しく考察した。はたしてわれわれはそこから何を結論として導きだすことができるだろうか。もしくは何を導きだすべきだろうか。

まず予想されるのは、両者の間の影響関係であろう。両者の間にこれだけ明白なる共通点がある以上、そこに一定の影響関係があるということを主張するのはきわめて自然であり、また道理にもかなっているように思われる。

けれども、そこから西田哲学が陽明学の影響をうけているると結論づけるとすれば、それはいささか短絡的にすぎるといわなければならないであろう。両者の間に類似点や共通点があるということと、両者の間に影響関係があるということとはまったく別次元の問題である。たとえば親鸞の考えやその思考方法とパウロのそれとの間には多くの類似点や共通点が見られるが、しかしだからといって誰も親鸞がパウロから影響をうけているとはいわないし、実際、両者の間には影響関係は存在しない。そしてこの点で、西田の陽明学に対する関係は、ジェームズやヘーゲルに対するそれとは明確に異なっている。後者に関しては、西田はただ単にその思想の類似性ばかりでなく、それからの影響をもはっきりと認めているからである。

また、この問題を考える際、われわれがとくに銘記しなければならないのは、西田が古代ギリシアに始まった「哲学」(philosophia)という西洋的土俵の上でもっぱら思索をしているという事実である。どう見ても『善の研究』には、儒教的伝統の下にある王陽明の思想を念頭に置いて思索が展開されていると思われるような箇所は認めがたい。

また、西田の日記や著作にたびたび王陽明や『伝習録』という言葉が出てくること、幕末および明治の初期の志士たちの多くは大なり小なり陽明学の影響をうけていること、さらに西田は陽明学徒である雲井龍雄(一八四四~七〇)や西郷隆盛(一八二七~七七)や河井継之助《つぐのすけ》(一八二七~六八)に傾倒していたという事実などを理由に、西田哲学における陽明学の影響を云々することも、およそ学問的とはいえないだろう。先に指摘したように、そうした意見は単なる臆断であり印象論にすぎないだけでなく、かような意味での影響関係を論じても学問的には大した意味はないように思われる。まったく異なった土俵の上で思索した両者の思想の類似性や共通性から、その影響関係を推測したところで、いったいそこにどのような積極的な意義があるというのだろうか。

この点に関して、むしろ筆者は、西田の思想と陽明学との間の影響関係の有無を云々するよりも、両者の思考方法や精神に通底している諸要素を類型化して、それを西洋的な思考様式とは異質のものとして提示することの方が、学問的見地から見てはるかに意義があるように思われる。

西田の『善の研究』が出版されたとき、当時、東京帝国大学の大学院生であった高橋里美は、これを「邦人の手になった最初の独立な哲学書らしい哲学書」(44)として祝福した。実際、『善の研究』は日本における哲学の「独立宣言書」ともいうべき意義をもったものであったといえる。西田はこの書において、西洋的な学問の形式を保持しつつ、また西洋哲学の概念的枠組のなかで思索しつつ、東洋に伝統的に培われてきた物の見方や感じ方を無意識の内にそのなかに盛り込んだ。彼が意識的に、あるいは自覚的に、東洋的な思惟様式を自分の哲学のなかで展開するようになるのは、それから二〇年近くも後に出版された『働く者から見るものへ』（昭和二年、一九二七）以後のことである。それゆえに、『善の研究』においては、東洋に伝統的な思惟方法が、ごく自然な、また率直な形式で述べられているといえるだろう。そして、そこに仏教的な物の見方と並んで陽明学的な物の見方に通底した要素が認められる、と筆者は考えている。西田が二〇代の中頃から三〇代の前半まで猛烈な禅の修行を積んだことは周知のことがらである。また、もともと宋代や明代のいわゆる新儒教は「陽儒陰釈《ようじゅいんしゃく》」といわれるように、仏教、とくに禅仏教の影響をうけており、王陽明自身も一時、仏教に惑溺した時代があったことを思えば、禅仏教と陽明学と西田哲学が、別に自覚的にではなく、ごく自然に結びつくのは、むしろ当然といっていいかもしれない。

東洋的思惟方法の特質
(一)——唯心論的性格

それはともかくとして、筆者は、西田哲学と陽明学は東洋的思惟方法として類型化できるような独特な考え方ないし精神を共有している、と考えている。では、その東洋的な思惟方法とはいったい何であろうか。それを、以下、西洋に伝統的な思惟様式と比較しながら明らかにしてみよう。

東洋に独特な思惟様式の特徴として、第一にあげられるのはその唯心論的性格であろう。仏教も陽明学も西田哲学も、これを西洋哲学的な枠組から見れば、いずれも唯心論に属するものとして分類することができる。そこで基本的に実在と考えられているのは物ではなく心であり、物質ではなく精神である。

あるいは哲学的思索の根本課題は真の自己の解明であり、己事究明である。陽明はいう、「心は即ち理なり」「心外に理なく、心外に事なし」(45)と。またいう、「学ぶとは此の心を学ぶなり。求むとは此の心を求むるなり」(46)と。これに対して西田はいう、「我々が実在を知るというのは、自己の外の物を知るのではない、自己自身を知るのである」(47)と。またいう、「実地上真の善とはただ一つあるのみである、すなわち真の自己を知るということに尽きている」(48)と。

このように陽明においても西田においても、その思索の対象はもっぱら心であり、自己である。彼らは真の心や自己を探究し、またそのことをとおして物の世界を明らかにしようとした。この点で両者はまったく一致している。そして、この点から見れば、彼らの思想は明らかに主観的唯心論であり、また主観的観念論でもある。そして、この点では、彼らの思想はバークリやフィヒテのそれと親近性を有している。『善の研究』において西田がこの二人の哲学者を高く評価したゆえんであろう。

(二) 東洋的思惟方法の特質——内在的超越主義

しかしながら、注意しなければならないのは、ここでいう心や自己は普遍的なものから乖離した個人的な性格のものではないということである。それは普遍的なものと相即的な関係にあるものとして、否むしろそれと一体不二なるものとして考えられている。すなわち個人的な心や自己の背後ないし根底に普遍的な心や自己があり、後者は前者に内在している、あるいは前者は後者の顕現であると考えられている。いいかえれば、両者はいわば現象と本体との関係にあるものとして考えられているのである。陽明はいう、「心の本体は、即ち是れ天理なり」(49)と。またいう、「良知は心の本体にして……、人人の同じく具する所の者なり」(50)と。さらにいう、「天地の間活発発地としてこの理に非《あら》ざるなし。便《すなわ》ち是れ吾が良知の流行して息《や》まざるなり」(51)と。これに対して西田はいう、「実在は精神において始めて完全なる実在となる」と。またいう、「実在の根柢には精神的原理があって、この原理が即ち神である。……神は宇宙の大精神である」[52]と。さらにいう、「我々の人格とは直ちに宇宙統一力の発動である」[53]と。このように陽明においても西田においても、個人的な心と普遍的な心が相即的ないし一体不二の関係にあるものとして、あるいは現象と本体、用と体との関係にあるものとして考えられている。そしてこの点から見れば、彼らの思想は単なる主観的唯心論にとどまるものではなく、同時に絶対的唯心論でもある。そして、ここまでの点においては彼らの思想はスピノザの「汎神論」(pantheism) やヘーゲルの「汎理論」(panlogism) と親縁性を有している。

けれども、普遍的なものは個物的なものに対してただ単に内在的であるだけでなく、同時に超越的でもある。ただその超越的であるというのは、外的・対象的方向に超越的であるのではなく、むしろ反対に内的・主体的方向に超越的であるのである。従来、西洋哲学は伝統的に実在を対象的・超越的方向に考えてきた。それに対して王陽明や西田幾多郎はもっぱら実在を内在的・超越的方向にもとめている。そしてそれは禅仏教でいう「回光返照」や「脚下照顧」の精神とも符合しているといえるだろう。彼らは実在を自己の外に超越したものとして考えるのではなく、反対にどこまでも自己の内の内に、あるいは底の底に突きぬけたところにもとめようとした。外的超越的方向ではなく、むしろ内的超越的方向にである。このような思惟方法は従来の西洋的思惟方法の枠組を突破するものであるといわなければならない。筆者は東洋思想がもっているこのような内向的性格を、西洋に伝統的な「自然の形而上学」に対する「心の形而上学」として特徴づけたことがある。[54]西田自身も東洋に伝統的な論理を西洋的「物の論理」に対する「心の論理」と呼んでいる。[55]

通常、世界や物は自己の外側にあるものとして、あるいは対象的に超越した性格をもったものとして考えられている。しかし、西田や陽明はむしろそれらを自己の内底に突きぬけたところにあるものとして見ようとしている。前述したように、陽明が「心外に理なく、心外に物なし」「学ぶとはこの心を学ぶなり。求むとはこの心を求むなり」といったり、西田が「我々が実在を知るというのは、自己の外の物を知るのではない、自己自身を知るのである」といったりするのはそのためである。また、主客未分の純粋経験の世界というのも、このようにどこまでも自己の内底に見られた世界であるのである。のちに西田がこれを心理主義と評したゆえんである。そしてこの点で、西田や王陽明の思想は「内在的超越主義」であるといえよう。

しかしながら、西田哲学にしても陽明学にしても、自己（心）と世界（物）が直ちに一にして同一であるといっているのではない。両者とも自己と世界の区別をはっきりと認めている。自己はどこまでも自己であって世界ではなく、世界はどこまでも世界であって自己ではない。両者を混同することは許されない。けれども、いわゆる心というのは単に内なるものではなく、いわば内の内なるものであり、同様に物というのは単に外なるものではなく、いわば内の外なるものである。すなわち物は心の外に超越したものではなく、心の内に超越したものである。このような内在的超越主義の思想が西田哲学と陽明学に通底した根本的な特性であって、またこのような思惟様式の特性から万物一体の思想が生ずるのである。

西田哲学においても陽明学においても、個人的な自己（心）はただ単に普遍的な自己（心）と相即的関係にあるばかりでなく、また同時に天地万物とも相即的な関係にあると考えられている。それが陽明のいう「万物一体の仁」の思想であり、西田のいう「天地同根万物一体」の思想である。「我が心の本体は良知であ」って、「天下の人の心は、皆吾が心であ」り、「人の良知は、就《すなわ》ち是れ草木瓦石の良知」(56)である。いっさいのものは「根源的統一力」（人格・精神）の顕現であり、いっさいのものは心を有している。この意味で、万物は一体であり、自他彼我の区別はない。

(三)東洋的思惟方法の特質——否定の論理

しかし、ここで注意すべきは、このような万物一体の思想の根底には「否定の論理」が働いていることである。われわれが自己の内底に世界を見、物を見る。また、その意味で世界や物と一体になるということは、実は自己がいわゆる自己であることをどこまでも否定していくことである。こうしていわゆる自己というものがなくなればなくなるほど、われわれは世界や物と一体となることができる。このように万物一体の思想は徹底した自己否定を基礎にしている。陽明が私欲や私心をなくすることを説き、西田が偽我を殺し尽すことを説くのはこのためである。陽明は「心が即ち理である」と説いたのち、「私心なきは是れ理に当る」(57)といい、「此の心に私欲の蔽なければ、即ち是れ天理」(58)なりという。これに対して西田は、「動かすべからざる真理は、常に我々の主観的自己を没し客観的となるによって得らるるのである。これを要するに我々の知識が深遠となるというはすなわち客観的自然に合するの意である」(59)といい、「自己の主観的空想を消磨し尽して全然物と一致したる処に、反って自己の真要求を満足し真の自己を見ることができる」(60)といっている。

自己の内底に物を見るということは、じつは自己というものが消失して「物になりきる」（西田）ということであり、「心を尽す」（陽明）ということである。そこには明らかに「否定の論理」が働いている。彼らのいう万物一体の思想は、自己というものをこちら側に保持しておいて、しかるのちに対象としての世界や物に対して感情移入していくものではない。つまり万物の外側から万物と一体になるのではない。そうではなくて、万物の内側から万物と一体になるのである。どこまでも自己というものを否定し消滅させて世界や物になりきるのである。換言すれば、自己を無限に肯定して自己実現をしていくのではなく、むしろ反対に徹底して自己を否定していくことによって却って真の自己を実現していこうとするのである。そこではつねに自己が自己でないものになるということが要求されている。しかも、自己が自己でないものになったとき自己は真の自己になると考えられている。そして、そのように自己が真の自己になるために不可欠の要件として、「誠意」や「至誠」が力説されている。それは陽明にとっては「心を尽す」ということと同義であり、西田にとっては「物になりきる」ということと同義であった。両者にとって共通しているのは、学問はただ知識の習得ではなく、同時に人格の陶冶であり、知と行は一体にして不離なるものであるという考え方である。このような知行合一的な考え方は、とかく知識は知識、実践は実践として両者を分けて考える傾向のある西洋的思惟方法に対して、東洋的思惟方法がもっている顕著な一特性である、といえるだろう。

註

（1）『善の研究』における陽明学の影響を指摘した文献としては、下村寅太郎『西田幾多郎　人と思想』（東海大学出版会、一九六五年）、竹内良知『西田幾多郎』（東京大学出版会、一九七〇年）、湯浅泰雄『日本人の宗教意識』（名著刊行会、一九八一年）、『東洋文化の深層』（名著刊行会、一九八二年）、大橋健二『良心と至誠の精神史――日本陽明学の近現代』（勉誠出版、一九九九年）等があげられる。この内、もっとも学問的なのは湯浅泰雄の所見であって、あとのものは単なる印象論の域を出ていない。
(2) 旧版、第十七巻、一七〇頁。新版、第十七巻、一八一頁。
(3) 『年譜』一。『王陽明全集』(修訂版)、第九巻、明徳出版社、二七頁。
(4) 小坂国継編『全注釈 善の研究』講談社学術文庫、二〇〇六年、一四〇頁。
(5) Immanuel Kant, *Kritik der reinen Vernunft*, B274.
(6) 旧版、第一巻、三七六頁。新版、第一巻、二九九～三〇〇頁。
(7) 旧版、第十一巻、一六七頁。新版、第十巻、一三二頁。
(8) 『伝習録』下一一一。『新釈漢文大系』13、明治書院、一九六一年、五四五頁。
(9) 同書、上六-Ⅲ。同書、四七頁。
(10) 『年譜』一。『王陽明全集』第九巻、一九八六年、二七頁。
(11) 『伝習録』、上三。『新釈漢文大系』13、三一頁。
(12) 同書、中一一。同書、二四七頁。
(13) 同書、中四。同書、三六五頁。
(14) 同書、下七四。同書、四八三頁。
(15) 『大学問』『王陽明全集』第八巻、三三一～四二頁。
(16) 『全注釈 善の研究』一八四頁。
(17) 同書、一八五頁。
(18) 同書、一九七～一九八頁。
(19) 同書、七〇頁。
(20) 同書、同頁。
(21) 同書、九二頁。
(22) 同書、一一五頁。

(23) 同書、三四二頁。
(24) 同書、三四六頁。
(25) 同書、三七四頁。
(26) 同書、三八九頁。
(27) 同書、三九四頁。
(28) 同書、四〇七頁。
(29) 同書、四四〇頁。
(30) 同書、二一八頁。
(31) 同書、四〇四頁。
(32) 同書、二一七頁。
(33) 同書、二〇五頁。
(34) 同書、三五二頁。
(35) たとえば『荘子』「斉物論」には「天地与我並生、万物与我為一」(天地と我とは並び生じ、万物と我とは一たり)とある。
(36) 『大学問』『王陽明全集』第八巻、三三頁。
(37) 『伝習録』上三。『新釈漢文大系』13、三三頁。
(38) 『全注釈 善の研究』三四九頁。
(39) 『伝習録』上一二一。『新釈漢文大系』13、一八五頁。
(40) 『全注釈 善の研究』三七二頁。
(41) 『伝習録』中一。『新釈漢文大系』13、二〇六〜二〇七頁。
(42) 『全注釈 善の研究』三四八頁。
(43) 旧版、第十一巻、四四五頁。新版、第十巻、三五二頁。

(44) 高橋里美「意識現象の事実とその意味——西田氏著『善の研究』を読む」『高橋里美全集』第四巻、福村出版、一九七三年、一五三頁。
(45) 『伝習録』上三三。『新釈漢文大系』13、八八頁。
(46) 同書、中一一‐Ⅱ。同書、二四七頁。
(47) 『全注釈　善の研究』三六九～三七〇頁。
(48) 同書、三七四頁。
(49) 『伝習録』中二。『新釈漢文大系』13、二七五頁。
(50) 同書、中一。同書、二九三～二九四頁。
(51) 同書、下一三〇。同書、五五四頁。
(52) 『全注釈　善の研究』二二九頁。
(53) 同書、三四二頁。
(54) 拙稿「場所の論理と行為的直観」『西田哲学会年報』創刊号、二〇〇四年、参照。
(55) 旧版、第十二巻、二八九頁。新版、第九巻、一二～一三頁。
(56) 『伝習録』下七四。『新釈漢文大系』13、四八三頁。
(57) 同書、上九五。同書、一四四頁。
(58) 同書、上三。同書、三三頁。
(59) 『全注釈　善の研究』二二一頁。
(60) 同書、三五〇頁。

第六章　西田哲学と宗教哲学

1　西田の宗教観

宗教的自覚の論理としての西田哲学

西田哲学は全体として宗教哲学であるといえるだろう。それは、スピノザの哲学やキルケゴールの思想と同様、本質的に宗教的自覚の論理である。西田は彼の思想形成のどの時期においても、一貫して、宗教をあらゆるものの根本であり、基礎であると考えていた。「いっさいのものは始め宗教より出て、また最後に宗教に帰る」と考えていた。処女作『善の研究』では、「学問道徳の本には宗教がなければならぬ、学問道徳はこれに由りて成立するのである(1)」といわれ、「人智の未だ開けない時は人々かえって宗教的であって、学問道徳の極致はまた宗教に入らねばならぬようになる(2)」と述べられている。また、遺稿「場所的論理と宗教的世界観」においても、「宗教的意識というのは、我々の生命の根本的事実として、学問、道徳の基でもなければならない(3)」と語られている。

西田は、晩年、歴史的世界の自己形成の問題に腐心した。現実の世界の歴史的形成における内的な論理的構造の解明が彼の最大の関心事となった。この意味では、西田哲学は本質的に歴史哲学であったといってよい。そして「絶対矛盾的自己同一」「行為的直観」「作られたものから作るものへ」が彼の歴史哲学を説き明かす三つの基本概念となった。「絶対矛盾的自己同一」というのは、歴史的現実界が有している内的な論理的構造を表現したものであって、具体的には一即多・多即一とか、内即外・外即内とか、時間的限定即空間的限定・空間的限定即時間的限定とかいった定式で表現される。それらはいずれも、絶対に矛盾的なものや対立的なものが、そのように矛盾し対立しながら、しかも同時に自己同一を保持していることをいいあらわしている。絶対に矛盾的で相互に対立的なものが、同時に自己同一を保持しているというのは不合理であろう。西田が、たとえば一即多・多即一という場合、その「即」は単なる即ではなく、「非」を媒介とした即すなわち「即非」を意味している。いいかえれば、そこには行為的自己の自己否定的自覚が介在している。一が直接的に多であり、多が直接的に一であるというのではなく、一が自己否定的に多であり、多が自己否定的に一であるというのである。したがってそれは不合理でもなければ、没論理的でもない。

また「行為的直観」は、歴史的世界のこうした不断の自己形成を、行為的主体の側から行為的主体の働きに即して表現したものであり、「作られたものから作るものへ」は、同じくそれを反対に世界の側から世界自身の働きに即して表現したものと見ることができる。この「行為的直観」と「作られたものから作るものへ」はもともと一体不二なるものであって、別個のものではない。西田哲学においては自己と世界は相即的関係にあると考えられており、自己の自覚が同時に世界の自覚であり、世界の自覚が同時に自己の自覚である。自己と世界は絶対矛盾的自己同一の二つの具体的な局面である。

けれども、前述したように、歴史的世界の根底には宗教があるのであって、歴史的世界そのものが根本的に宗教的構造を有しているのである。西田は、「宗教は個人の意識上の事ではない。それは歴史的生命の自覚にほかならない」[4]といい、「歴史的世界は、その根柢において、宗教的であり、また形而上学的であるのである」[5]といっている。したがって、「宗教を否定することは、世界が自己自身を失うことであり、逆に人間が人間自身を失うことであり、人間が真の自己を否定することである」[6]とさえいっている。

西田の後期の論稿を見ると、一見、宗教とはまったく関係がないと思われるようなテーマをあつかったものにおいてさえ、長短の違いはあるが、決まってその最終の部分で、それと宗教との関連について触れるか、あるいは一般に宗教について述べることによって、その論稿を締めくくっている。「絶対矛盾的自己同一」「経験科学」「知識の客観性について」「ポイエシスとプラクシス」など、いずれもそうである。こうした事実を見ても、西田の思索のなかに、いかに宗教が深く浸透しているか、いかに宗教が重要な位置を占めているかがうかがわれるであろう。

西田の宗教観の特質

一般に、西田哲学は「純粋経験」「自覚」「場所」「弁証法的世界」あるいは「絶対矛盾的自己同一」の四つの時期に区分される。そしてそのどの時期においても、宗教は学問道徳の根本と考えられているが、西田がとくに宗教に関心をもち、それについて深く考察したのは前期の『善の研究』（明治四四年、一九一一）と中期の『一般者の自覚的体系』（昭和五年、一九三〇）と晩年の「場所的論理と宗教的世界観」（昭和二〇年、一九四五、脱稿。刊行は一九四六）においてであろう。

そこで、処女作『善の研究』の第四編「宗教」と、『一般者の自覚的体系』所収の珠玉の論稿「叡智的世界」と、遺稿「場所的論理と宗教的世界観」を相互に比較して、その異同を検討してみよう。

前記のどの時期においても共通しているのが、(1)宗教を主として道徳との関連で考え、宗教を道徳の極限と考えていること、(2)宗教は価値の問題ではなく、存在の問題である、つまり自己という存在の在処の問題であると考えていること、いいかえれば宗教は「いかに生きるか」の問題ではなく、「なぜ自分は存在するか」の問題であると考えていること、したがってまた(3)宗教は個人と超越者との関係の問題であり、具体的には、両者の同性的関係あるいは相即的関係の問題である、と考えていることである。

しかし、そうした問題について、西田の見解には終始一貫している部分と、各時期によって変化や力点の移行がある部分、さらには根本的な立場の転換がある部分とがあり、またそこに彼の宗教哲学の発展が認められる。

『善の研究』の宗教観

『善の研究』の宗教観の特質は、まずもってそれが「純粋経験」の立場から考えられていることであろう。よく知られているように、純粋経験というのは、主観と客観が未分離の意識の厳密な統一的状態のことをいうのであるが、同時に西田は個々の純粋経験の背後には意識の「根源的統一力」(7)（普遍的意識作用）があって、個々の純粋経験はこの根源的統一力の顕現ないし発展の諸相であると考えていた。西田の純粋経験説が、一方では、ジェームズの「根本的経験論」（radical empiricism）と結びつき、他方では、フィヒテ以後のドイツ観念論、とくにヘーゲルの「具体的普遍」（konkrete Allgemeinheit）の考えと結びつくゆえんである。前者においては主観即客観・客観即主観、内即外・外即内であるが、後者においては個体即普遍・普遍即個体、一即多・多即一である。『善の研究』の第一編の「純粋経験」や第二編の「実在」においては主客未分の純粋経験が前面に出ているのに対し、第三編の「善」や第四編の「宗教」においては自己と根源的統一力（神）との相即的関係ないしは一体不二の関係に力点が置かれている。

この時期の西田の宗教論の特質は以下のとおりである。

(1)『善の研究』においては、個々の純粋経験と根源的統一力、あるいは自己と神との同性的関係が強調されており、したがってまた「有神論」（theism）には批判的で、「汎神論」（pantheism）には共感的である。しかし西田の基本的な立場は「万有内在神論」（panentheism）に近い立場であるといえるだろう。

(2) 宗教は道徳と連続したものとして、道徳の延長上に、また道徳の極限として位置づけられている。そこには、宗教と道徳の断絶の要素、つまり宗教は道徳の絶対否定的転換において成立するという要素は希薄である。たしかに宗教における自己否定についての叙述がないわけではないが、全体としてはそうした印象は薄い。わずかにオスカー・ワイルドの『獄中記』（*De Profundis*）の主人公の告白などに触れて、宗教における回心の契機について触れている程度である。これに対して宇宙の根本である神とその表現であるわれわれの自己との相即的というよりも一体不二的な関係が、ウェストコット、ベーメ、エックハルト、アウグスティヌス、ヘーゲル、テニソン、シモンズ、倶胝《ぐてい》、僧肇《そうじょう》などの言葉を引いて、繰り返し説かれている。

(3) このことと連関して、『善の研究』では悪の契機やその積極的意義について触れた言説は少ない。それは、いっさいのものが純粋経験であって、「純粋経験の事実は我々の思想のアルファであり、またオメガである」(8) と考えられているからであろう。純粋経験を唯一の根本的実在と考え、純粋経験からいっさいのものを説明し、いっさいのものを純粋経験の発展の諸相として見ようとする立場からは、悪の存在やその積極的意義を論ずることはきわめて困難なことであったと思われる。

要するに、この時期の西田の宗教観は、宗教についての直接的表白の段階、いわば宗教の即自的形態であるといえるだろう。

中期の宗教観

西田の中期の宗教観は『一般者の自覚的体系』(昭和五年、一九三〇)に見られる。この著作は西田の著作のなかでももっとも形而上学的色彩の強いものであって、西田は判断的一般者(自然界)から出発して、判断における主語(特殊)と述語(一般)の包摂関係にもとづいて「自覚的一般者」(意識界)に進み、今度は意識の志向作用を手がかりにして「叡智的一般者」(叡智界)へと超越し、さらに叡智的一般者の種々の段階(知的叡智的一般者・情的叡智的一般者・意的叡智的一般者)をへて、究極的な一般者である「無の一般者」すなわち「絶対無の場所」にまでいたっている。それは現象界から実在界へいたる形而上学的階梯を一歩一歩昇っていく過程である。そしてこの時期の西田の宗教観は、この形而上学的階梯の最終段階においてまとまった形で提示されている。ここでも宗教は学問道徳の根本であり、その極致であるという考えは健在である。

この時期の西田の形而上学を概観すれば次のようである。

判断的一般者(自然界)は自覚的一般者(意識界)の内に包摂される。いわゆる客観的世界においてあるものはすべて主観的な意識界に包まれ映される。そしてこの自覚的一般者の底に、それを包む叡智的一般者(叡智界)が見られる。叡智的一般者は自覚的一般者の極限にあって、これを包摂する一般者であるが、それは、さらに知的・叡智的一般者(意識一般)から情的・叡智的一般者(芸術的自己)をへて、最終的に意的・叡智的一般者（道徳的自己）へと進む。叡智的一般者のもっとも深いところに意的・叡智的一般者すなわち「道徳的自己」が見られる。叡智的世界は知識界、芸術界、道徳界の三層より成っていて、道徳界はそのもっとも深部にあるものとして位置づけられている。そしてこうした主意主義的傾向もまた西田哲学の全時期に共通した特質であるといってよい。

このように西田の形而上学は対象的・超越的方向に考えられた形而上学ではなく、反対に内在的・超越的方向に考えられた形而上学である。外へ外へ、あるいは上へ上へと昇っていく形而上学ではなく、反対に内へ内へ、あるいは底へ底へと深まっていく形而上学である。それは自然の形而上学に対する心の形而上学と呼ぶことができるだろう。(9)

さて道徳的自己は絶対無の場所にもっとも近接した叡智的一般者であるが、西田はこの道徳的自己を「悩める魂」として性格づけている。それは自己矛盾的な自己であって、道徳的自己はつねに理想と現実、義務と欲求、善と悪、価値的なものと反価値的なものとの相剋の狭間にある。そしてこうした「悩める魂」である道徳的自己は、その自己矛盾の極限において、自己の絶対否定による転換すなわち回心を経験する。それが宗教的意識であると考えられている。したがって道徳的自己と宗教的意識は直接的に連続しているのではない。そこには絶対の断絶が介在している。道徳的自己と宗教的意識は絶対の断絶を介して連続しているのである。いわば道徳的自己に死して宗教的意識に生きるのである。

では「宗教的意識」とはいったい何であろうか。宗教的意識とは、一言でいえば、自己の根底が絶対無に通じているということの自覚にほかならない。また、それは同時に絶対無の場所自身の自覚でもある。したがって宗教的意識と絶対無の場所と絶対無の自覚は一体にして不二なるものである。宗教的意識における絶対無の自覚は同時に絶対無の場所自身の自覚である。ここでも個と普遍の同性的ないし相即的関係が主張されている。『善の研究』における純粋経験（とくにもっとも理想的で究極的な純粋経験である「知的直観」）と根源的統一力（神）との関係は、宗教的意識と絶対無の場所との関係に置き換えられ、それがともに絶対無の自覚として統一されている。

この時期における西田の宗教論の特徴は、個の側における悪の問題が正面から取り上げられ、究極的に道徳的自己が破綻し、その自己否定を媒介として宗教的世界があらわれる、と論じられていることである。ここでは宗教はもはや道徳の延長上に連続してあるのではなく、道徳的なものとの断絶において、すなわち非連続としてある。この意味で、この時期の宗教論は宗教の自覚的段階であるといえるだろう。(10)けれども、絶対無の自覚が「見るものも見られるものもなく色即是空空即是色の宗教的体験」と定義されているように、この時期においては、宗教はまだ自己の側から、自己の否定的転換としてとらえられていて、それが同時に場所の側から場所自身の否定的転換として見られるという要素は希薄である。

最晩年の宗教論

晩年の西田の宗教論は遺稿「場所的論理と宗教的世界観」（以下、「宗教論」と略称する）において、よく整理された形で提示されている。この時期の宗教観の特徴は他力的要素が強いことと、宗教がわれわれの自己の側から考えられているとともに、超越者（絶対無）の側からも考えられていることである。この論文で頻繁に用いられている「逆対応」の観念がそのことをよくあらわしている。晩年の西田の宗教論を考察するにあたっては、その遺稿において初めて提示された「逆対応」の論理と、それまでの「絶対矛盾的自己同一」の論理との関係および異同の問題、また「宗教論」において頻出する「絶対的一者」という用語と「絶対無」の関係の問題がその重要なテーマとなるだろう。

その最晩年を除いて、前期から後期にいたるまでの西田の宗教観は、ときおり親鸞やアウグスティヌスあるいはキルケゴールなどへの強い共感や傾倒を吐露しながらも、しかし全体としては禅仏教にもとづく自力的な色彩の強い宗教観であった。そしてその核心は、われわれの自己の自己否定的転換をとおして真の自己を徹見することにあったといえる。その神髄はまさしく禅宗でいう「大死一番絶後に蘇える」ことにあるのであって、実際、西田自身そのことを、たとえば白隠の高足である古郡《ふるごおり》兼通の偈「万仭崖頭撒手時、鋤頭出火焼宇宙、身成灰燼再蘇生、阡陌依然禾穂秀」（万仭《ばんじん》の崖頭から手を撒《さっ》する時、鋤頭《じょとう》火を出して宇宙を焼く、身灰燼《かいじん》と成りて再び蘇生し、阡陌《せんぱく》依然として禾穂《かすい》秀ず）でもって示している。[11] この偈を西田流に表現すれば、われわれの自己が絶対の自己否定を媒介として、自己の根底が絶対無であることを自覚することであった。

しかし、晩年の「宗教論」においては、宗教はわれわれの自己の側の自己否定の働きと、超越者の側の自己否定の働きとの相互対応として特徴づけられている。もともと「宗教論」は浄土真宗の信仰を哲学的に根拠づけようとしたものであったから、このような他力的要素が前面にあらわれるのは当然であるともいえるが、しかしこうした逆対応の思想ならびに他力的信仰への傾倒は、太平洋戦争の末期という未曾有の歴史的状況を抜きにしては考えがたい。この時期、（それまで）一貫してカント主義者であった田辺元が京都大学の最終講義を「懺悔道」というテーマでおこない、その講義の一部を『私観教行信証の哲学』として上梓し、また世界への禅の唱道者である鈴木大拙は『日本的霊性』を書いて、「名号の論理」を展開した。さらに、三木清は昭和一八年（一九四三）末頃から二〇年（一九四五）三月に検挙される直前まで「親鸞論」を執筆しつづけた。もはや個人の力ではどうにも抗《あらが》うことのできない巨大な時代の波が否応なく個人を呑み尽くそうとしていたのである。ここにいたっては「もはや成るようにしか成らない」といった一種の諦念が個人の意識を蔽いつくしていたように思われる。(12) それが、彼らを浄土仏教、とくに親鸞の他力信仰へと向かわせる要因となったのではなかろうか。

以下において、「逆対応」の論理を中心とした西田の最晩年の宗教論を見てみよう。

2 遺稿「場所的論理と宗教的世界観」

西田幾多郎の遺稿「場所的論理と宗教的世界観」は昭和二〇（一九四五）年二月四日に起稿され、四月一四日に脱稿された。日記を見ると、二月四日の欄には「「場所的論理と宗教的世界観」をはじめる」とあり、四月一四日の欄には「宗教論一先了」とある。およそ七〇日をかけて著わされた西田の最後の完成論文である。しかし、この論文は当時の出版事情の悪さや、空襲による印刷工場の火災などもあって、ついに西田の生前（西田は同年六月七日に死去）には発表されることなく、翌昭和二一（一九四六）年二月、論文「生命」とともに、『哲学論文集第七』として岩波書店から刊行された。

この「宗教論」には、それまでにはなかった新しい二つの用語が頻繁に用いられている。一つは「逆対応」という用語であり、もう一つは「絶対的一者」という用語である。こうした用語上の変化には、どのような思想上の変化がともなっていたのであろうか。

「逆対応」という言葉は「絶対矛盾的自己同一」に代わるものとして、また「絶対的一者」という言葉は「絶対無」（正確に表現すれば「絶対無の場所」）に代わるものとして使用されていることは明らかであるが、しかし西田がそうした言葉でもって、いったい何をいおうとしたのか、あるいは何を含意させようとしたのかは不明である。彼自身はそれについて何も語っていない。それで、戦後、西田の近親者たちの間で、とくに「逆対応」の論理の解釈をめぐって、ちょっとした論争があった。高坂正顕、高山岩男、北森嘉蔵などは、逆対応を、絶対矛盾的自己同一に「百尺竿頭一歩を進める」論理として受け取ろうとした（田辺元もそうであった。『哲学入門』参照）。しかし、務台理作《むたいりさく》や、やや下って阿部正雄や上田閑照《しずてる》などは、逆対応を絶対矛盾的自己同一と本質的に違いのないものとして、とくにその「絶対矛盾的」の意味を先鋭化し論理化したものとして解釈し、その「自己同一」の部分は、同じくこの宗教論で初めて提示された「平常底《びょうじょうてい》」という用語によってあらわされていると解釈した。つまり、従来の「絶対矛盾的自己同一」という言葉は、その最晩年の「宗教論」において「絶対矛盾的」と「自己同一」の二つに分節され、それぞれ「逆対応」と「平常底」によって明確にされたと考えた（ちなみに平常底というのは、南泉の「平常心」に由来するもので、宗教的に究極的なありかたや態度をあらわす言葉である）。

筆者自身も、この後の方の解釈をとっている。その当否は、西田がこの時期に鈴木大拙や務台理作に宛てた書簡を見れば了然であろう。高坂や高山や田辺はこうした書簡の存在を知らなかったが、そこには、「宗教論」が絶対矛盾的自己同一の論理を基礎としており、またそれが鈴木大拙のいう「即非の論理」と合致しているということが繰り返し力説されている[13]。

先に指摘したように、逆対応は絶対矛盾的自己同一の「絶対矛盾的」という部分を論理的に先鋭化したもので、同じく「自己同一」の部分を先鋭化した「平常底」の論理と一対のものとして考えられるべきだと思われる。そのことは、たとえば西田が「逆対応」という言葉を使用する際、逆対応的に「接する」とか、「触れる」とか、「応ずる」とかいった表現を用いているが、この「接する」とか、「触れる」とか、「応ずる」とかいう言葉の内に「自己同一」という意味が込められているように思われる。同様に、西田は「平常底」という言葉を用いる際、きまって「終末論的平常底」とか、「終末論的なる処、即ち平常底」といういい方をしている。ここで終末論というのは、歴史の始まりと終わりがこの絶対現在において同時存在的であるということを表示しているので、そこに「絶対矛盾的」という意味が込められているように思われる。(14)

いずれにしても、西田の絶対矛盾的自己同一の論理は、最晩年の「宗教論」において、新たな局面が開かれ、新たな立場へと展開していったというよりも、それが「絶対矛盾的」という要素と「自己同一」という要素に分節され、前者は「逆対応」として、また後者は「平常底」として、それぞれ明確にされ、具体化されたといえるだろう。

3 逆対応とは何か

逆対応の意味

逆対応というのは絶対と相対が相互に自己否定的に対応しあっている関係をいう。絶対は文字どおり「対を絶したもの」であるから、相対に対することはない。もし絶対が相対に対するとすれば、それ自身、一つの相対に堕してしまう。しかし、一方、何ものにも対することのないものは無であって、何ものでもない。それで、絶対は、対を絶したものであると同時に、何かに対するものでなければならないことになる。この意味で、絶対は自己矛盾的存在である。

では、われわれは絶対をどう考えたらよいであろうか。どう考えたらこのアポリアは解決されるだろうか。西田の考えを示すとこうである。絶対は自己自身を否定し、その否定した自己自身に対する。絶対とは、いわば自己否定作用であって、不断に自己自身を否定する。そうして否定された自己に対する。相対とは、この絶対の否定態にほかならない。相対は絶対の顕現であり、その自己限定の諸相である。西田が個を「一般者の自己限定」とか、「絶対無の自覚的限定」とかいうのは、この意味においてである。

一方、相対はそれ自身では絶対に対することはできない。もし、相対が絶対に対するとすれば、相対はそれ自身が一つの絶対であることになろう。では、相対はどうすれば絶対に対することができるか。西田の答えはこうである。相対はそれ自身を否定することによって初めて絶対に対することができる。しかるに、相対が自己自身を否定するとは絶対となることである。

だとすれば絶対も相対も、ともに自己自身を否定することによって初めて相対《あいたい》することができる。対極の位置にある絶対と相対は相互の自己否定をとおして対面していることになる。そして絶対と相対のこのような相互否定的な対応関係を西田は「逆対応」と呼んだ。宗教的信仰において、神と人間、仏と衆生が相対するのはこのような逆対応によるのである。

逆対応という言葉は、従来、西田が「逆限定」とか「逆作用」とか呼んでいたものにあたるだろう。これまで西田は主として個物と一般や、自己と環境との関係を論じてきたので、逆限定や逆作用という表現でもよかったが、神と人間や、仏と衆生の関係をあらわすには、限定とか作用とかいう言葉よりも、仏が人間や衆生の働きに対応するという表現の方が適切であろう。それで、西田は弟子の務台理作が『場所の論理学』（昭和一九（一九四四）年一一月）で用いていた「場所的対応」という言葉にヒントを得て、逆対応という言葉を使用するようになったのである。務台宛の書簡には「私は対応ということをまだ入れていなかったが、之を入れると都合がよい(15)」とある。

対応という言葉の方が相応しい。神が人間を限定するとか、仏が衆生に作用するとかいうよりも、神や

神と人間・仏と衆生

逆対応とは、神と人間あるいは仏と衆生との間に見られる相互否定的な対応関係を表示する概念である。たとえば一方に、弥陀の救済をもとめる衆生の声があり、他方に、迷える衆生を救おうとする仏の呼び声がある。それが「南無阿弥陀仏」という六字の名号において合致している。この名号は阿弥陀仏に救いをもとめる衆生の側から発せられる悲痛な叫びであるとともに、たとえ極悪の地獄に堕ちてでも衆生を救わんとする阿弥陀仏の側から発せられる悲願の声でもある。此岸からの「もとめる声」と彼岸からの「呼びかける声」が相互に逆対応している。もとめる声が強くなればなるほど呼びかける声も強くなる。それが、二種の深信や機法一体観の根底に見られる論理的構造であるというのである。そしてそうした宗教的関係を衆生の側から見れば、「善人なをもて往生をとぐ、いはんや悪人をや(16)」の信念となり、「弥陀の五劫思惟の願をよくよく案ずれば、ひとへに親鸞一人がためなりけり(17)」の確信となるのである。

絶対と相対との間のこうした逆対応的関係はキリスト教のいわゆる「神のケノーシス」の思想にも認められる。ケノーシス（κένωσις）というのは、「謙虚あるいは自己を空しくすること」の意であるが、新約聖書の『ピリピ書』には、「キリストは神の形であられたが、神と等しくなることを固守すべき事

とは思わず、かえって、おのれをむなしうして下僕《しもべ》の形をとり、人間の姿になられた。その有様は人と異ならず、おのれを低くして、死に至るまで、しかも十字架の死に至るまで従順であられた」[18]とある。こうした神の子の受肉は、人間の側から見れば、「もはや私が生きているのではない、キリストが私の内で生きておられるのである」[19]という確信になり、「アダムによってすべての人が死に、キリストによってすべての人が生かされる」[20]という信念になる。そこには、神の働きと人間の働きとの間の逆対応的関係が認められる。

さらに西田は逆対応を説明するのに、しばしば大燈国師の「億劫相別れて而も須臾も離れず、尽日相対して而も刹那も対せず」という言葉を引用している。これもまた絶対と相対、仏と衆生の間の絶対矛盾的、逆対応的関係を表現したものと見ることができる。仏と衆生は絶対に隔絶しているとともに、寸毫も隔絶していない。逆方向にあるものが相互に自己否定的に対応しあっている。仏と衆生との間に見られるこうした即非的関係を表示するのに、「逆対応」という言葉がうってつけだと西田は考えたのである。

ちなみに禅仏教では啐啄《そったく》同時ということをいう。啐とは雛が内側から殻をつつくこと、啄とは母鶏が外側から殻をつつくことで、この内側からの雛の働きと外側からの母鶏の働きが対応して一機であることをいう。通常は、師家（老師）と弟子（修行者）との働きが呼応しあっていることとの譬えとして用いるが、これもまた逆対応の一つのヴァリエーションと見ることができるだろう。

このように、逆対応は神と人間、仏と衆生との間に顕著に見られる宗教的関係を表示する概念である。神と人間、仏と衆生のように、対極にあるものが相互の自己否定をとおして逆方向から対応しあっている。一方の自己否定の働きと他方の自己否定の働きが相互に対応しており、この二つの働きは相即不離というよりも、一体不二の関係にある。そして、このような自己否定的な対応関係を逆対応と呼ぶのである。このことは「我々は自己否定的に、逆対応的に、いつも絶対的一者に接して居る」[21]とか、「我々の自己は、ただ死によってのみ、逆対応的に神に接する」[22]という言葉からも明らかだろう。

逆対応はもともと浄土真宗の信仰に論理的根拠を与えようとしたものであったが、西田は、真宗の信仰が内に有しているそうした論理的構造は、ただ単に浄土門ばかりでなく聖道門にもあてはまり、あるいはまた仏教だけでなくキリスト教にも共通して見られると考え、逆対応の論理を広く宗教一般に通ずる論理として提唱したのである。[23]

4 内在的超越と超越的内在

超越即内在・内在即超越

ところで、この逆対応の論理の核心は何であるだろうか。それは絶対と相対との間の相互否定的な相即的関係の主張にある。そこでは絶対が相対であり、相対が絶対であるという絶対矛盾的自己同一的な論理的構造が説かれている。むろん、絶対はあくまで絶対であって相対ではない。同様に相対はあくまで相対であって絶対ではない。純粋に論理的関係においては絶対と相対は対極にある。しかし宗教的関係においては、同時に絶対が相対の内にあり、相対が絶対の内にある。絶対と相対は一体にして不二なるものである。それは、いいかえれば、超越的なものが内在的であり、また内在的なものが超越的であるということであろう。超越即内在であり、内在即超越である。そしてその場合、われわれはさらに、その超越者に内在的な超越者と超越的な内在者とを考えることができるだろう。

たとえば「億劫相別れて而も須臾も離れず、尽日相対して而も刹那も対せず」という大燈国師の偈にある絶対は、内在的方向の極限に考えられた超越者であるのに対して、阿弥陀仏やキリストは内在化された超越者としての絶対である。西田が「宗教論」において、それまで常用していた「絶対無」という言葉のかわりに、「絶対的一者」とか「絶対者」とか、あるいは「絶対有」とかいった言葉を多用しているのは、こうした超越的内在者としての絶対を表現するためであったと考えられる。「弥陀の五劫思惟の願をよくよく案ずれば、ひとへに親鸞一人がためなりけり」と自覚したときの阿弥陀仏は、もはや衆生から超絶した疎遠な超越者ではなく、親鸞という一個人との生き生きとした個別的関係に入りこんだ超越的内在者としての阿弥陀仏である。同じく「もはや私が生きているのではない、キリストが私の内で生きておられるのである」と自覚したときのキリストは、よそよそしい超越者としてのキリストではなく、パウロのなかに生きて活動している超越的内在者としてのキリストである。しかもこうした超越的内在者としての阿弥陀仏やキリストは、同時に衆生や人間とは別個の人格と考えられているがゆえに、それを「絶対無」と呼ぶことは相応しくないから、それで「絶対的一者」という言葉を用いたものと思われる。「宗教論」において西田が、再三、「絶対有」とか「絶対者」とかいう言葉を、「絶対無」とほぼ同義で用いているのも同一の理由によると思われる。要するに、それは信仰や帰依の対象としてノエマ化された超越者である。

内在的超越のキリスト

では、この二種の超越者すなわち内在的超越と超越的内在はどのような関係にあるのであろうか。あるいはその異同はどのような点にあるのだろうか。

内在的超越も超越的内在もともに根源的実在であるという点では一致している。またそれは内在即超越・超越即内在という性格を有しているという点でも符合している。内在的なものと超越的なものが絶対矛盾的自己同一的関係を有しており、相互に逆対応的に接しあい触れあっている。仏や絶対無は、われわれの自己にとって内の内なるもの、底の底なるものであり、究極の内在者であるとともに内在的超越者である。それは、フッサール的用語をもってすれば、ノエシスのノエシスあるいは純粋ノエシスともいうべきものであって、西田自身、再三、そうした言葉を使用している。しかし、それは同時に現象としてのわれわれの自己自身が本来的に内に有している特性でもある。そして、この意味では、自己が仏であり、仏が自己である。自己が絶対無であり、絶対無が自己である。仏や絶対無は真正の自己であり、絶対自者である。

けれども神と人間との関係を考えた場合、たとえ神が受肉をしてキリストとなり、そのキリストが我に内在しているとしても、それは超越的に内在しているのであって、内在的に超越しているわけではない。たとえキリストが我のなかで生きて活動しているとしても、我はどこまでも我であり、キリストはどこまでもキリストである。両者はまったく異なった別個の人格である。このことは、一般に考えられている阿弥陀仏についてもいえる。阿弥陀仏はあくまでも信仰や帰依の対象であって、われわれの自己の本体でもなければ、真正の自己でもない。キリストや阿弥陀仏は外在的方向に、あるいは対象的方向に考えられた超越者であって、それが同時に衆生や人間の内に生きて働いているのである。それらはあくまでも救世主であり救済者である。キリストや阿弥陀仏は絶対他者である。

では、この内在的超越者と超越的内在者はどちらが根源的であるのだろうか。西田哲学においてはつねにノエシスはノエマよりも根源的であると考えられている。ノエマ的なものはつねにノエシス的に超越される。ノエシスはノエマを包み、自己をノエマ的に限定する。それゆえに根源的な実在はノエシスのノエシスであり、純粋ノエシスである。それはノエマ的には絶対に無にして、自己を自覚的に限定する働きである。仏や絶対無はこのような性格のものとして考えられ、位置づけられているといってよかろう。

このように、西田においては超越者は内在的方向の極限に考えられている。仏や絶対無はむろんのこと、阿弥陀仏も内在的超越者として考えられているばかりか、キリストでさえ内在的方向に考えられるべきであるということが示唆されている。それはいわば内の内なるものであって、内の外なるものではない。あるいは内なる内であって、内なる外ではない。このことは「宗教論」の末尾にある「新しいキリスト教的世界は、内在的超越のキリストによって開かれるかもしれない」(24)という言葉によって明らかであろう。それればかりか、西田は「私は将来の宗教としては、超越的内在よりも内在的超越の方向にあると考えるものである」(25)とさえいいきっている。それは、仏がそうであるように、阿弥陀仏やキリストもまたわれわれの自己の本体であり、真正の自己であることを主張しようとするものと理解される。

仏や神は、本来、われわれの自己の根源であり本体である。それは純粋ノエシスともいうべく内在的超越者である。それはいかなる意味でも対象化できないものであり、その意味で「絶対無」である。けれども人間の側から見た場合、内在的超越者よりも超越的内在者の方が具象的であって、信仰の対象となりやすい。ノエシス的方向に超越者をもとめるよりも、ノエマ的方向にもとめた方が帰依の対象となりやすい。人は具象的な超越者を心に想い描き、そうした超越者に向かって自己の苦悩や願望を告白することによって心の安定を得ることができる。そこに根源的超越者がノエマ化される論理的必然性がある。ノエシスの極限にあるものが、いつしか対象化されて外在的超越者となる絡繰《からく》りがここにある。そして、真正な宗教においては、その外在的超越者は人間に疎遠な超越者ではなく、同時に人間に内在的な超越者つまり超越的内在となるのである。「父なる神」が「子なるキリスト」となるのである。単に外なるものが、内の外なるもの、あるいは内なる外になるのである。

同じように、「法身《ほっしん》」は姿も形もなく法つまり真理を身体とする仏である。これは究極の仏であるが、われわれ衆生のとってはまったく疎遠な超絶的な仏である。衆生は苦悩や不安からの救済を超絶的な仏にではなく、具象的となった仏にもとめる。このような衆生の願望に答えて方便としてあらわれたのが「応身《おうじん》」である。

しかし西田が説く内在的超越はこの法身でも応身でもない。いわば自分の内に内在化された阿弥陀仏である。自己の根源としての阿弥陀仏である。単なる内的超絶者でもなければ、内なる外でもない。それは内の内なるものであり、内なる内である。いいかえれば、阿弥陀仏が自己であり、自己が阿弥陀仏である。キリストが自己であり、自己がキリストである。ここでは阿弥陀仏やキリストが真正の自己あるいは本来の自己の代表もしくは理想として位置づけられている。

西田は「宗教論」の終わりのところで、ドストエフスキーの『カラマゾフの兄弟』の「大審問官」の一節を引いて、自己流の解釈を提示し、そこで終始影のように無言であるキリストを「内在的超越のキリスト」と表現し、それにつづいて「新しいキリスト教的世界は、内在的超越のキリストによって開かれるかもしれない」と述べている。この「内在的超越」という言葉の意味は今ひとつはっきりしないが、そのすぐ後で「中世的なものに返ると考えるのは時代錯誤である。自然法爾的に、我々は神なきところに真の神を見るのである(26)」と書かれているところを見ると、それは対象的・超越的方向に考えられた神ではなく、自己の内の内、あるいは底の底に考えられた神であり、またノエマ的方向に考えられた超越者ではなく、ノエシスのノエシス、ノエシスの極限に考えられた超越者であるように思われる。それで、「我々は神なきところに真の神を見る」といわれているのであろう。この意味で、自己と神は互いに相含関係にある。務台理作宛の書簡には「私は浄土宗の世界は煩悩無尽の衆生ありて仏の誓願あり、仏の誓願ありて衆生ある世界と思って居ります(27)」とある。

ただ、この内在的な神や仏は「超越的内在」とも考えられ、「内在的超越」とも考えられる。一般に、キリストは「超越的内在」であるのに対して、仏は「内在的超越」と考えられているが、西田はこの「宗教論」の最後で、「ただ私は将来の宗教としては、超越的内在よりも内在的超越の方向にあると考えるものである(28)」とある。超越的内在と考えられた神や仏はわれわれの自己とは別個の人格であるのに対して、内在的超越と考えられた神や仏は究極的には真正の自己である。あるいは自己の本体である。そこには、超越者とわれわれの自己との間の懸隔はない。両者は一体にして不二なるものである。西田が考える超越者は最終的にはこのような性格のものであったのではなかろうか。そしてこの点で、「内在的超越のキリスト」という表現はきわめて意味深く、示唆するところ大きいように思われる。

註

（1）西田幾多郎『善の研究』（全注釈　小坂国継）、講談社学術文庫、二〇〇六年、一二〇頁。旧版、第一巻、四五頁。新版、第一巻、三七頁。

（2）西田幾多郎『善の研究』三八五頁。旧版、第一巻、一七二頁。新版、第一巻、一三八頁。

（3）旧版、第十一巻、四一八頁。新版、第十巻、三三一頁。

（4）旧版、第十一巻、四五五頁。新版、第十巻、三五九頁。

（5）旧版、第十一巻、四五六頁。新版、第十巻、三六〇頁。

（6）旧版、第十一巻、四五九～四六〇頁。新版、第十巻、三六三頁。

（7）「統一的或者」とも「潜在的一者」とも呼ばれ、また『思索と体験』では「動的一般者」と呼ばれている。

（8）西田幾多郎『善の研究』六七頁。旧版、第一巻、二五頁。新版、第一巻、二二頁。

（9）拙稿「自然の形而上学と心の形而上学」（『研究紀要』（日本大学経済学部）、第六二号、二〇〇九年一〇月）参照。

（10）拙著『西田哲学を読む2――「叡智的世界」』（大東出版社、二〇〇九年）参照。

（11）旧版、第五巻、一八二頁。新版、四巻、一四六頁。なおこの偈の解釈に関しては、木村素衛宛書簡（昭和一四（一九三九）年一一月三〇日）に詳しい。

（12）長與善郎宛書簡（昭和一九（一九四四）年七月三日）参照。

（13）鈴木大拙宛書簡（昭和二〇（一九四五）年三月一一日、五月一一日）、務台理作宛書簡（昭和一九（一九四四）年一二月二二日、昭和二〇（一九四五）年一月六日、同月二〇日）、西谷啓治宛書簡（昭和二〇（一九四五）年一月六日）参照。

（14）阿部正雄「西田哲学における〝逆対応〟の問題、その批判的理解のために（一）（二）」『理想』五六二、五六五号（一九八〇年三月、六月）参照。
(15) 務台理作宛書簡（昭和二〇年一月二五日）。
(16) 『歎異抄』第三段。
(17) 『歎異抄』後序。
(18) 『ピリピ書』2・6〜8。
(19) 『ガラテヤ書』2・20。
(20) 『コリント書』15・22。
(21) 旧版、第十一巻、四二九頁。新版、第十巻、三四〇頁。
(22) 旧版、第十一巻、三九六頁。新版、第十巻、三一五頁。
(23) 拙著『西田哲学を読む1――「場所的論理と宗教的世界観」』（大東出版社、二〇〇八年）参照。
(24) 旧版、第十一巻、四六二頁。新版、第十巻、三六五頁。
(25) 旧版、第十一巻、四六三頁。新版、第十巻、三六六頁。
(26) 旧版、第十一巻、四六二頁。新版、第十巻、三六五頁。
(27) 務台理作宛書簡（昭和一九年一二月二一日）。
(28) 旧版、第十一巻、四六三頁。新版、第十巻、三六六頁。

第七章　叡智的世界

1　成立の経緯と時代背景

「叡智的世界」の成立の経緯

「叡智的世界」は中期西田哲学を代表する論稿である。いわゆる「場所」の論理がもっともまとまった形で叙述された論文といえるだろう。また、もっとも形而上学的色彩の強い著作でもある。この論文において、西田幾多郎は、まず、われわれにとってもっとも身近な自然的世界から出発して、それを包む意識的世界へと進み、そこからさらに叡智的世界へと超越して、徐々に形而上学的階梯を昇っていき、最終的に、究極的な実在である「絶対無の場所」あるいは「絶対無の自覚」の世界へといたっている。それは現象界から実在界へと昇華するわれわれの自己の意識の自覚的な行程である、といってもよいであろう。また同時に、そこでは、認識、芸術、道徳、宗教、哲学等のそれぞれの領域とその相互の関係が論じられている。(1) きわめて体系的な論文であり、また晦渋をもって知られる西田の著作のなかでは比較的に輪郭のはっきりした著作であるといえるだろう。かつて西田の作品のいくつかを欧文に翻訳しようという企画が立てられたとき、最初に選ばれた論文が、この「叡智的世界」であったというのもうなずける。(2) 西田の形而上学のエッセンスがきわめて要領よくまとめられている。また、文章としても美しく、いわゆる名文の部類に入ると思われる。

この論文は、最初、同名のタイトルで京都大学文学部哲学科の機関誌『哲学研究』第一五一号（昭和三年（一九二八）一〇月）に掲載され、のちに若干の字句の修正をへて、単行本『一般者の自覚的体系』（昭和五年一月）に収録された。西田は昭和三年八月に京都大学を停年退職しているので、「叡智的世界」は彼の停年後の最初の著作ということになる。満年齢にして五八歳のときの著作である(3)。

当時の内面的生活

この頃、西田の名声は日本全国に隈《くま》なく広まり、彼の思想は「西田哲学」という固有名詞でもって呼ばれるようになっていた。また、自分が主任教授をつとめる京都大学の哲学科に、田辺元、波多野精一、和辻哲郎、九鬼周造等の多彩な人材を招聘して、いわゆる「京都学派」の基礎を築き、三木清、谷川徹三、戸坂潤、務台理作、高坂正顕、西谷啓治、木村素衛、高山岩男、下村寅太郎等、多くの俊英がその下に集まった。

このように、当時、西田をとりまく環境は、外見的にはいかにも華やいで見えたが、一方、その内面的生活はきわめて暗く陰鬱なものであった。不幸と苦悩の連続であったといってよい。そして、それは何もこの時期にかぎったことではなかった。西田は、幼少期から、生家の没落、父親との確執、病弱な身体、肉親との死別等の問題に遭遇し煩悶したが、この時期は、とくに家庭内の相次ぐ不幸に苦しんだ。大正八年九月、妻壽美《ことみ》が脳溢血で倒れ、それ以後、病床生活を余儀なくされた。翌九年四月、長男謙《けん》が腹膜炎をおこして入院、二カ月後、京都大学への入学を直前にして急逝、同一四年一月、壽美が六年におよぶ闘病ののちに死去。この間、二女静《しず》が肺炎で、また四女友子《ともこ》と六女梅子《うめこ》がチフスに罹患してそれぞれ入院し、床についた。そして、昭和六年一二月に山田琴《こと》と再婚するまで、十余年もの間、西田は病弱な三人の娘をかかえて、主婦のいない、温かさと潤いを欠いた家庭生活を送ることを強いられた。この頃、旧友山本良吉に宛てた書簡には、「人生というものは唯苦労の連続と思われます」（大正一二年一月七日）と記している。

また、第四高等学校教授時代の旧友堀維孝に宛てた書簡には次のように書かれている。

何かの風の吹き廻しで私も一犬虚に吠えて万犬実を伝うという様に虚名がひろがり　外面には花やかに見えたもののこの十年来家庭の不幸には幾度か堪え難い思いに沈みました　花やかな外面も深い暗い人生の流れの上に渦まく虚幻の泡にすぎませぬ　いろいろの仕事も自己を慰める手段であったかもしれませぬ　今度停年に達したのを幸　全然隠遁の生活に入って唯僅かばかり残されたる仕事の完成に従事したいと思っています（昭和三年九月二〇日）

人生の黄昏時を迎えた西田の鬱々とした心境がよくあらわれている。このような境涯を反映してか、この頃、西田が作った和歌には人生の苦悩や悲哀を詠んだものが多い。

子は右に母は左に床をなべ／春はくれども起つ様もなし
しみじみと此人生を厭いけり／けふ此頃の冬の日ごと
運命の鉄の鎖にひきずられ／ふみにじられて立つすべもなし
かくてのみ生くべきものかこれの世に／五年こなた安き日もなし

また、この頃、西田は彼の著作のなかで「哲学の動機は〈驚き〉ではなくして深い人生の悲哀でなければならない」(4)といい、また「古来、哲学と称せられるものは、何らかの意味において深い生命の要求に基づかざるものはない。人生問題というものなくして何処に哲学というべきものがあるであろう」(5)ともいい、さらには「私は人生問題というものが哲学の問題の一つではなく、むしろ哲学そのものの問題であるとすら思うのである」(6)とさえいっている。

人生問題と霊性問題

一般に、西田哲学はきわめて難解であって、抽象的な論理を振りまわす思弁的な哲学の典型であるかのように受けとられているが、その哲学の動機は、このようにきわめて日常的で具体的な人生問題と深く結びついていた。われわれが日頃、経験する悲哀の意識、あるいは「人生とは何か」という疑問が哲学のはじまりである、というのである。西田哲学のなかでも、もっとも煩瑣で晦渋であるといわれる「場所の論理」が形成されたのは、じつは西田がその内面的生活においてもっとも苦悩した時期であったということに、とくに留意する必要がある。それは現実の世界から遊離した抽象的思弁の産物などではけっしてない。反対に、日常の生に対する煩悶から絞りだされた「血滴々地」たる思想であるのである。

若い頃から、西田の関心は人生問題に集中された。三〇代の日記には、「学問は畢竟 life の為なり、life が第一等のことなり、life なき学問は無用なり」(7)(明治三五年二月二四日)と記され、また「余は……life の研究者とならん」(8)(明治三八年七月一九日)と記されている。西田の問題関心が奈辺《どのへん》にあったかがよくわかる。彼はつねに抽象的な議論を忌避して、人生問題についての具体的な指針をもとめた。

しかし、西田の思想の特徴は、それが「人生とは何か」とか、「人はいかに生きるべきか」とかいった倫理学的な方向には向かわず、「自己とは何か」とか、「自己の在処は何であるか」とかいった形而上学的ないし宗教哲学的な方向に向かっていることである。先の日記の記載と同じ頃、西田は友人に宛てた書簡のなかで「小生の専門とする学科は……純正哲学（Metaphysics）及認識論（Theory of knowledge）にて倫理は好む所にあらず」(9)（田部隆次宛、明治四一年七月一六日）と語っている。このように、人生問題の探究が同時に霊性問題の探究に直接しているところに、西田の思想の特徴があるといえるだろう。そこでは、人生の悲哀と自己という存在に対する惑いが、「自己の根源は何であるか」という形而上学的な問いへと直結している。彼が二〇代から三〇代にかけて熱心に参禅をしたのも、こうした問題意識と深い関連があったと思われる。

以上、西田の思索が人生問題すなわち人生に対する悲哀の意識と自己という存在に対する惑いから出発して、「自己とは何か」「自己の根源とは何か」という形而上学的問題へと収斂していっている、ということを述べた。こうした特徴は西田哲学のどの時期においても共通して認められる。この意味では、西田哲学はつねに宗教哲学的あるいは形而上学的傾向を帯びている、といえるだろう。

2　純粋経験と自覚

『善の研究』と純粋経験説

周知のように、西田の処女作は『善の研究』（明治四四年（一九一一）一月）であり、その思想は「純粋経験」であった。純粋経験というのは、西田の定義によれば、「未だ主もなく客もない、知識とその対象とがまったく合一している[10]」ような意識状態のことをいう。いわゆる「主客未分」の意識現象である。同書において、西田は「純粋経験を唯一の実在としてすべてのものを説明しよう」としている。この点では、W・ジェームズの pure experience の思想とまったく一致しているといってよいだろう。純粋経験は、西田にとっては「我々の思想のアルファでありオメガであり[11]」、ジェームズにとっては「世界を構成する根本素材(primal stuff)[12]」であった。いわゆる主観と客観というのは、西田にとっては純粋経験の分化発展の過程における二つの契機をいうのであり、ジェームズにとっては、現在の経験が過去の経験群との関係において果たす役割をいうのである。若干、説明の仕方の相違はあるが、純粋経験を唯一の実在と考え、自余のいっさいのものを純粋経験自身の働きから説明しようとしている点ではまったく一致している。

また、両者は経験をどこまでも能動的と考えている点でも一致していた。ジェームズが彼の経験理論を、イギリスの経験論者やカントのそれと区別して、「根本的経験論」(radical empiricism)と称したゆえんである。経験はどこまでも能動的であり、経験と経験との関係も、それ自身また一つの経験である。ただ「純粋経験の世界」だけが実在するのであって、純粋経験のほかに何か別のものがあるわけではない。

さらに、両者は純粋経験としての自己をあくまでも機能的なものとして考え、けっして実体的なものとは考えていなかったという点でも一致している。ジェームズにとって、自己とは不断の「意識の流れ」につけた名称にほかならなかった。この点は、西田においても同様であって、『善の研究』の「序」には、「個人あって経験あるにあらず、経験あって個人あるのである[13]」と述べられている。まず私という存在があって、その私が種々の経験をするのではない。むしろ私というのは、不断の経験の流れにつけた名称にすぎないのである。

けれども、西田のいう「純粋経験」はジェームズのそれとまったく同じというわけではなかった。ジェームズは、経験はその本性上個人的であると考え、普遍的な経験の存在を認めなかった。「普遍的な経験」という言葉自体が矛盾である、と彼はいっている。ジェームズの経験論は、彼自身が自分の哲学を評して「複数の事実の哲学」[14]と呼んでいるように、本質的に多元論的である。これに対して西田は、個々の経験の背後ないし根底に普遍的な意識（「根源的統一力」とか、「統一的或者」とか、あるいは「動的一般者」とか、種々の名称で呼んでいる）があって、前者は後者の顕現であり展相である、と考えていた。この点では、西田の純粋経験説は、ジェームズの根本的経験論よりも、むしろドイツ観念論哲学、とくにヘーゲルの「具体的普遍」（konkrete Allgemeinheit）の思想に近い。「意識の範囲はけっしていわゆる個人の中に限られておらぬ。個人とは意識の中の一小体系にすぎない[15]」といい、「個人的経験とは経験の中において限られし経験の特殊なる一小範囲にすぎない[16]」、ともいっている。

このように西田の純粋経験説は、個々の純粋経験を唯一の実在と考えるという点では、ジェームズのそれと同様、多元論的であるが、同時にそうした経験の背後ないし根底に普遍的意識（根源的統一力）の存在を想定し、そして前者を後者の顕現ないし展相と考えている点では、ヘーゲルの「絶対者」の自己展開の思想と同様、一元論的である。否、正確にいえば、多元論的であると同時に一元論的であり、個体主義的であると同時に普遍主義的である。いわば「一即多元論」とでも呼ぶべきものである[17]。そして、このように個体的なものと普遍的なものを相互に隔てることなく、両者を一体にして不二なるものとして見ていこうとするのは、どの時期の西田の思想にも共通した特質である。個体の側の主体的な働きが普遍者自身の自己限定の働きと相即的関係にあるものとして考えられている。そして、個物と普遍の間に見られるこうした矛盾的自己同一的な関係は、のちに、「逆限定」とか、「逆作用」とか、さらには「逆対応」とか呼ばれるようになるのである。

『自覚に於ける直観と反省』と自覚の思想

『善の研究』を公刊してから六年後、西田は第二の主著である『自覚に於ける直観と反省』（大正六年（一九一七）一〇月）を上梓した。この著作の意図は、その冒頭に述べられているように、「主客の未だ分かれない、知るものと知られるものと一である、現実そのままな、不断進行の意識」である「直観」と、「この進行の外に立って、翻って之を見た意識」[18]である「反省」とを、「自己の内に自己を映す」という「自覚」の形式によって説明することにある。自覚においては「自己が自己の作用を対象として、これを反省するとともに、かく反省するということがただちに自己発展の作用である、かくして無限に進むのである」[19]、と西田はいっている。自己を反省するということは、自己の内に何か「或るもの」を付加することであって、それは自己についての知識であると同時に自己発展の作用でもある。こうして自覚においては、直観が反省を生み、また反省があらたな直観となって無限に発展していく、と考えられている。

ところで、ここで西田が「自覚」といっているのは、ドイツ語の Selbstbewußtsein にあたっている。したがって、本来は「自己意識」と表現すべきものであろう。それを「自己意識」ではなく「自覚」と訳しているところに、西田独自の意味あいが込められているのは明らかであろう。おそらく西田は、そこに、単に「自己自身を意識する」（self-consciousness）のではなく、「本来の自己に目覚める」

(self-awakening）という意味あいを込めているように思われる。自覚が発展していくということは、それだけ真の自己に目覚めていくということであるのである。

それはともかく、この『自覚に於ける直観と反省』における「直観」―「反省」―「自覚」の三つの契機は、それぞれ『善の研究』における「純粋経験」―「反省的思惟」―「普遍的意識」（根源的統一力）に対応していることは明白である。『善の研究』において広義の純粋経験と考えられた「反省的思惟」の段階は、『自覚に於ける直観と反省』においては、明らかに直観（純粋経験）の外に立って、翻ってこれを見る意識として位置づけられ、さらに両者の内面的関係を明らかにするものとして「自覚」の観念が提示されている。自覚においては、自己が自己を対象として反省するということが、同時に自己を直観するということであるとともに、自己が発展するということでもある。また、こうして得られた直観はあらたな反省を生み、このあらたな反省によって、さらにあらたな自己自身が直観される。つまり自己が発展していく。こうして直観が反省を生み、反省が直観を生むという形で、自覚は無限に自己自身を発展させていくが、それは同時に自己の根源へと不断に遡源していくことでもあるのである。自覚が発展していくということは、それだけ自覚が深まっていくということであり、真の自己に目覚めていくということである。このように、自覚においては「発展は内展であ」り、「前進は遡源である」のである。

『善の研究』においては、「純粋経験」（個体）をもとにして、また「純粋経験」の側から、いっさいのものが説明された。その場合、純粋経験の根源である「普遍的意識」（根源的統一力）は背景に退いていた。この意味では、『善の研究』は個体主義の立場に立っている。これに対して『自覚に於ける直観と反省』においては、「自覚」をもとにして、自覚的展開の二つの契機として「直観」と「反省」が位置づけられている。この意味では、『自覚に於ける直観と反省』は普遍主義の立場に立っている。そして、究極的には、自覚の自覚ともいうべき「絶対自由意志」の立場に到達している。この点では、西田は「純粋経験」から「自覚」への移行において、個体主義から普遍主義へと転回した、といえるだろう。『善の研究』においては、世界は個体的経験をもとにして考察されているが、『自覚に於ける直観と反省』においては、もろもろの世界は普遍的意識の自己発展の体系として考察されており、その究極の「絶対自由意志」の立場においては、完全に彼岸の世界から此岸の諸世界が見られている。それは一種の神秘主義の立場といってもよいかもしれない。同書の「序」で、西田が、「降を神秘の軍門に請うた」[20]と述べているとおりである。しかし、こうした顕著な相違があるにもかかわらず、「純粋経験」の立場においても、「自覚」の立場においても、さらには「絶対自由意志」の立場においても、根本的実在が「作用」や「働くもの」の極点として考えられているという点では一貫している。こうした主意主義的傾向もまた、すべての時期の西田哲学に通底した特質である。

3　場所の論理

『働くものから見るものへ』と場所の論理

以上、『善の研究』から『自覚に於ける直観と反省』に至る西田の思想形成の過程を概観した。それは「純粋経験」を根本的実在と考える個体主義の立場から、「自覚」、あるいは「自覚の自覚」ともいうべき「絶対自由意志」を根本的実在と考える普遍主義の立場への進展であるが、そこでは、個体と普遍の相即的関係が一貫して主張されていることと、根本的実在がどこまでも「働くもの」あるいは「作用」として考えられているという点では一致している。ここまでの西田哲学は主意主義の立場に立っていて、根源的実在は作用や働くもののいわば「極限点」として考えられていた。それが、『善の研究』における究極的な純粋経験としての「知的直観」であり、『自覚に於ける直観と反省』における自覚の自覚としての「絶対自由意志」である。

しかるに、西田は、『自覚に於ける直観と反省』を出版してからちょうど一〇年後、彼の第三の主著である『働くものから見るものへ』（昭和二年（一九二七）一〇月）を公刊したが、この著作の「後編」に収録された諸論文、とくに「場所」において、「前編」の諸論文のように「働くもの」を根本的実在と考える立場から、さらに「働くもの」を自己自身の影として自己のなかに映して「見るもの」の立場へと転回している。それは、実在をいわば作用の「統一点」と考える立場から、その「包容面」と考える立場への転回である。これがいわゆる「場所」と呼ばれる思想であって、こうした西田の思索の転回は著作のタイトル『働くものから見るものへ』に端的に表現されている。それは従来の主意主義の立場から一種の直観主義の立場への転回である、といってよい。

場所とは何か

では、「場所」とはいったい何であろうか。「場所」という言葉は、哲学においてはあまり耳なれない言葉であるが、それは文字どおり「存在」や「作用」がそこに「於いてある」場所のことである。プラトンの『ティマイオス』における、イデアを受けとる「場所」《コーラ》（χώρα）や、アリストテレスの『デ・アニマ』における形相の「場所」《トポス》（τόπος）の考えに倣ったものだ、と西田自身はいっている。[21] しかし、その用法は同じというわけではない。西田は「場所」という言葉を、プラトンやアリストテレスのように受動的なものとしてではなく、反対に、プロティノスの「一者《ト・ヘン》」（τὸ ἕν）のように能動的で生産的なものとして用いている。

「有るもの」や「働くもの」が存在するには、それらがそこに「於いてある場所」がなければならない。たとえば「有るもの」は「空間」において、「働くもの」は「力の場」において存在するのである。(22) 同様に、主観と客観、自我と非我が関係するには、両者の関係がそこに「於いてある場所」がなければならない。たとえば、意識と対象とは「意識の野」（「対立的無の場所」とも呼ばれる）において関係するのである。このように考えていくと、いっさいの物や作用や関係を自己自身の内に包容する究極的な場所がなければならないことになる。それが「絶対無の場所」であって、「絶対無の場所」は「有るもの働くもののすべてを、自ら無にして自己の中に自己を映すものの影と見るもの」すなわち「自己自身を照らす鏡(23)」のようなものである、と考えられている。したがって、西田においては、「場所」はただ単に対象を自己の内に「包容するもの」であるだけでなく、それを自己自身の影として「見るもの」として考えられているのである。この点は、とくに留意すべきであるように思われる。場所は静的であると同時に動的であり、空間的であると同時に機能的な性格を有している。

西田のいう「場所」は、それまでの「自覚」の概念をさらに徹底させたものである、ということができるだろう。前述したように、自覚とは、「自己の内に自己を映す」ことであり、「自己の内に自己を見る」ことであった。しかし、そこでは、もっぱら「自己を映す」働きの方に力点が置かれていて、「自己の内に」の意味がまだ明確にはされていなかった。たしかに自覚は自己が自己自身を映す働きであるが、その場合、自己は自己の内に自己を映すのである（けっして自己の外に自己を映すのではない）。しかるに、この「自己の内に」の意味が仔細に検討され、深められて「於いてある場所」という概念が成立した。「自覚」は自己を映す「働き」であるが、この「働き」が存在するには、それが働く「場所」がなければばならない。この意味では、「自覚」から「場所」への転回は、「自己を映す」作用から、作用が（そこに）「於いてある場所」への力点の移動であるともいえるだろう。「自己の内に自己を映す」というのは、正確には「自己が自己という真の場所に於いて自己自身を映す」ことである。

このように、西田哲学は「純粋経験」の立場から「自覚」の立場をへて「場所」の立場へと転回しているのであるが、それは「純粋経験」から「純粋経験の自覚」をへて「純粋経験の自覚の場所」への転回である、と考えることができるだろう。それは根本的立場そのものの変化というよりも、むしろその徹底であり深化である、といわねばならぬ。西田の思索は、根本的実在を直接的な純粋経験と考える立場から出発して、純粋経験の反省的自覚の立場へと進展し、さらにそこから、純粋経験の自覚が成立する根源的な場所の立場へと徹底し、深化していったのである。

述語の論理

さて、以上のような「場所」の考えを論理化するにあたって、西田は、概念における特殊と一般との間の包摂関係と、判断における主語と述語の関係を手がかりにしている。

一般に、知識は判断によってあらわされる。知識とは、正確には判断的知識のことである。しかるに判断の典型は包摂判断である。包摂判断とは、一般的概念である述語の内に特殊的概念である主語を包摂することである。たとえば、「人間は動物である」という判断においては、主語（特殊）である人間は述語（一般）である動物の内に包摂される。その場合、われわれは一般者に「種差」（differentia specifica）を加えていくことによって、それを無限に特殊化していくことができるが、しかし一般者の特殊化をどこまで押し進めていっても、けっして個物（individuum）には到達できない。というのも、一般者の特殊化の極端である「最低種」（infima species）といっても、なお特殊であって個物ではないからである。この意味で、個物は一般者にとって超越的であり、一般者にとっては到達できない極限概念である。したがって、個物は一般者の内には包摂されず、また一般者によっては規定されない、といわなければならない。

では、このように一般者の極限にあると考えられる個物はいったいどうしたらとらえられるであろうか。西田の考えでは、判断における主語が特殊化すればするほど、それを包む述語はより大なる一般者となる。いいかえると、一つの一般者において規定することのできないものを包む一般者は先の一般者を超越したものである、といわなければならない。つまり、それはより大なる一般者であり、一般者の一般者である。すると、主語が特殊化して個物に接近すればするほど、それを包摂する述語はより大なる一般者（一般者の一般者）でなければならないことになる。そして、一般者の規定がその極限において個物にまで達したとき、この個物を包む一般者は無限大の一般者、つまりあらゆる述語を内包する一般者とならなければならないことになる。それがいわゆる「絶対無の場所」なのである。では、どうしてそれが「絶対無の場所」と呼ばれるのであろうか。無限大の一般者というのは、もはや一般概念としては規定されず、したがって対象的には無であるからにほかならない。もしそれが有であるとすれば、それを包むより大なる一般者が考えられねばならず、したがって、それはもはや無限大の一般者とはいえないことになってしまうだろう。

こうして特殊化の極限にある「個物」は一般化の極限にある「絶対無の場所」においてある、と考えられる。つまり主語面を超越した「超越的主語面」である個物は、同じく述語面を超越した「超越的述語面」である「絶対無の場所」においてあるのである。個物はあらゆる述語一般を超越したものであるから、超越的述語面において初めて規定されるというわけである。しかし、それは具体的にはどのように説明されるだろうか。

あらゆる述語一般を超越した個物がなお判断の対象となりうるとすれば、その場合、もはや個物を述語するものはないのであるから、主語である個物自身が自己の述語となる、と考えるほかはない。それは個物が無限大の述語をもつということであり、主語が自己自身の述語となるということである。ここに包摂関係の逆転が生ずる。すなわち判断における一般（述語）と特殊（主語）の包摂関係を無限に拡大していけば、特殊化の極限にあると考えられる個物は逆に最大の一般者、一般者の一般者つまり一般者の極限となり、したがって絶対無となる。なぜなら、それは、前述したように、もはや一般概念としては規定されないからである。そしてすべての特殊はこのような無限大の一般者すなわち「絶対無の場所」の内に映される、と考えられなければならない。いいかえれば、個物は自ら無にして自己の内に自己自身を映すのである。それは主語が述語となり、述語が主語となるということにほかならない。もちろん、ここでいう述語は単なる一般者（抽象的一般者）ではなく、具体的一般者であって、前者（抽象的一般者）は後者の抽象的自己限定面と考えられなければならない。

場所の論理は、一言でいえば、自己の内に自己を映す「自覚」の思想と、述語（一般）が主語（特殊）を包摂するという判断の形式が結合したものである。そしてその際、両者の結合の機縁となったのがアリストテレスの「基体」(ὑποκείμενον)の観念である。アリストテレスは基体を、「主語となって述語とならないもの」、と考えた。基体は述語的なものによって包摂されるものではなく、反対に、述語的なものは、主語となって述語とならない基体の属性である、というのである。たとえば「人間は動物である」という判断は、動物(一般)の内に人間(特殊)が包摂されているということを意味しているのではなく、人間の内に動物という性質が内属しているということだというわけである。こうしたアリストテレスの論理を西田は「主語の論理」と呼んでいる。

けれども、基体をこのように考えれば、それは判断を超越した形而上学的な存在となり、概念的には認識されず、ただ直覚によってのみとらえられるものとなってしまう。しかし、直覚も一種の知識である以上、概念的判断の形式によって表現されるとすれば、基体も何らかの意味で述語的なものにおいてあり、また何らかの意味で一般者の内に包摂される、と考えなければならない。西田は、「主語となって述語とならない」アリストテレスの基体に対して、反対に意識を「述語となって主語とならないもの」と考え、前者は後者に包摂されることによって認識の対象となる、と考えた。むろん、ここでいう述語は、主語に対立する述語(抽象的一般者)ではなく、主語面を含んだ述語面、あるいは主語面を自己自身の限定面とするような述語面(具体的一般者)を意味している。そして、このような述語面を無限に拡大していけば、その極限において、もはやどのような述語によっても包摂されることのない、否、むしろ反対に、あらゆる述語を超越して、それを自己の内に包摂するような述語すなわち「超越的述語面」に到達する、と考えられる。このようなあらゆる述語を超越した「超越的述語面」がすなわち「絶対無の場所」にほかならない。そして、かような場所において「超越的主語面」である基体が映されると考えられるのである。その場合の基体は真の個物である「自己」であり、かような自己から見れば、超越的主語面が超越的述語面に映されるということは、自己が自己自身を述語するということであるのである。ここでも、個物と普遍の相即的関係は維持されている。「自己」（個物）の側の働きが、じつは「絶対無の場所」（普遍）自身の作用である、と考えられている。

以上が、判断的関係から見た具体的一般者としての「場所」の論理的構造である。このように西田の「場所」の論理は述語を基礎とした「述語の論理」であって、これを要約すれば、主語的なもの（個物・もの）の根底に述語的なもの（意識）があり、主語的なものは述語的なものの内に包摂される。したがって、主語的なものの極限に考えられる超越的主語面たる個物（自己）の根底には、述語的なものの極限に考えられる超越的述語面たる「絶対無の場所」があり（正確にいえば、「超越的述語面」は「意識面」であって、この意識面を無限に拡大したものが「絶対無の場所」である）、前者は後者の内に包摂されることによって認識が成立する。しかし、絶対無の場所においては、いわゆる無そのものもなくなるから、そこに「於いてあるもの」（個物）は自己自身を直観するものとなるのである。したがって、認識は、「知るもの」である述語の方からいえば、自ら無にして自己自身の内に自己を映すことであり、「知られるもの」である主語の方からいえば、自己が自己自身を述語することであるということになる。(24)

4　『働くものから見るものへ』と『一般者の自覚的体系』

『一般者の自覚的体系』と「一般者」の観念

「場所」の思想を最初に展開した『働くものから見るものへ』を公刊してから三年後、西田は『一般者の自覚的体系』（昭和五年（一九三〇）一月）を上梓した。本書は、一言でいえば、『働くものから見るものへ』の「後編」において展開された「場所」の思想を発展させて、それを文字どおり「一般者の体系」として体系化しようとしたものである。前書において、西田は「場所」という観念のもとに、「有の場所」「意識の野」「絶対無の場所」の三種の場所を考えていた。「有の場所」とは、一般に「有るもの」が（そこに）「於いてある場所」である「空間」と、「働くもの」が（そこに）於いて作用し関係する「力の場」を合わせたものである。「空間」は「有るもの」にとって外的であり、「力の場」は「働くもの」にとって内的であるという相違はあるが、両者はいずれも対象的に有る場所であるという共通点を有しているので、「有の場所」と呼ばれている。これに対して「意識の野」はあらゆる意識現象の「於いてある場所」である。「意識の野」は対象的には無であるから、「対立的無の場所」ともいわれている。そして、この「意識の野」を無限に拡大していったその極限に「絶対無の場所」が考えられている。

ところで、「有の場所」においてあるものはすべて「意識の野」に映される。われわれはわれわれの内なる心理現象だけでなく、われわれの外なる「有るもの」や「働くもの」をもわれわれの「意識の野」に映す。したがって、「意識の野」は自己の内に「有の場所」を包摂するので、より大なる一般者である、ということができる。また、「絶対無の場所」は「意識の野」を無限に拡大していったその極限に考えられるものであるから、無限大の一般者であり、一般者の一般者である。したがって、「有の場所」は「意識の野」に、また「意識の野」は「絶対無の場所」に包摂される。そして、これを「絶対無の場所」の方から見れば、「有の場所」と「意識の野」はそれぞれ「絶対無の場所」の特殊化であり、自己限定面であるということになる。すなわち「意識の野」は「絶対無の場所」のノエシス的限定面であり、「有の場所」はそのノエマ的限定面である、と考えられている。

このように三つの場所があるといっても、それぞれ独立した三種の異なった場所があるというわけではない。むしろ三種の場所は「一般の一般として相重なり、之に於いてあるものは特殊の特殊として相続[25]」いているのである。一般者がより大なる一般者によって包摂され、特殊がより小なる特殊を包摂している。この意味で、西田の場所の思想は「重層的内在論」である、といってよいであろう。それぞれの場所が、あたかも逆円錐形のように、同心円上に重層をなして重なり合っているのである。そして、この特殊から一般者へ、また一般者から「一般者の一般者」への階梯は、同時にわれわれの自己の自覚の深化の階梯である、と考えられている。

ところで、『働くものから見るものへ』の「後編」の諸論文において提示された「有の場所」「意識の野」「絶対無の場所」は『一般者の自覚的体系』においてはそれぞれ「判断的一般者」「自覚的一般者」「叡智的一般者」と呼ばれている。正確にいえば、「絶対無の場所」と「叡智的一般者」は同一ではない。「叡智的一般者」の極限に「無の一般者」として「絶対無の場所」が位置づけられている。したがって、この点では、『一般者の自覚的体系』においては、「場所」（一般者）は三層構造ではなく、四層構造になっている、といわなければならない。また、厳密にいえば、判断的一般者と自覚的一般者の間に中間的な「推論式的一般者」が考えられており、さらに「叡智的一般者」に於いてあるものとして、知的叡智的自己、情的叡智的自己、意的叡智的自己の三段階が考えられており、全体としてきわめて複雑な構成になっている。

では、『働くものから見るものへ』において「場所」として提示された思想が、どうして『一般者の自覚的体系』では、「一般者」の体系として提示されているのであろうか。「場所」が「一般者」と呼ばれるようになった理由は何であろうか。

この点については、西田自身ははっきりと答えてはいない。しかし、前述したように、もともと「場所」は判断における特殊（主語）と一般（述語）との間の包摂的関係において考えられていたから、三層からなる場所の思想を一般者自身の自覚的体系として叙述することには、ある種の論理的な必然性があったといえるだろう。あるいは、いくぶん生硬であった「場所」の思想に統一性と体系性を付加しようとする試みが、「一般者の自覚的体系」となった、と考えてよいかもしれない。それに加えて、場所の概念には、「自己の内に包む」という契機と、（自己の影として映して）「見る」という契機があったが、この「映す」とか、「見る」とかいう契機は「場所」の観念とうまく嚙み合わないということがあったのではないかと思われる。場所というと、どうしても空間的で静的なものとしてうけとられがちであるからである。この点、「一般者」の方がしっくりするということがあったのではなかろうか。

『一般者の自覚的体系』と『無の自覚的限定』の関係

『一般者の自覚的体系』は種々の世界を一般者の自覚的体系として提示した著作である。「判断的一般者」（自然界）から出発して、判断における主語（特殊）と述語（一般）との間の包摂的関係にもとづいて「自覚的一般者」（意識界）に進み、さらにそこから意識の志向作用を手がかりにして「叡智的一般者」（叡智界）へと超越し、叡智的一般者の種々の段階をへて、究極的な一般者である「無の一般者」すなわち「絶対無の場所」にまでいたっている。それは現象界から実在界へいたる形而上学的階梯を一歩一歩昇っていく過程である。それだけにまたきわめて観念的であり、思弁的でもある。その点では、西田哲学のなかでももっとも煩瑣で晦渋な著作といえるだろう。けれどもよくよく玩味熟読すれば、われわれの内面的・超越的世界の真相を描いた、美しく、深い味わいのある作品である。

西田は、『一般者の自覚的体系』を出版してから、ほぼ三年後、『無の自覚的限定』（昭和七年（一九三三）一二月）を公にした。この書は『一般者の自覚的体系』の「姉妹編」とも呼ぶべき著作であって、絶対無の場所あるいは絶対無の自覚の立場から、その自覚的限定の諸相として種々の世界を眺望したものである。『一般者の自覚的体系』が判断的世界すなわち自然界から出発して順次に形而上学的階梯を昇っていって、叡智的世界の究極において「絶対無の場所」に到達したのに対して、『無の自覚的限定』は、その表題が示しているとおり、逆に形而上学的実在である「絶対無の場所」から出発して、その自覚的限定として現実のさまざまな世界を叙述しようとしたものである。両書はいわば「往相」と「還相」あるいは「向上」と「向下」との関係にある。西田自身、前書が「表から裏を見て行った」とすれば、後書は「裏から表を見よう」としたものである、といっている。(26) 絶対無の場所の高所から、その自覚的限定として種々の世界が位置づけられている。また、その自覚的限定の過程で、ノエシス的限定方向に「行為的一般者」が、またノエマ的限定方向に「表現的一般者」が考えられている。こうして西田の場所の思想は種々の一般者からなる自覚的な体系として体系化され、またそれらは究極的実在である「絶対無の場所」の自覚的限定の諸相として説明された。そして、後期ないし晩年の西田哲学はもっぱらこの歴史的現実界（それは弁証法的世界と呼ばれている）の真相を解明することに向けられた。

5 「叡智的世界」の梗概と留意点

場所の思想における「叡智的世界」の位置

さて、「叡智的世界」は七編の論文と「総説」から成る『一般者の自覚的体系』の第四番目に収められている。内容的には、既述したように、場所の思想を一般者の自覚的体系として論理的に体系化し、充実・発展させたものといえるだろう。自然界から意識界をへて、そこからさらに叡智的世界へと超越し、究極的に「絶対無の場所」にいたるまでのわれわれの自己の自覚的発展の道程が、比較的にまとまった、整理された形で叙述されている。

また、この論文を境として、以後の西田の関心は、このような「絶対無の場所」への昇華の階梯をさらに詳論することにではなく、むしろ反対に、「絶対無の場所」の自覚的限定の諸段階として、種々の世界を説明することに集注されている。そのことは、単行本として出版される際、「総説」としてまとめられた二つの論文の元の題名が、「一般者の自己限定と自覚」（『哲学研究』第一六三号、昭和四年一〇月）と「自覚的限定から見た一般者の限定」（『思想』第九〇号、九一号、昭和四年一一月、一二月号）であったということからも明らかであろう。個物から一般者への方向にではなく、反対に、一般者から個物の方向へ視点が移動している。

したがって、こうした転回のちょうど中間点に位置する「叡智的世界」は、もっとも形而上学的な作品であり、いわば西田の「場所の形而上学」の結晶ともいえるだろう。もっとも、西田哲学においては、現象と実在、表と裏とがつねに相即相入の関係にあるものとして考えられているから、往相の過程と還相の過程をまったく別個のものとして切り離すことはできないのであるが、一応、このように整理してみることができるかと思われる。

「叡智的世界」の内容の梗概

では、その具体的内容はどのようなものであろうか。

論文「叡智的世界」において、まず西田は、既述したような、判断における主語（特殊）と述語（一般）の間の包摂関係をもとにして「判断的一般者」の世界（いわゆる自然界）を考える。そして、「判断的一般者」においてある「有るもの」や「働くもの」を考察していき、その極限において、いかなる一般（述語）によっても包摂されない「個物」（正確にいえば、「意識的自己」）に到達する。そして、このあらゆる主語面を超越した「超越的主語面」である個物が認識の対象となるためには、それが、あらゆる述語面を超越した「超越的述語面」に映されることによってのみ可能であると考え、そうした超越的述語面を自己自身の限定面とするような、より根源的な一般者である「自覚的一般者」の世界（いわゆる意識界）へと進展していく。要するに、判断的一般者は自覚的一般者の内に包摂され、映されるのである。

次に、今度は、意識が有している志向作用を手がかりにして、自覚的一般者（意識界）においてあるもの、つまり対象的事物、知的自己、意志的自己等を順次に考察していき、最後に、自覚的一般者の極限にあると考えられる「意志的自己」を、さらにその根底へとノエシス的方向に超越した、より根源的な一般者である「知的直観の一般者」もしくは「叡智的一般者」の世界（いわゆる叡智界）へと超越していく。ここに、われわれはいよいよ形而上学的世界の深層へと入っていくわけである。

そして、そこからさらに、叡智的一般者においてある種々の叡智的自己、すなわち知的叡智的自己（いわゆる意識一般）、情的叡智的自己（芸術的直観）、意的叡智的自己（道徳的自己）をそれぞれ考察し、またそれら相互の関係を説明していく。そして、その極限に、意的叡智的自己をさらにノエシス的方向に超越することによって直観される世界（「無の一般者」とか「絶対無の場所」とか呼ばれる）を考察の対象として、そうした世界の風光を反省的自覚の立場から説明している。この最後の部分の考察は委細をきわめており、西田の強靱な思索力が遺憾なく発揮されている。きわめて読み応えのある部分である。

以上のように、「叡智的世界」においては、有るもの、働くもの、知的自己、意志的自己、意識一般、芸術的直観、道徳的自己、宗教的意識、等々と、それらが（そこに）「於いてある」種々の一般者（世界）が説明されている。けれども、それらは、本来、別々の異なったものであるのではない。いずれもわれわれの「自己」の自覚的段階を表示しているのである。そして、こうした種々の段階をへて、われわれの自己は徐々に真正の自己へと深まっていき、ついには「絶対無の自覚」の境地に到達する、と考えられているのである。しかし、その一々の内容については、ここでは触れることはできない。(27) ただ、全体の論旨の展開において見られる、いくつか注目すべき点や特徴的なことがらを指摘しておきたい。

超越の観念

第一に注目すべき点は、西田が「超越」という言葉を使う場合、つねに対象的（ノエマ的）方向への超越ではなく、逆に内在的（ノエシス的）方向への超越を考えているということである。「超越」というと、とかく外への超越を考えがちであるが、西田はむしろ内への超越を考えている。したがって、判断的一般者から自覚的一般者への超越、また自覚的一般者から叡智的一般者への超越、さらにはその極限における無の一般者すなわち絶対無の場所への超越は、いずれも外的・対象的方向への超越ではなく、反対に、内的・内在的方向への超越として考えられている。われわれの自己は外なる形而上学的階梯を昇っていくのではなく、内なる形而上学的世界へと深まっていくのである。このように、西田哲学においては、真実在は、プラトンのイデアのように外的な超越者としてではなく、反対に、内在的な超越者として考えられている。「絶対無」は、われわれの自己のもっとも深い内奥に見られる「内在的超越者」にほかならない。真実在はわれわれの外にあるのではなく、むしろ内にあるのである。それは外の外なるものではなく、逆に内の内なるものである。

このように、西田は実在界を外なる超越的世界としてではなくて、反対に、内なる超越的世界として考えていることに注意しなければならない。真実の世界はわれわれの外にあるのではなく、かえって内にあるのである。それは、われわれからもっとも遠く離れた世界ではなく、逆にもっとも近い世界である。ここには、『華厳経』の「三界唯一心、心外無別法」や王陽明の「無心外之理、無心外之物」、あるいは禅宗でいう「脚下照顧」と同じような考え方、同じような精神が認められる。「絶対無」は外的・対象的超越者ではなく、内在的超越者である。すなわち真正の自己なのである。したがって、西田の考える形而上学は真実在を超自然的なものと考える「自然の形而上学」(metaphysica) ではなく、むしろそれを真正の自己と考える「心の形而上学」(metapsychica) とも呼ぶべきものである。[28] この点はいくら強調しても、強調しすぎるということはないだろう。

ノエシスとノエマの関係

第二に、このことと関連して、「叡知的世界」で多用されているノエシス、ノエマという言葉の用法について、いくつか指摘しておかなければならない。ノエシス、ノエマという用語はフッサールの現象学から借りてきたものである。フッサールは、それらを、それぞれ意識の志向作用と志向対象をあらわすものとして使用した。西田の用法もだいたいそれに準じたものであるが、フッサールと較べると用い方はいくぶん緩やかであって、一般に、意識の作用的側面を指してノエシス、その対象化された内容を指してノエマと呼んでいる。また、それと同時に、そこに、判断における主語（特殊）と述語（一般）との間の包摂的関係を付加して、ノエシスに「包むもの」という意味を、またノエマに「包まれるもの」という意味を含ませて用いている。さらには、述語的なもの、意識的なもの、時間的なものを、ノエシス的なるものと呼び、反対に、主語的なもの、対象的なもの、空間的なものをノエマ的なるものとも呼んでいる。

したがって、西田哲学においては、志向作用であるノエシスは、同時に、志向対象であるノエマを包むという意味を有している。ノエシスはつねにノエマを包むという意味を有し、したがってまたノエシスはノエマを超越する、と考えられている。(29)

このように西田の場所の論理においては、ノエシスはつねにノエマに対してより深く、より根源的であると考えられており、したがって真実在はノエマ的超越の方向にではなく、ノエシス的超越の方向の極限に考えられている。けっして対象化することのできない「ノエシスのノエシス」「意識する意識」が根本的実在である、と考えられているのである。いいかえれば、究極的な実在である「絶対無の場所」は、どのような意味でも対象的な存在ではなくて、純粋に自覚的な自己限定的作用であるのである。

また、西田はよく「ノエシスの方向に超越することによって、ノエマの方向に超越する」という表現を用いているが、これは、意識がノエシスの方向に深まり、ノエマ的なものを超越することによって、その超越的ノエシスの内容がノエマ的方向に見られるという意味である。ノエシスはあくまで作用であるから、それ自身はけっして見られることはなく、その内容がノエマ的方向に見られるというわけである。

自己矛盾的存在

第三に、それぞれの一般者においてある最後のものは自己矛盾的存在である、と考えられている。一般者の自覚的体系における最初の具体的一般者は、前述したとおり、判断的一般者であるが、そこにおいてある最後のものは「働くもの」すなわち「意識的自己」である。けれども、真の個物である意識的自己は、どのような一般者によっても述語されることができず、かえって自己自身を限定するものとなる。それは、主語が自己自身を述語するということであり、主語が述語となるということである。これをいいかえれば、個物が一般者となるということであり、一般者が個物となるということである。このことを西田は自己矛盾的といっているのである。

判断的一般者においてある最後のものである意識的自己が自己矛盾的であるということは、真実には、それは判断的一般者においてではなく、判断的一般者を超越した一般者において初めて見られるということである。こうして意識的自己は正しくは自覚的一般者の自己限定面（超越的述語面）において見られるのである。このように、ひとつの一般者においてある最後のものが自己矛盾的であるということは、真実には、それはその一般者を超越したより大なる一般者においてあるということであり、そしてそれがより小なる一般者において見られるとき自己矛盾的な性格を有するようになる、ということにほかならない。

同様に、判断的一般者をノエシス的方向に超越した一般者が「自覚的一般者」であり、そこにおいてある最後のものは「意志的自己」である。外なる対象を映す知的自己とは異なって、意志的自己は自己の内に自己自身を見るものであり、自己自身を自覚的に限定するものである。この意味で、真の自覚は意志にあるといえる。しかし、そこには、先の意識的自己と同じような矛盾が見られる。意識的自己においては主語が述語であり、述語が主語であるという矛盾であったが、意志的自己において自己が自己を見るということはノエマがノエシスであり、ノエシスがノエマであるということである。この意味で、意志的自己は矛盾的存在である。あるいは、また、意志は欲求するものであるが、ある欲求を充足するということは、その欲求をなくすということを意味しているから、われわれはいわば欲求することをなくすために欲求するということになる。さらに、われわれは生きるものであるが、生の行きつく先は死であるとすれば、われわれはいわば死ぬために生きているということにもなる。それは矛盾以外のなにものでもない。こうして意志的自己は、自覚的一般者を超越した叡智的一般者において、自己の真にあるべき場所を見いだすのである。

最後に、自覚的一般者をさらにその根底に、つまりノエシス的方向に超越した一般者が「叡智的一般者」であり、そこにおいてある最後のものは「意的叡智的自己」すなわち「道徳的自己」である。道徳的自己は真に自己の内に自己を見るものである。道徳的自己においては、「見るもの」が「見られるもの」であり、「見られるもの」が「見るもの」である。しかし、そこには、なお「見るもの」と「見られるもの」との対立があり、真の自己自身は見られない（真の自己自身は「宗教的意識」において初めて見られる)。それで、そこにはつねに存在と当為、理想と現実との間の矛盾がある。道徳的自己は矛盾的自己であり、「悩める魂」であって、自己を不完全として理想を追いもとめ、良心が研ぎ澄まされれば研ぎ澄まされるほど、自己を悪として痛感し、理想と現実の間で自己分裂し、苦悩する。そして、このような自己矛盾の極限において、道徳的自己は自己を放棄して、一転して、宗教的回心を経験する。大死一番、絶後に蘇えるのである。そして、それが「絶対無の自覚」にほかならない。ということは、道徳的自己の真実のあるべき場所は、じつは、もはや叡智的一般者ではなく、それを超越した究極的な一般者である「無の一般者」あるいは「絶対無の場所」であるということにほかならない[30]。

6 絶対無の自覚

さて、「叡智的世界」において、西田が最後に論じているのは「絶対無の自覚」についてであり、またそれと関連して、「哲学と宗教との関係」についてである。双方とも本論文の眼目であるから、ここで、少しく触れないわけにはいかない。

絶対無の自覚とは何か

では、「絶対無の自覚」とはいったい何であろうか。

「絶対無の自覚」は西田の場所の思想の精華といってもよい。紆余曲折をきわめた場所の思想は徐々にその核心へと深まっていって、究極的に、絶対無の自覚という考えに行きついた。もともと西田の場所の論理は、カントおよび新カント学派の認識論に対抗する意図をもって企図されたものであったが、最終的には、それは「場所の形而上学」にまで昇華している。そして、その神髄が絶対無の自覚の思想であるといってよい。

絶対無の自覚は場所の形而上学の究極的な局面を表現する用語であるが、そこには、二つの意味ないし局面がある。前述したように、西田は判断的一般者から出発して自覚的一般者へ進み、また自覚的一般者から叡智的一般者へと超越し、その極限において最終の一般者である「無の一般者」すなわち「絶対無の場所」に到達した。絶対無の場所は究極的な実在であって、自らは無にして自己の内に自己自身を映して見るものである。それで、絶対無の自覚とは、まさしく絶対無が自己自身を見る自覚的な働きにほかならない。絶対無の場所が自己において自己自身を映して見ることである。これは、「場所」、正確にいえば「於いてある場所」の方から「絶対無の自覚」を見た場合である。その場合、絶対無の自覚は絶対無の場所自身の自覚である。

では、それを、「於いてあるもの」の方から見たらどうなるか。われわれの自己は「働くもの」である「意識的自己」から出発して、自覚的自己へと進み、その最終段階において「意志的自己」へいたり、そこから叡智的自己へと超越して、「意識一般」「芸術的直観」「道徳的自己」へと深まっていき、その自己矛盾の極限において、一転して、「宗教的意識」へ到達する。宗教的意識はわれわれの自己の自覚的発展における究極的な段階である。ここにおいて、自己は真正の自己に到達すると考えられる。あるいは真正の自己を自覚すると考えられる。そして、こうした宗教的意識こそ、じつは絶対無の自覚にほかならないのである。したがって、この場合、絶対無の自覚とは、自己の根底が絶対無であるということの自覚であり、あるいはわれわれの自己がその根底において絶対無に触れているということとの自覚である。西田自身、絶対無の自覚とは、「見るものも見られるものもなく色即是空空即是色の宗教的体験」(31)

である、といっている。

このように、絶対無の自覚というのは、絶対無の場所自身の自覚であると同時に、われわれの自己の根底が絶対無であるということの自覚でもある。これを、「於いてある場所」の方からいえば、絶対無の場所自身の自覚となり、「於いてあるもの」の方からいえば、自己の根底が絶対無であるということの自覚であるということになる。ここでは、絶対無の自覚が、一般者の側から、「絶対無が自覚する」作用としてとらえられていると同時に、個物的自己の側から、「絶対無を自覚する」働きとしてとらえられている。そして、両者は一つの事実の両面であって、互いに相即的な関係にあるものとして考えられているのである。

絶対無の自覚と純粋経験

以上のような「絶対無の自覚」の思想における絶対無の場所と宗教的意識との関係は、『善の研究』の第四編「宗教」における個々の純粋経験とその背後ないし根底にある根源的統一力（神）との関係に比して考えることができるだろう。前述したように、『善の研究』においては、個々の純粋経験は、同時に普遍的な意識（根源的統一力）の顕現である、と考えられている。個々の純粋経験の根底には根源的統一力が働いており、個々の純粋経験はこの根源的統一力の分化発展の諸相である、と見られている。こうした考えが、第四編「宗教」においては、われわれの自己の根底は同時に宇宙の根底であり、自己の根本と宇宙の根本は同一であるとか、われわれはわれわれの偽我を殺し尽し、より大なる宇宙と一致することによって、われわれ自身がより大なる自己となる、という主張になっている。こうした主張の根底には、神人同性説的な考え方が潜んでいるといわねばならない。神は宇宙の根本であって、われわれが神に帰するということは、われわれの根本に帰するということである、と考えられているのである。純粋経験説における、このような個物と普遍の相即の思想は、前述したように、絶対無の自覚の思想にも認められるのであり、この点から見れば、絶対無の自覚の思想は純粋経験の思想の発展であるということができるだろう。

西田の宗教論の発展

けれども、『善の研究』の意図は、純粋経験を唯一の実在と考えて、いっさいのものを純粋経験によって説明することにあった。実際、そこでは、真・善・美の世界がいずれも純粋経験をもとにして説明され、道徳も宗教も同じく純粋経験の立場から説明されている。その結果、道徳と宗教の共通点のみが明確にされ、両者の差異がはっきりとは自覚されていない。むしろ宗教は道徳の延長上に考えられている。たしかに宗教がもっとも根源的であり、あらゆる学問・道徳の根本であるということは強調されているが、なお道徳と宗教は連続的な関係にあるものとして考えられている。道徳を延長していけば最終的には宗教へといたるというわけである。

これに対して、「叡智的世界」においては、前述したように、道徳と宗教は非連続の連続の関係にあるものとしてとらえられている。両者は直線的に連続的なものではなく、絶対の断絶を介して結びついている、と考えられている。道徳的自己はどこまでも自己矛盾的存在であり、「悩める魂」である。それは理想と現実、良心と罪悪の意識の間で自己分裂し、苦悩する。良心が研ぎ澄まされれば研ぎ澄まされるほど、自己の内なる悪を意識せざるをえない。道徳は、いわば「永遠に未完成な芸術作品」のようなものである。そして、こうした自己矛盾の極限において、道徳的自己は、一転して、自己を放下し、回心を経験する。それが宗教的意識である、と考えられているのである。

ここには、宗教についての反省的な自覚があるといってよい。『善の研究』においては、宗教はいわば宗教的体験の直接的表白という形で語られていた。そこでは、道徳と宗教は連続的に繋がっているものとして考えられており、宗教は道徳の延長上にあるものとして見られていた。同様に、個物と普遍、自己と神も本質的に同性的なものとして連続的に考えられている。自己は直接的に神と結びついており、前者は後者の顕現であると見られている。この時期の西田が有神論よりも汎神論の方に多くの共感を寄せているゆえんであろう。要するに、『善の研究』においては、すべてのものが同じ純粋経験の世界のなかに、そのさまざまな展相として位置づけられている。いっさいのものが純粋経験の流れのなかで融和され、溶解されている。個物と普遍は連続的に繋がっており、自己と神は直接的に結びついている。いわばそれは宗教の即時的段階であるといえるだろう。

これに対して、「叡智的世界」においては、宗教が直観的にではなく、反省的に、また自覚的にとらえられている。そこでは、宗教は、道徳の延長上にあるものとしてではなく、道徳的自己がその自己矛盾の極限において、一転して、完全に自己を放下することによって入りいく世界である、と考えられている。道徳的世界の全面的な否定的転換によって、初めて宗教的世界が開かれる、とされているのである。したがって、自己と神とはもはや連続的に繋がっていると考えられてはおらず、かえって神（絶対無）の超絶的な性格が強調されている。道徳と宗教、自己と神との間には超えがたい間隙があり、断絶がある。ただ道徳的自己の徹底した自己否定を媒介としてのみ、われわれの自己は神と接することができる。したがって、道徳と宗教は非連続の連続の関係にある、と考えられている。

しかし、「叡智的世界」においては、宗教はまだ自己の側から見られている。道徳的自己がその自己矛盾の極限において、一転して、回心を体験する。それが宗教的意識であり、絶対無の自覚である、と考えられているのである。いわば宗教的世界がわれわれの自己の行為や働きをとおして説明されているのである。そこでは、いわば此岸から彼岸を見るという局面が濃厚であって、反対に彼岸から此岸を見るという視点が希薄である。この意味で、それは宗教における対自的段階であるといえるだろう。

西田の最後の完成論文は「場所的論理と宗教的世界観」であった。この遺稿において西田は彼の最終的な宗教論を展開しているが、そこでは、あらたに「逆対応」という概念が導入されている。逆対応というのは、絶対と相対、つまり神と人間あるいは仏と衆生、の間に見られる相互の自己否定的な対応関係をいう。たとえば自分の無力を自覚して神仏に救済をもとめる人間（衆生）の側の働きと、たとえ自分は地獄に落ちてでも衆生を救い取らんとする仏の慈悲《カルナー》（神の愛《アガペー》）の働きの間に見られる相互の自己否定的な対応関係をいうのである。ここでは、宗教は自己の側の自己否定的転換としてとらえられていると同時に、超越者の側からの自己否定的な救済（摂取不捨）の働きとしてとらえられている。宗教が此岸から見られていると同時に、彼岸からも見られており、この両方向の働きが相互に逆対応の関係にあるものとして考えられているのである。ここでは、宗教はその即自・対自的段階に達しているといえるだろう。このように考えれば、西田の宗教論は「純粋経験」から出発して、「絶対無の自覚」へ到達し、最後に「逆対応」として結実したといえるだろう。そして、そのそれぞれが、西田の宗教論の「即自」「対自」「即自・対自」の段階をあらわしている、と考えることもできるのである。

7 哲学と宗教との関係

宗教的体験と哲学的反省

最後に、哲学と宗教との関係について一瞥しておこう。「絶対無の自覚」はわれわれの自己の側からいえば、道徳的自己がその自己矛盾の極限において、一転して到達する「宗教的意識」である。それは、前述したように、自己の根底が絶対無であるという根源的な事実についての自覚にほかならない。しかし、このような根源的な事実そのものはただ体験されうるだけであって、けっして認識されることはない。事実は体験の上にあるのであって、反省の上にあるのではない。この点について、西田自身も、「宗教的立場は全然、我々の概念的知識を超越した立場でなければならない、宗教的体験の風光については、これを宗教家に譲るの外はない(33)」といっている。また、遺稿「場所的論理と宗教的世界観」においても、「宗教は心霊上の事実である(34)」といい、「真の体験は宗教家の事である(35)」といっている。

したがって、このような心霊上の事実や宗教的体験の風光そのものをわれわれは知ることはできない。ただ、それを反省することができるだけである。哲学は体験そのものの立場ではなく、体験を思惟によって反省する立場である。われわれがこうした宗教的意識を、たとえば「絶対無の自覚」と呼ぶのも、宗教的体験を反省する立場からいっているにすぎないのである。そして、この点で宗教は哲学に対してより根源的である。体験があって反省があるのであって、反省があって体験があるのではない。西田が、宗教はいっさいのものの根源であり、あらゆる学問道徳の根本である、というゆえんである。

けれども、宗教は心霊上の事実であり、真の体験は宗教家の事であるとしても、事実や体験は、そのままでは、それが何であるかは一向に明らかにはならない。そうした事実や体験が思惟によって反省され、概念的知識の対象になって初めて、その真相は明らかになるのである。この点では、哲学は宗教に対してより根源的であるといわねばならない。たしかに体験は反省に先立っているが、しかしその体験の内容は、それを反省することによって初めて明らかになるのである。

宗教的体験はいかにして反省されるか

ところで、そもそも宗教的体験の内容を反省するなどということが果たして可能なのであろうか。それは哲学的反省を超越しているのではなかろうか。もしそうだとしたら、分別を超越した世界をどうして分別でもって説明することができるだろうか。

このような疑問をもつのは、ある意味ではもっともなことである。けれども宗教的体験の内容を哲学的反省の立場から説明することはできないというとき、すでにわれわれは、ある意味で、その内容を説明しているのである。それを不可思議の世界として説明しているのである。あるいはまた、宗教的意識は道徳的自己の否定的転換によって生ずるとか、それは自己の根底が絶対無であることの自覚であるとかいうとき、われわれはすでに宗教的体験を反省する立場からそれを規定しているのであり、またそうした体験がいっさいの反省を超越したものであるということを、体験そのものの立場からいっているのではなく、体験を反省する立場からいっているのである。

したがって、問題は、宗教的意識を反省することがどうして可能なのかということよりも、むしろ宗教的意識を反省するとき、哲学はどのような立場に立っていなければならないか、ということである。どのような哲学的立場に立ったときに、われわれは宗教的意識の真相にもっとも近づくことができるだろうか。

この問いに対する西田の答えはこうである。われわれは宗教的意識を外から反省する立場ではなく、反対に宗教的意識の内からの反省の立場、いいかえれば宗教的意識自身の自己反省の立場に立ったとき、初めて宗教的意識の真相に近づくことができる。それは、カントの認識論のような、意識一般による外的対象の先天的構成の立場ではなく、まさしく場所の論理のような、自己の内に自己自身を映して見るものの立場である。自覚的自己の自己反省の立場といってよい。それは意識一般の立場ではなく、意識一般を反省する立場であり、対象界を構成する立場ではなく、自己自身への反省の立場である。

だとすれば、われわれ自身が根源的自己へと深まっていく必要がある。われわれ自身が宗教的意識の自己反省の立場に立つとき、宗教的意識の内容はもっとも具体的に説明される。西田が「場所的論理と宗教的世界観」において、「宗教を論ずるものは、少なくとも自己の心霊上の事実として宗教的意識を有《も》つものでなければならない[36]」というゆえんである。ここには、東洋に伝統的な知行合一の精神が赫々《かっかく》として脈打っているのが認められるであろう。「単なる理性 blosse Vernunft の中には宗教は入ってこない[37]」というゆえんである。

「叡智的世界」以後の西田哲学の展開

「叡智的世界」は中期の西田の「場所の思想」が要領よく、よく整理された形で叙述されている。前述したように、それは西田哲学のなかでももっとも形而上学的色彩の強い著作であるが、これ以後の後期西田哲学は、究極的な実在である絶対無の場所から出発して、その自覚的限定の諸相として現実の種々の世界を説明することに向けられている。西田は、判断的一般者から出発して、自覚的一般者をへて叡智的一般者へと深まり、最終的に絶対無の場所にまでいたりつく形而上学的行程を『一般者の自覚的体系』として叙述した後、今度は、逆に絶対無の場所という形而上学的高所から出発して、『絶対無の自覚的限定』の諸相として現象的世界を説明しようとしている。前書においては、「表」から「裏」を見ようとしたとすれば、後書においては、逆に「裏」から「表」を見ようとしたといえるだろう。そして、絶対無の自覚的限定としての現象世界は、最終的には「弁証法的世界」として提示され、その内的な論理的構造は「絶対矛盾的自己同一」として明らかにされた。

西田哲学は現象と実在の相即を説く「現象即実在論」であるといってよい。西田自身、その晩年、再々、自己の哲学を現象即実在論と呼んでいる。論文「叡智的世界」（昭和三年（一九二八）一〇月）は「現象即実在論」の「実在」の方に力点を置いて、「現象から実在へ」の過程を論じたものとすれば、論文「絶対矛盾的自己同一」（昭和一四年（一九三九）三月）は、逆に「現象」の方に力点を置いて、「実在から現象へ」の過程、あるいは実在の自覚的限定としての現象の真相を論じたものといえるだろう。そこでは、歴史的現実界の自己形成が、行為的自己に即していえば「行為的直観」のポイエシス的過程として、また環境的世界に即していえば「作られたものから作るものへ」のプラクシス的過程として語られている。では、絶対矛盾的自己同一とはいったい何であろうか。それはどのような論理的構造をいうのであろうか。また、行為的直観とは何であろうか。どうして行為と直観が結びつくのであろうか。さらには、「作られたものから作るものへ」とはいったい何であるのだろうか。環境と自己はいったいどのような関係にあるというのだろうか。どの問題をとっても、きわめて興味深いが、その一々の内容については、次の「絶対矛盾的自己同一」で検討することにしたい。

註

（1）このように、真正の自己にいたる自覚の過程と、あらゆる学問領域を体系化する過程を並行して叙述しようとするのが西田哲学の、少なくとも中期までの西田哲学の一貫した特質である。

（2）「叡智的世界」は、R・シンチンガーによって、他の二つの論文「ゲーテの背景」および「絶対矛盾的自己同一」とともに、ドイツ語に翻訳された。R. Schinzinger: *Die Intelligible Welt. Drei philosophische Abhandlungen: Die Intelligible Welt, Der metaphysische Hintergrund Goethes, Die Einheit der Gegensätze,* Berlin 1943. また、同書は *Intelligibility and the Philosophy of Nothingness*（Tokyo 1958）という表題で英語に重訳されており、そのリプリント版も出ている（Greenwood Press, Westport, Conn. 1973）。

（3）西田の戸籍上の生年月日は、就学上の理由から、実際のそれよりも二年程早く修正して記載されたので、その分だけ早く停年を迎えることになった。

（4）旧版、第六巻、一一六頁。新版、第五巻、九二頁。

（5）旧版、第六巻、四二八頁。新版、第五巻、三三五頁。

（6）旧版、第六巻、一七八頁。新版、第五巻、一三九頁。

（7）旧版、第十七巻、七四頁。新版、第十七巻、八二頁。

（8）旧版、第十七巻、一四八頁。新版、第十七巻、一五八頁。

（9）旧版、第十七巻、一〇三頁。新版、第十九巻、一三四頁。

（10）旧版、第一巻、九頁。新版、第一巻、九頁。

（11）旧版、第一巻、二五頁。新版、第一巻、二一頁。

（12）William James, *Essays in Radical Empiricism, The Works of William James,* Harvard U.P., 1976, p. 4.

（13）旧版、第一巻、四頁。新版、第一巻、六〜七頁。

（14）William James, *op. cit.,* p. 22.

（15）旧版、第一巻、三九頁。新版、第一巻、三二頁。

(16) 旧版、第一巻、二八頁。新版、第一巻、二四頁。
(17) 実際、西田は、のちに、歴史的現実界を「一即多・多即一」の世界として特徴づけている。
(18) 旧版、第二巻、一五頁。新版、第二巻、一三頁。
(19) 旧版、第二巻、一五頁。新版、第二巻、一三頁。
(20) 旧版、第二巻、一一頁。新版、第二巻、一一頁。
(21) 旧版、第四巻、二〇九頁。新版、第三巻、四一五頁。
(22) この「空間」と「力の場」は「有の場所」としてまとめられる。
(23) 旧版、第四巻、二二六頁。新版、第三巻、四二九頁。
(24) 拙著『西田哲学と宗教』大東出版社、一九九四年、一二六～一四一頁参照。
(25) 旧版、第五巻、九九～一〇〇頁。新版、第四巻、八二頁。
(26) 旧版、第六巻、四頁。新版、第五巻、三～四頁。
(27) 拙著『西田哲学の研究――場所の論理の生成と構造』ミネルヴァ書房、一九九一年、二二九～二八二頁、および『西田哲学を読む2――「叡知的世界」』（大東出版社、二〇〇九年）の本文「解説」を参照。
(28) 拙著『西洋の哲学・東洋の思想』講談社、二〇〇八年、第三章および本書、第二章参照。
(29) 「包む」という表現は西田哲学に特有のものであるが、論理的には外延的に包摂するという意味よりも、むしろ内包的に包摂するという意味の方が強い。しかし、正確には、両方の意味を含んだものと見るべきだろう。したがって、西田がいう一般者は、つねに、特殊と対立するような抽象的一般者ではなく、特殊を自己の限定とするような一般者つまり具体的一般者を指している。
(30) 「意識的自己」における矛盾は「主語が述語であり、述語が主語である」ということに起因する矛盾である。また、「意志的自己」における矛盾は「ノエシスがノエマであり、ノエマがノエシスである」ということに起因する矛盾である。最後に、「道徳的自己」における矛盾は「見るものが見られるものであり、見られるものが見るものである」ということに起因する矛盾である。そして、これらの矛盾はそれぞれ異なった別個の矛盾ではなく、じつは同一の矛盾の深まりゆく三つの段階を示している。それとともに、われわれの自己の自覚も次第に深まっていくのである。

(31) 旧版、第五巻、四五一頁。新版、第四巻、三五七頁。

(32) 個物と普遍が相即的関係にあるという考えは西田の思想に一貫した要素であって、のちに西田はそれを「現象即実在論」と呼んでいる。晩年、西田が多用した「絶対矛盾的自己同一」という用語は、まさしく、こうした個物と普遍の相即の内的構造を論理的に表現したものである。また、遺稿「場所的論理と宗教的世界観」のなかで展開されている「逆対応」の思想もこうした考え方のメタモルフォーゼ(変態)である、と考えることができる。

(33) 旧版、第五巻、一八二頁。新版、第四巻、一四七頁。

(34) 旧版、第十一巻、三七一頁。新版、第十巻、二九五頁。

(35) 旧版、第十一巻、三七一頁。新版、第十巻、二九五頁。

(36) 旧版、第十一巻、三七三頁。新版、第十巻、二九七頁。

(37) 旧版、第十一巻、三七三頁。新版、第十巻、二九七頁。

第八章　絶対矛盾的自己同一

1　西田哲学における「絶対矛盾的自己同一」の位置

論文「絶対矛盾的自己同一」（昭和一四年（一九三九）三月）は後期あるいは完成期の西田哲学を代表する論攷である。この論文は、西田幾多郎が、その四〇余年にもおよぶ紆余曲折をきわめた思索遍歴の後、ようやく彼の最終的な立場に到達したということを示した記念碑的な著作でもある。それまでも西田は何度か自分の思想の完成を確信し、そのことに言及したことがあったが[1]、その度ごとに、彼の思想はさらに掘り下げられ、練り直されて、より根本的な立場へと深められていった。こうして徹底に徹底を重ねていった結果、ようやく「絶対矛盾的自己同一」において西田の立場はゆるぎない堅固なものとなった。そうして『哲学論文集 三』（昭和一四年（一九三九）一一月）の中程に収められたこの論文を境として、以後の著作はいずれも、この論稿において到達した立場から、種々の特殊的問題をあつかっている。

たしかに「絶対矛盾的自己同一」以後も、西田は絶えず根本的立場へのさらなる究明を怠ったわけではないが、全体の傾向としては、明らかに哲学の根本原理の探究（原理論・総論）から特殊的な問題の解明（応用論・各論）へと思索の力点が移行していっている。次作『哲学論文集 四』（昭和一六年（一九四二）一二月）の「序」において、「此書は前論文集において到達した私の根本的思想を基として、主として実践哲学の問題を論じたものである。「絶対矛盾的自己同一」において、私は一応私の根本思想を明らかにした。此思想を明らかにするためにも、この思想との連関において、種々なる特殊の問題が論ぜられなければならない。前書の「経験科学」以下、此書の終わりの論文に至るまで、かかる意図の下に書かれたものである」(2)と述べられているとおりである。

また、つづいて『哲学論文集 五』（昭和一九年（一九四四）八月）の「序」には「私は第三論文集において、私の根本的思想を把握し得た。第四論文集においては、そこから主として実践哲学の問題を論じて見た。この論文集においては、翻って知識の問題を論じた。私は此の論文集において、私の根本思想から種々の問題を論じ得る見当を得たかに思う」(3)とあり、さらに『哲学論文集 六』（昭和二〇年（一九四五）二月）の「序」には、「私は第五論文集においておおづかみに論じたところを基として、此の論文集において主として数学、物理学の根本問題を論じてみた」(4)とある。

このように、西田は「絶対矛盾的自己同一」において彼の最終的な哲学的立場というものを確立し、以後はこうした基本的立場から種々の個別的な問題をあつかっている。『哲学論文集 三』の後半に収められた「経験科学」では自然科学の基礎づけを論じ、『哲学論文集 四』に収められた「実践哲学序論」と「ポイエシスとプラクシス（実践哲学序論補説）」では実践の問題を、「歴史的形成作用としての芸術的創作」においては芸術的制作（ポイエシス）の問題を、「国家理由の問題」では「国是」や「国家理性」の問題を、また『哲学論文集 五』に収められた「知識の客観性」「自覚」「デカルト哲学について」においては知識の基礎づけの問題を論じ、さらに『哲学論文集 六』に収められた「物理の世界」「論理と数理」「数学の哲学的基礎付け」では物理と数学の基礎の問題を論じ、「予定調和を手引きとして宗教哲学へ」では宗教の問題をそれぞれ論じている。

このように見てくると、西田哲学全体において論文「絶対矛盾的自己同一」が占めている位置がおのずと明らかになるだろう。それは、西田哲学が拠って立つ根本的立場とはいったいどのような立場であるのかを、その最終的な形において明らかにした著作といえるのである。

2　西田幾多郎の思索の軌跡

では、絶対矛盾的自己同一の論理に到達するまで、いったい西田の思索はどのような軌跡を辿ったのであろうか。この点を簡単に振り返っておこう。

純粋経験

西田は『哲学論文集 三』の序で、「私はいつも同じ問題を繰り返し論じているといわれるが、『善の研究』以来、私の目的は、どこまでも直接な、最も根本的な立場から物を見、物を考えようというにあった。すべてがそこからそこへという立場を把握するにあった」[5]と書いている。最初、西田はそうした根本的な立場を「純粋経験」にもとめた。純粋経験というのは、主観と客観が未分の状態にあるような統一的な意識現象のことをいう。西田はこうした純粋経験を唯一の実在と考え、いっさいのものをこの純粋経験でもって説明しようとした。けれども、純粋経験という言葉自体は西田の造語ではなく、マッハやアヴェナリウスのいわゆる「経験批判論」（Empiriokritizismus）における reine Erfahrung や、とくにジェームズの「根本的経験論」（radical empiricism）における pure experience

に倣《なら》ったものである。しかし、その思想の内容は西田独自のものであり、そこには彼が長年の禅体験から会得したものや、大乗仏教的な思想、あるいは高校時代の頃から西田自身がもっていた考えが含まれていた。

西田の思想と経験批判論や根本的経験論との決定的な違いは、彼が主観と客観との二元論を否定するだけでなく、普遍と個体あるいは全体と要素との間の二元論をも否定しているところにある。この点では、西田の純粋経験説はむしろカント以後のドイツ観念論、とくにヘーゲルの「具体的普遍」(konkrete Allgemeinheit) の思想に近い。西田は個々の純粋経験の背後に普遍的な根源的統一力の存在を想定し、前者を後者の現象あるいは展相と考えていた。さらには、西田は純粋経験を実在であると同時に善でもあり、また美でもあると考えている。こうして、純粋経験はただ単に認識の原理であるばかりでなく、同時に実在の原理でもあり、さらには道徳の原理でもあり、宗教の原理でもあると考えられている。要するに、西田においては、純粋経験はあらゆる思想のアルファでありオメガであるのであって、いっさいの事象や世界はもっぱら純粋経験によって説明されるのである。

このように、西田がもとめた「根本的な立場」あるいは「そこからそこへ」は、さしあたり「純粋経験」であった。そして純粋経験の思想は西田哲学の出発点となったばかりでなく、同時にまた、それは以後の思想に通底した基調音となっている。

自覚

以上のように、西田は、最初、彼の根本的立場を主客未分の「純粋経験」にもとめたが、ついで、この純粋経験にとってはいわば外的な契機である反省的思惟を自己の体系のなかに組み入れようとして、「自覚」の立場へと移行していった。主客未分の純粋経験でもって主客既分の反省的思惟を説明するのはいささか無理がある。反省的思惟は純粋経験の内にはなく、純粋経験にとっては外なる契機と考えなければならない。

では、純粋経験にとって外なる反省的思惟はどうしたら純粋経験のうちに取り入れられるか。このアポリアを解決するために考え出されたのが「自覚」の概念である。自覚というのは「自己が自己において自己を見る」こと、あるいは「自己の内に自己自身を映す」ことと定義される。つまり自覚とは自己内写像のことである。自覚の働きにおいては、自己が自己を直観（純粋経験）するということが、じつは自己が自己自身を反省するということであり、また自己が自己自身を反省するということが、じつは自己が新たな自己を直観するということである。こうして反省が直観となり、直観が新たな反省を生むことによって自覚的体系が無限に発展していくと考えられた。いわば純粋経験という直覚的な立場が、純粋経験自身の反省という自覚的立場へと進展していったのである。(6)

西田は彼の「自覚」の思想を形成するにあたって、主としてロイス（Josiah Royce、一八五五〜一九一六）の「自己表現的体系」（self-representative system）とフィヒテの「事行」（Tathandlung）の思想からヒントを得ている。ロイスの「自己表現的体系」の特徴は、部分が全体を余すところなく写すというところにある。この例としてロイスは英国にいて英国の地図を描く場合をあげている。この地図（第一の地図）が完全であるためには、その地図のなかに英国の細部が正確に描かれているだけでなく、その地図（第二の地図）そのものも写されていなければならない。また、その第二の地図のなかには英国の細部が正確に写されているだけでなく、その地図（第三の地図）そのものが写されていなければならない。こうして無限につづく。ロイスはそれを、デデキント（Julius W. Dedekind、一八三一〜一九一六）の無限集合のように、単なる全体と部分との対応として見るのではなく、全体が分化していく過程、いいかえれば自己表現的体系の統一的発展として見た。それが西田の自覚的体系の発展の思想と結びつくのは明らかである。

また、フィヒテの事行というのは、自我の能動的な自己定立的な働きを表現したものである。フィヒテによれば、自我は存在というよりも根源的な不断の活動であって、自我という存在はむしろこの根源的な作用の結果として定立されるのである。自我においてはその「活動」（Handlung）と、そこから生まれた「事」（Tat）とが同一である。それで、それは「事行」（Tathandlung）と呼ばれる。フィヒテはこの不断の自己定立的活動である事行の観念によって、いっさいの事象と世界を説明しようとした。そして、このフィヒテの事行の観念を、西田は自己の自覚の思想に取り入れようとしたのである。しかし、正確にいえば、西田の自覚の概念はフィヒテの事行の観念そのままではなく、それに新カント学派の価値哲学を結びつけようとしたものであって、自覚においてはただ単に直観と反省が結合するだけでなく、存在と当為とが結合していると考えられる。

もともと西田のいう「自覚」はフィヒテの Selbstbewußtsein の訳語であった。しかし、それを文字どおり「自己意識」と訳さないで、「自覚」という用語を用いたところに西田の思想の独自性がある。つまり自己の働きは単なる意識作用ではなく自覚作用であり、自己は自己の働きをとおして自己の根源へと還帰していくと考えられている。フィヒテやロイスと異なり、西田においては発展は同時に還帰であり、前進は同時に遡源である。自我が自覚的に発展すればするほど自我はその根源の根源へと還帰していく。本来の自己に戻ると考えられている。

さて、西田は自覚の概念によっていっさいの事象と世界を説明しようとし、究極的には自覚の自覚としての絶対自由意志に到達し、そこから一転して、絶対自由意志の働きの展相として各々の自覚的体系を位置づけようとした。自覚の時期における個々の自覚的体系と絶対自由意志の関係は、純粋経験の時期における個々の純粋経験と根源的統一力の関係に類似している。そこにあるのは個物と普遍との相即相入の主張であり、一即多・多即一の思想である。西田哲学においては、つねに世界は二重構造において見られている。(7)

場　所

けれども、これまでの段階においては、実在はいずれも活動として、あるいは作用として考えられていた。もしくは活動や作用の極限点ないし統一点として考えられていたといってよいかもしれない。したがって、そのようなものとして、それはまた主意主義的な傾向が強かった。こうした特徴は「純粋経験」「根源的統一力」「自覚」「絶対自由意志」のどの概念についてもあてはまる。そして、西田は一〇余年もの長い間、自覚の立場に立って、そこから純粋に哲学の問題ばかりでなく芸術や道徳の問題をも論じていったが、やがてギリシア哲学を介して一転して「場所」の立場へと移っていった。

「場所」とは何かについては前章「叡智的世界」においてかなり詳しく解説しておいたので、ここで繰り返して解説することは避けるが、西田のいう「場所」には三つの要素がある。

第一は論理的要素であって、「場所」は「包むもの」あるいは「一般者」として特徴づけられる。すべて「有るもの」や「働くもの」は何らかの場所においてなければならない。

一般に、物は「空間」においてあり、電気や磁気は「力の場」においてある。前者においては場所は物に対して外在的であるが、後者においては内在的と考えられる。場所は単に外から包むものであるばかりでなく、同時にまた内から包むものでもある。むしろ真の場所は内から包むものと考えられる。というのも、「空間」や「力の場」はまとめて「有の場所」と呼ぶことができるが、この「有の場所」は「意識の野」に包まれる。「有るもの」「働くもの」はすべて意識の内に包摂され、意識の内に存在する。この意味で、意識の野は有の場所よりも広い、一般者の一般者であり、後者は前者の内に包まれる。

しかも、この意識の野は無限に拡大していくことができる。そして、意識の野が広がれば広がるほど、より多くのものがその内に包まれることになる。単なる物質的世界だけでなく、生命的世界、論理的世界、歴史的世界、芸術的世界、道徳的世界等々が包まれる。そして、こうして無限に広がった意識の野の極限に「絶対無の場所」が見られる、と西田はいう。絶対無の場所は一種の極限概念であり、そのようなものとしてそれはいっさいのものを自己の内に包摂する無限大の場所と考えられる。いいかえれば絶対無の場所はわれわれの意識の最内奥に見られる内在的超越者である。

これまで実在は純粋経験、根源的統一力、自覚、絶対自由意志など、もっぱら作用や統一の極限点として考えられてきた。場所の立場はむしろ実在をそうした作用や統一を包む作用面や統一面として考えようとするものであるといえるだろう。

場所の概念が有している第二の要素は認識論的要素である。場所は「有るもの」や「働くもの」を包む空間的な場所を指しているだけでなく、同時にそれらをいわば自己の影として自己の内に映して「見るもの」であると考えられている。

とかく場所というと何か空間的に静止したものというイメージでもって受けとられがちであるが、西田のいう場所はただ単に「包むもの」であるのではなく、同時に「見るもの」であり「映すもの」でもある。もともと場所の論理は、カントや新カント学派の認識論に対抗して構築された一種の認識理論であった。カントの対象論理においては、対象化できない認識主観としての自己は不可知なものとされた。およそ認識とは対象の認識であり、したがって対象とならない認識主観としての自己自身は認識することができない。あたかもそれは眼が眼自身を見ることができないのと一般である。それで、あらゆるものを自己の認識対象として認識する当の認識主観自身は、カントの認識論においては不可知的なものとして認識の対象外におかれた。これに対して、西田は、この対象化できない認識主観としての自己自身をも認識対象としうるような認識理論を構築しようとした。それが場所の論理であり、場所の認識論である。

西田のいう場所の認識論は、カントのような対象的構成の立場に立った認識論ではなく、自己の内に自己自身を映して見る「自己写像説」である。この（自己を自己自身の内に映して）「見るもの」としての場所という考えはきわめて重要であって、そのことは、場所の論理を初めて展開した著作のタイトル『働くものから見るものへ』によくあらわれている。それは主意主義ないし作用主義から一種の直観主義への実在観の転回を表示するものであった。こうして西田は、場所の論理において、これまでの「純粋経験」「自覚」「絶対自由意志」などのように、「働くもの」や「作用するもの」を実在と考える立場から、それらを自己自身の内に映して、これを自己の影として「見るもの」の立場へと根本的に立場を転換していった。

場所の概念が有している第三の要素は実在的要素である。「有るもの」「働くもの」を自己の影として自己自身の内に映して見るものである「場所」は究極的な実在として考えられている。究極的な場所は一般者の一般者であり、「意識の野」の極限と考えられる「絶対無の場所」であるが、それはそのようなものとして、いっさいのものを自己の内に包摂するものであり（論理的要素）、またいっさいのものを自己の影として自己の内に映して見るもの（認識的要素）であると同時に、いっさいのものを自己限定の諸相とする根本的実在（実在的要素）であると考えられている。そして、究極的な場所として考えられた絶対無の場所が有している最大の特質は、それが外在的超越的方向にではなく、反対に内在的超越的方向に考えられるものであるという点にある。絶対無の場所はいっさいのものを内から包む内的超越者であり、いっさいのものの根底である。

もともと西田の思索はいわゆる外的世界に向かうのではなく、反対に内的な世界へと向かう傾向があったが、この時期、それがどこまでも内の内へ、底の底へと不断に掘り下げられていった。つまりどこまでもノエシス的超越的方向に掘り下げられていった。そして、その極限に考えられたのが絶対無の場所であり、そのようなものとして絶対無の場所はノエシスのノエシスあるいはメタノエシス的な性格を有している。いいかえれば、西田はいわゆる外的世界を包摂するような根源的世界を経験的世界や意識的世界や自覚的世界の内底の方向へもとめていき、その極限において絶対無の場所に辿りついたのである。

このように、西田哲学においては認識論と形而上学がセットになっており、両者を切り離して考えることはできない。自己が自己において自己自身を映すこと（認識）は根源的な自己自身（実在）において初めて可能となる。「余は認識論を以て止ることはできない、余は形而上学を要求する」[8]、と西田がいうゆえんである。しかし、西田のいう形而上学は従来の形而上学、すなわち真実在を対象的超越的方向にもとめる「自然の形而上学」(metaphysica) ではなく、反対に内在的超越的方向にもとめる「心の形而上学」(metapsychica) とも呼ぶべきものである。[9]

一般者の自覚的体系

さて、『働くものから見るものへ』の「後編」の諸論文で展開された場所の論理は、さらに追究され深められて、次作『一般者の自覚的体系』(昭和五年、一九三〇)においては、文字どおり、一般者の自覚的体系として体系化されていった。すなわち、前書においては、場所は「有の場所」「意識の野」(対立的無の場所)「絶対無の場所」の三層から成るものとして考えられていたが、後書においては、それらはそれぞれ「判断的一般者」「自覚的一般者」「叡智的一般者」と呼ばれるようになり、三層の一般者から成る一般者自身の自覚的体系として論理化されていった。[10]

こうして「場所」の思想は「一般者」の思想として深められていき、「判断的一般者」から「無の一般者」(絶対無の場所) にまで深まる形而上学的体系として体系化されていったが、究極的な場所である絶対無の場所に到達すると、今度は逆に絶対無の場所の自覚的限定の二方向にあるものとして、新たに「行為的一般者」と「表現的一般者」が説かれるようになった。「行為的一般者」は「絶対無の場所」のノエシス的限定方向に見られる一般者であるとすれば、「表現的一般者」は反対にそのノエマ的限定方向に見られるものである。これを図式化すれば、「絶対無の場所」(無の一般者) は、ノエシス的方向においては、

「絶対無の場所」⇓「行為的一般者」⇓「自覚的一般者」

という形で自己自身を限定していき、ノエマ的方向においては、

「絶対無の場所」⇒「表現的一般者」⇒「判断的一派者」

という形で自己自身を限定していくと考えられている。

こうして世界は七つの一般者からなる一般者の自覚的体系としてあらわされるようになった。

西田の場所の論理は、一言でいえば、心の本体としての絶対無の場所の探究であったといえるだろう。カントの認識論では不可知とされた認識主観としての自己（意識する意識）を認識しうるような認識論を構築すべく場所の論理を考案し、その究極においていっさいのものを自己の影として自己自身の内に映して見るものである絶対無の場所に到達し、その深遠なる形而上学的階梯を一般者の自覚的体系として叙述した西田は、今度は、反対に、絶対無の場所から出発して、絶対無の場所自身の自覚的限定の諸相として現実の世界を叙述しようとした。それはいわば往相から還相への転回であるといえるが、西田自身はそれを「裏」から「表」への転換として位置づけている。「表」から「裏」への形而上学的階梯の上昇の過程を論じたのが『一般者の自覚的体系』であったとすれば、反対に、「裏」から「表」への下降的過程を叙述したのが『無の自覚的限定』（昭和七年（一九三二）一二月）であった。

ところで、この『一般者の自覚的体系』から『無の自覚的限定』への移行において新しく生じてきた問題がある。その一つは「私」に対する「汝」の存在の問題あるいは「私」と「汝」の関係の問題であり、もう一つは歴史的世界における行為や実践の問題である。こうして「場所」は従来の三つの要素に

加えて、新たに四つ目の要素を有するようになった。それは実践的・行為的要素である。

弁証法的世界

『哲学の根本問題』（昭和八年（一九三三）一二月）、『哲学の根本問題 続編』（昭和九年（一九三四）一〇月）においては、西田の眼は絶対無の場所という形而上学的実在から、弁証法的に自己自身を形成していく歴史的現実界へと転じている。ここでは歴史的現実界が、究極的実在である絶対無の場所自身の自覚的限定として位置づけられている。この時期の思想の特徴は、われわれの自己がもはや従来のような意識的自己ではなく、行為的自己と考えられていることであり、また行為的自己あるいは人格的自己である「私」に対して同じく行為的・人格的自己である「汝」の存在が考えられるようになったことである。こうした変化は何によるものであろうか。

場所の認識論や形而上学においては、自己というものはもっぱら意識的自己あるいは知的自己としてとらえられていた。いいかえれば西田の関心は「意識する意識」である自己はどうすればとらえられるかという点に集中されていた。そして、前述したように、その答えは絶対無の場所の内に映すという形であたえられた。絶対無の場所がいっさいのものを自己自身の影として自己の内に映して見るその極限において、初めて「意識する意識」はとらえられると考えられたのである。ここでは、もっぱら意識的自己とその根源である絶対無の場所との間の二極的関係が問題になっている。したがって、そこでは「私」に対する「汝」の存在は何ら積極的な意義を有していない。個物と個物の相互の関係は何ら哲学の主要な問題とはなっていない。西田の関心はもっぱら個物と普遍、自己と場所との関係の問題に集中されている。

しかるに、絶対無という形而上学的場所から現実の歴史的世界に眼を転ずるとき、われわれは無数の個物が働く世界、自己と環境とが相互に限定しあう世界に行きあたる。そこにあるのは、もはや単に意識的自己とその根底にある絶対無の場所との間の二極的関係から成る世界ではなく、むしろ多数の個物が相互に限定しあうとともに、個物と一般、自己と環境とが相互に限定しあう多極的関係から成る世界である。したがってまた、歴史的現実界は意識的ないし知的自己の働く世界ではなく、行為的ないし人格的自己の働く世界である。そして、この行為的・人格的自己は互いに分離してあるのではなく、相互に密接に関係しあい限定しあっている。

西田は歴史的世界におけるこうした社会的関係を、最初、人格的自己である「私」と人格的自己である「汝」との間の「対話」や「応答」をとおして成立するものとして語っていたが、次第にそれは「私」と「汝」と「彼」の相互に限定しあう世界として多極的に表現されるようになり、その究極においては、無数の個が相互に限定しあう世界として考えられるようになっていった。また、こうした個の働きと環境との働きが相即的・相補的関係にあるものとして考えられるようになっていった。そして、そうした弁証法的な関係は「個物的限定即一般的限定・一般的限定即個物的限定」「個物と個物の相互限定即一般者の自己限定」として定式化された。

また、この時期、西田は絶対無の場所を個と個、個と一般との媒介者Mとして考えるようになった。個と個が相互に限定しあい、また自己と環境とが相互に限定しあっているのが歴史的現実界であるが、絶対無はそれらの根底にあって、そうした相互限定を可能ならしめる媒介者として考えられている。ここでは、絶対無は以前のような実在的意義から機能的意義に転じており、個と個、自己と環境との媒介者の役割を果たしている。いいかえれば形而上学的場所が弁証法的世界として現在化するにともなって、場所の論理は以前のような「述語の論理」から「繋辞の論理」へと転回していった。

3　絶対矛盾的自己同一とは何か

弁証法的世界の三つの局面

さて、現実の世界は歴史的世界であり、歴史的世界は弁証法的に自己自身を形成していく世界である。それで、それは弁証法的一般者とも呼ばれる。そして、この歴史的現実界としての弁証法的一般者は三つの側面を有するものとして考えられている、あるいは三つの側面から考察されている。ひとつは「行為的直観」であり、ひとつは「作られたものから作るものへ」であり、ひとつは「絶対矛盾的自己同一」である。

行為的直観というのは、西田の説明では、弁証法的一般者を「直接化」したものである。いいかえれば、弁証法的世界の歴史的な自己形成の過程を主体的自己（個）の側から、また主体的自己の行為をとおして見たものである。行為的自己と環境的世界は相即的・相補的な関係にあるが、そうした自己と環境との間の弁証法的関係をもっぱら自己の側から、その主体的で創造的な行為に即してとらえたのが行為的直観の思想である。

では、どうしてそれを行為的直観と呼ぶのだろうか。それは、歴史的世界の自己形成を人格的自己の側から、その主体的で創造的な行為に即して見れば、「働くこと」と「見ること」すなわち「行為」と「直観」との相互の間の相即的で相補的な弁証法的関係として見られる、と西田は考えているからである。

これに対して、「作られたものから作るものへ」は、同一の事態を、反対に弁証法的世界の側から、世界自身の歴史的自己形成に即して見たものであるといえるだろう。歴史的世界を世界自身の働きに即して見れば、それは行為的自己と環境との間の相互限定の世界としてあらわれる。環境が自己を作り、反対に自己が環境を作る。行為的自己は環境によって作られたものであるが、(この環境によって作られた)自己が逆に環境を作っていく。この意味で、自己は作られたものであると同時に作るものである。すなわち「作られて作るもの」である。

同様に、環境は行為的自己によって作られたものであるが、(この自己によって作られた)環境が自己から独立して、逆に自己を作っていく。自己と環境との間のこうした相即的関係を、西田は「作られたものから作るものへ」という用語で表現した。そして、この「作られたものから作るものへ」という性格は行為的自己においても、また環境においても認められる。ここでは、環境は単なる客体としてではなく、同時に主体として見られている。それは、行為的自己と同様、「作られて作るもの」であるのである。この点はとくに留意すべきであろう。

最後に、絶対矛盾的自己同一というのは、歴史的現実界の内的な論理的構造を表現したものである。先に見たように、すでに『哲学の根本問題 続編』において、西田は弁証法的世界の構造を「個物的限定即一般的限定・一般的限定即個物的限定」「個物と個物の相互限定即一般者の自己限定」として定式化していた。それが後に「内即外・外即内」および「一即多・多即一」に改められ、その内的な論理的構造が「絶対矛盾的自己同一」と呼ばれるようになった。したがって、「行為的直観」や「作られたものから作るものへ」の思想に通底している論理的構造が「絶対矛盾的自己同一」と考えられたのである。

「働くこと」と「見ること」、行為と直観は、一見、矛盾的で相互に対立しているように見えて、その実、「働くこと」は「見ること」から生じ、行為は直観から生ずる。両者は絶対に矛盾的でありながら、同時に自己同一を保持している。同様に、「作るもの」と「作られたもの」、「環境」と「自己」は相互に矛盾的で対立的であるように見えるが、そのじつ、「作るもの」は同時に「作られたもの」であり、反対に「作られたもの」が「作るもの」となる。「作るもの」と「作られたもの」、あるいは「環境」と「自己」は相互に矛盾的で対立的な関係にありながら、同時にそこに自己同一性が認められる。

絶対矛盾的自己同一という用語の由来

ところで、「絶対矛盾的自己同一」という用語は最初からこの形で用いられていたわけではない。弁証法的世界の内的な論理的構造を表現するのに、西田が最初に使用したのは「絶対に相反するものの自己同一」という用語である。この用語はすでに『哲学の根本問題』所収の論文「形而上学序論」(昭和八年(一九三三)二月)で用いられており、『哲学論文集 第三』所収の論文「人間的存在」(昭和一三年(一九三八)三月)にいたるまで長期にわたって用いられている。また、この用語は単に「相反するものの自己同一」とか、「相矛盾するものの自己同一」とか、「相反する働きの自己同一」とか、あるいは「相反する方向の自己同一」とかいった具合に、さまざまなヴァリエーションで使用されている。

こうした用例からわかるのは、「絶対矛盾的自己同一」という用語は歴史的現実界の内部における二つの背反する「方向」や「作用」や「要素」ないし「側面」の間に見られる矛盾的自己同一的な関係を表示する言葉であるということである。「行為と直観」「作るものと作られたもの」「時間と空間」「一と多」「内と外」など、いずれも世界や自己における背反する方向や作用や要素を表現している。じつに絶対矛盾的自己同一とは、歴史的世界の内部における相反する方向や作用や要素が、相互に矛盾し対立しあいながら、しかも世界は全体として自己同一を保持しているという事実をいいあらわしたものである、ということができるだろう。

「絶対に相反するものの自己同一」という言葉につづいて「矛盾的自己同一」とか、「絶対矛盾の自己同一」とか、「弁証法的自己同一」とか、「絶対弁証法的自己同一」とかいった用語が使用されるようになった。このうち、もっとも多く、またもっとも長く使用されたのは「絶対矛盾の自己同一」という用語であろう。ようやく「絶対矛盾的自己同一」という用語が確立し、それが西田哲学のいわば商標となった後も、田辺元や務台理作《むたいりさく》のような近親者が西田の思想に触れる際、「絶対矛盾的自己同一」ではなく、「絶対矛盾の自己同一」という言葉を使用しているのは、こうした経緯によるものと思われる。

絶対矛盾的自己同一の本来の意味

では、絶対矛盾的自己同一とはいったい何であろうか。西田はこの言葉でもっていったい何をいいあらわそうとしたのであろうか。

絶対矛盾的自己同一とは、絶対に相矛盾するもの、相対立するものが、そのように相互に矛盾し対立しあいながら、しかも同時に自己同一を保持しているということを意味している。ヘーゲルやマルクスの弁証法におけるように、矛盾し対立するものがより高い段階で止揚され綜合されて自己同一に達するというのではなく、むしろそのような矛盾のままに、また対立のままに、同時に自己同一を保持しているという意味である。そのことは世界についてもいえるし、世界の要素である物（弁証法的物）についてもいえる。より高い段階で綜合されたり統一されたりするような矛盾は真の矛盾ではない。矛盾とは、文字どおり、綜合されたり統一されたりしないからこそ矛盾なのである、と西田は考えていた。

では、このように綜合されたり統一されたりすることのない矛盾がどうして同時に自己同一を保持することができるのだろうか。そもそも矛盾が矛盾のままに自己同一を保持しているというのは不合理ではなかろうか。より高い段階で止揚されたり綜合されたりする矛盾が真の意味で矛盾とはいえないように、矛盾のままに自己同一を保持しているような矛盾もまた真の矛盾とはいえないのではなかろうか。いったい全体、絶対矛盾的自己同一とは、何を根拠にしていうのだろうか。

こうした疑問に対しては、おそらく西田は次のように答えるであろう。歴史的現実界の根底は絶対無の場所である。歴史的現実界はその根底において絶対無とつながっており、前者は後者の自覚的限定の諸相として考えられる。あるいはこれを時間の局面から見れば、現在の一瞬一瞬は永遠の今に触れており、永遠の今の一瞬一瞬の自己限定として考えられる。だとすれば、歴史的現実界は自己同一的であり、その一瞬一瞬が絶対的である。しかも、現実の歴史的世界においては個と個、自己と環境とが相互に矛盾し対立しあっており、またそうした矛盾や対立は綜合されたり統一されたりすることはない。先に述べたように、もしそうした矛盾が綜合され統一されるとするならば、それは真の矛盾ではなかったということになるだろう。したがって、歴史的現実界とその内にある物は絶対に矛盾的なものである。しかし、それは同時にその根底において「絶対無」や「永遠の今」とつながっているがゆえに自己同一的である。いわば現象において矛盾的であるものが、その根底においては自己同一的である。しかも、この現象と実在とは別個の世界ではなく、現象即実在であるから、矛盾は矛盾のままに自己同一であるといえるのである。

おそらく、これが絶対矛盾的自己同一の本来の意味であって、それは現象即実在論の思想の表現であるといえるだろう。現象的レベルでは絶対に矛盾的なものが、実在的レベルから見れば自己同一的である。しかも、現象は実在の現象だとすれば現象世界は絶対矛盾的自己同一的世界であることになるだろう。この意味で、西田の絶対矛盾的自己同一の思想はわれわれの物の見方の転換をもとめる思想であるといってよいかもしれない。すなわち、それはわれわれの自己の自覚の思想である。

むろん、現象界と別個に実在界があり、歴史的世界と別個に絶対無の場所があるわけではないが、一応、両世界は切り離して考えてみることができるだろう。いわば世界は二重構造をもっており、表面的には矛盾し対立していると映る世界が、その深層においては自己同一的である。歴史的世界は絶対に矛盾的な世界であるとともに、自己同一的であるはずなのである。事実即当為である。この意味では、歴史的世界は絶対無の自覚的限定の諸相であり、永遠の今の自己限定の諸相である。

しかし、西田が絶対矛盾的自己同一という言葉を使用する場合、つねにこうした意味あいで用いているわけではない。絶対矛盾的自己同一という言葉は、実際にはさまざまな用い方をされている。

西田哲学における矛盾の概念

周知のように、ヘーゲルは『論理学』の「本質論」のなかで、広義の矛盾を「差異」と「対立」と「矛盾」に分けた。「差異」（Verschiedenheit）とは、二つのものの外面的区別である。この区別は比較によって生ずる。したがって、差異は二つのもの自身の内にあるのではなく、二つのものの外にあって二つのものを比較する第三者の観点の内にある。差異においては二つのものは相互に無関心であり、その差異は二つのものの外にある第三者によって初めて認識される。(11)

これに対して二つのものを比較する観点が二つのもの自身の内にある場合、その区別は「対立」（Ge-

gensatz）と呼ばれる。対立は二つのものの内面的な区別であって、ここでは、二つのものは相互に他のものの契機であり、成立要件でありながら、自己が全体であり始源であること、つまりは自己の積極性を主張する。また、その点で相互に対立している。[12]

「矛盾」（Widerspruch）とは、二つのもの相互の対立が両立せず、相互に排他的となり、択一的となった段階である。対立においては、その共通の基盤である全体の同一性は予想されていても、はっきりとは自覚されていない。これに対して、矛盾においてはその同一性が自覚され、各々の契機の内に取り入れられる。こうして、それぞれの契機は自己が全体であることを主張する。したがって、二つの契機は相互に排他的となり、択一的となる。そして、二つのものが相互に自己を否定し、止揚された段階が「綜合」（根拠 Grund）である。[13]

ヘーゲルの矛盾概念の本質は、二つの対立する契機が両立しないこと（非両立性）と、相互に排他的であること（排他性）と、二者択一的であること（二者択一性）にあるといえるだろう。こうしたヘーゲルの矛盾概念に対して、西田のいう矛盾は非両立的なものでも、排他的なものでも、択一的なものでもない。たとえば一と多というのは全体的一と個物的多という意味であって、それは世界の全体とその要素との関係をあらわしている。したがって、そこに差異や対立はあっても、非両立性や排他性や択一性という意味での矛盾はない。むしろ一と多は相互に他を予想し、前提している。このことは内と外、時間と空間についてもいえる。たしかに内と外、時間と空間の間には差異があり、対立があるが、両者は非両立的でも、排他的でも、二者択一的でもない。むしろ両者は相互に依存的であり、相補的でありさえする。実際、西田は歴史的世界の矛盾的自己同一的な自己形成をボーア（Niels Bohr、一八八五～一九

六二）の「相互補足性」（Komplementarität）の概念を用いて説明している。(14)

行為的直観

絶対矛盾的自己同一がもっている相即的で相補的な性格は行為的直観の概念を見れば明らかであろう。行為と直観はその働きとしては方向が反対であり、相互に対立している。したがってまた矛盾している。一方は動的であるのに対して他方は静的であり、一方は能動的であるのに対して他方は受動的である。また、一方は内から外への働きであるのに対して他方はむしろ外から内への働きである。しかしながら、行為は直観を否定するのではないし、直観は行為を否定するのでもない。むしろ行為は直観から生じ、直観は行為から生ずる。行為はどこまでも行為でありながら同時に直観的である。同様に、直観はどこまでも直観でありながら同時に行為的な性格を有している。すなわち行為と直観は絶対矛盾的でありながら同時に自己同一的である。

このことはポイエシス（芸術的制作）を例にとって考えてみれば明らかであろう。たとえば画家はある対象を見、その対象に動かされることによって制作へと唆《そそのか》される。対象を見る（直観）ことが対象を描くという行為を誘発する。対象を見れば見るほど、その対象を描きたいという衝動が強くなり、制作へと駆り立てられる。だとすれば、描くという行為の前に直観があるのであり、行為は直観から生ずる。否、むしろ直観は行為そのものでさえある。そして、対象に対するこうした直観が深くなれば深くなるほど、画家の制作はますます個性的となり、創造的となっていく。それだから、直観は自己矛盾的に行為であり、直観即行為である。

一方、画家によって制作された作品は画家とは別個の存在ではない。作品は画家の自己表現であり、画家自身の本質の対象化である。作品は画家の理想や信念や思想の表現であり、したがってまた画家自身の内なる魂であり、否、むしろ画家自身でさえある。作品は画家の分身であって、画家はその作品のなかにほかならぬ自分自身を見るのである。こうして、画家は制作をとおして自己自身を発見するのであり、制作という行為が自己自身の直観を生むのである。だとすれば、行為によって直観が生ずるのであり、行為するということが直観するということであるのである。画家は個性的に、また創造的に働けば働くほど、ますます深く自己自身を直観する。それだから行為は自己矛盾的に直観であり、行為即直観である。

このように直観と行為はヘーゲル的な意味で相互に対立しているのでも矛盾しているのでもなく、むしろ自己否定を媒介として相互に補足しあい補完しあっていることになる。行為は直観を予想し、直観は行為を予想する。逆説的な表現ではあるが、行為は、それが行為的でないとき、つまり直観的であるとき、真の行為となるのであり、反対に直観は、それが直観的でないとき、つまり行為的であるとき、真の直観となるのである。こうして行為即直観・直観即行為である。行為と直観は矛盾的に自己同一である。直観とは、ただ単に自己がなくなることでもなければ、自己が物となることでもない。自己が物を作ることによって、真に能動的に物の真実が把握されることである(15)。

西田は、こうした行為と直観との間の相即的・相補的な関係は、ただ単に芸術的制作作用（ポイエシス）においてばかりでなく、日常的な感覚的知覚から始まって、抽象的な科学的認識、さらには具体的な歴史的実践的行為をも含めたあらゆる作用や働きにおいて、強弱・深浅の程度の差こそあれ、通底して見られる性格であると考え、行為的直観を弁証法的世界におけるわれわれの自己の主体的行為の方式、あるいは実在の把握の仕方であると考えた。

行為的直観は行為と直観との間の相即的・相補的な関係を表示する概念であるが、その場合、力点は直観の方におかれている。『善の研究』において、西田がもっとも理想的で究極的な純粋経験を「知的直観」と呼んでいるところからもうかがえるように、西田の思想において直観はつねに最重要な位置を占めている。中期の根本思想である絶対無の自覚も「自己が自己において自己自身を見る」ことであり、自己の根底が絶対無であることを直観することだと考えられている。このように、西田哲学においては、直観とは自己や世界の根底を洞察することであると考えられており、かような直観に促されて生ずるような行為が真に個性的で創造的な行為である、と考えられている。われわれは直観によって永遠なるものに触れ、かかる永遠なるものの自己限定として行為するのでなければならない。いいかえれば、自己の根底である絶対無の場所に通徹し、絶対無の自覚的限定として行為するのでなければならない。それが行為的直観の思想であって、その精髄は「物となって見、物となって行う」ことにある。

内即外・外即内

ところで行為的直観の概念は内即外・外即内の概念と結びつく。この点を、同じくポイエシスを例にして検討してみよう。画家はある対象を見て動かされる。見れば見るほどその対象に惹きつけられ、その対象を描きたいという衝動を感ずる。そしてそうした止み難い衝動に駆られて画家は絵筆をとってカンバスに絵を描き始める。その場合、対象は画家の外にあるものであるが、画家がその対象を見て感動し、動かされたとき、その対象はもはや画家の外にあるのではなく、画家の内に入ってきて、内から画家に向かって「描け！　描け！」と呼びかける声となっている。だとすれば、その対象は外なるものではなく、内なるものであり、否、むしろもっとも内面的な内の内なるものである。この意味で、外なるものは内なるものであり、外即内であるといえる。

このことは別様にも表現できるだろう。画家がある対象を見て感動し、その対象に心を奪われたとき、すでに画家は自己を失って、その対象のなかに入っていっている。感動するということは我を忘れるということであり、また我を忘れるということは対象のなかに没入するということである。いわゆる自己というものがなくなって、自己が対象そのものと一体となることである。だとすれば、自己すなわち内なるものは対象すなわち外なるものであり、内即外であるといえる。

たしかに空間的には対象は画家にとって外なるものである。誰もその対象が画家の内にあるとはいわない。しかし、画家がその対象を見て感動し忘我の状態になったときには、その対象はもはや外にあるものではなくて、画家の内に入ってきており、画家にとってもっとも親密なものとなっている。否、むしろ画家の方がその対象の内に深く入り込んでいるといった方がいいかもしれない。いずれにしても、心理的には画家とその対象とは一体不二の状態にあり、両者の間に内外の区別はない。内即外であり、外即内である。

また、画家は対象を描くという行為をとおして作品のなかに自己自身を投影させる。作品は画家自身の表現であり、この意味で、それは画家の魂であり、画家の分身である。画家は自分の理想や希望や想念を自分の作品のなかに表出するのである。だとすれば、外なる作品はじつは画家の内奥にある本質である。そして、この意味で、外なるものはもっとも内なるものであり、外即内であることになる。また、これを画家の方から見れば、内なるものは外なるものであり、内即外であるといえるだろう。いずれにしても、内は外であり、外は内である。というよりも、そこには内と外との区別はない。

このように、内と外とは相互に非両立的でも、排他的でも、二者択一的でもなく、むしろ相即的であり相補的である。内はどこまでも内であって外ではない。外はどこまでも外であって内ではない。この意味では、内と外は絶対に矛盾的である。しかし同時に、内は自己否定的に外であり、外は自己否定的に内である。内なるものの本質はじつは外なるものであり、外なるものの本質はじつは内なるものである。この意味では、内と外は一体不二であり、自己同一である。それだから内と外は絶対矛盾的であると同時に、相互の自己否定を媒介として自己同一である。

そしてこの内と外との関係は行為的自己と環境との関係についてもいえるだろう。常識的には環境は外なるものであり、行為的自己は内なるものであるが、環境がわれわれにその時々の課題をあたえ、その解決を迫まったり、強制的に、あるいは西田の言葉でいえばデモーニッシュに生死の決断をもとめたりするときには、いつしか環境はわれわれの内に深く入り込んで、われわれの内から行為をうながすものとなっている。その場合、もはや環境は外なるものではなく、内なるものであり、われわれ自身でさえある。またわれわれがそれぞれの問題を熟慮し、覚悟を決めて環境に働きかけるとき、われわれは環境の内に自己自身を実現する。その場合、もはやわれわれの自己は内なるものではなく、外なる環境であるといってよい。内なる自己は外なる環境において実現されている。すなわち内即外であり、外即内である。

一即多・多即一

行為的直観や内即外・外即内についていったことは一即多・多即一についてもいえるだろう。一即多・多即一はもともと弁証法的世界の自己形成の定式「個物と個物の相互限定即一般者の自己限定」を簡略化したものである。この場合、「一」は全体的一を、「多」は個物的多をあらわしている。歴史的世界は多数の個物と個物、自己と他己が相互に限定しあう世界であるが、それは同時に全体的一である世界が自己自身を限定する諸相であり局面である。そして、そこに個物と世界との間の相即的・相補的な関係が認められる。個物と個物は世界を媒介として相互に限定しあい、反対に世界は個物と個物の相互限定を媒介として自己自身を限定する。

これに対して弁証法的世界のもう一つの定式「個物的限定即一般的限定・一般的限定即個物的限定」は内即外・外即内として簡略化された。そしてそれは一般に行為的自己と環境との間の相即的・相補的関係を表示するのに用いられている。いいかえれば、内即外・外即内は主体と客体、自己と環境との間に見られる相互限定的関係をいいあらわしたものである。

けれども、翻って考えてみれば、環境は行為的主体である自己に対して表現的客体という意味をもっているが、しかし同時に環境は自己を包む全体であり、この意味で世界をも意味する場合がある。環境は内なる主観に対しては外なる客観であるが、個物としての行為的自己に対してはそれを包む全体としての世界という意味をも有している。そこに用語上の二義性が見られ、実際、西田のいう環境は二義的な性格を有している。しかし、本来、両者は区別すべきものであり、主観に対する客観、すなわち内に対する外と、個物的自己に対する全体的世界、すなわち多に対する一とは区別されなければならない。したがって、個物と個物の相互限定即一般者の自己限定という場合、その個物と個物の相互限定のなかに文字どおり行為的自己（私）と行為的自己（汝）との相互限定のほかに、個物と環境との相互限定も含まれる。したがって、個物と個物の、また個物と環境との相互限定がすなわち両者を包む世界自身の自己限定として考えられなければならない。西田が説いている歴史的世界の自己形成の論理、たとえば「行為的直観」「作られたものから作るものへ」「絶対矛盾的自己同一」等の観念を正確に理解するためには、個物と世界、あるいは行為的自己と環境と歴史的世界の相互の間に見られるこのような多義的ないし多極的関係に留意する必要がある。

ところで、この一即多・多即一は種々のヴァリエーションをもって表現されている。「一の多」「多の一」「一即多」といわれたり、「一から多へ」「多から一へ」「多即一」といわれたりする。[16] その場合、いずれも初めにくる言葉に力点が置かれていると考えてよい。すなわち「一の多」という場合は、全体的一の方に、また「多の一」という場合は「個物的多」の方に力点が置かれている。これは「一から多へ」とか「一即多」とかいう場合も、反対に「多から一へ」とか「多即一」という場合も同様である。たとえば、物質的世界は無限に多くの原子の組み合わせによって形成される世界と考えられるので、「多の一」の世界とか、「多から一へ」の世界とかいわれる。これと反対に、生命的世界は有機的な全体が中心となり、それによって各部分が有機的に位置づけられているので、「一の多」の世界とか、「一から多へ」の世界であるとかいわれる。これに対して、歴史的世界は自己が世界を作り、世界が自己を作るので「一即多・多即一」の世界といわれる。

三種の世界

以上のことと関連して、ここで三種の世界について触れておかなければならない。三種の世界というのは物質的世界、生命的世界、歴史的世界のことである。西田はしばしばこの三種の世界の相互の関係について論じている。しかし、厳密にいえば、それぞれが独立した三種の異なった世界があるというわけではない。それらは同じ絶対無の自覚的限定の諸段階として相互に重層的に重なり合っているのである（重層的内在論）。そして、一般論としていえば、絶対無の自覚的限定のもっとも具体的な段階が歴史的世界と考えられており、生命的世界、物質的世界と進むにつれてその限定が抽象的になっていくと考えられている。あるいは物質的世界と生命的世界は両極端の方向へ抽象化された世界であるのに対して、歴史的世界は中和され綜合されたもっとも具体的な世界であると考えられている。

物質的世界は弁証法的世界をその空間的限定に即して見た世界である。いいかえれば、その時間的限定の意義を極小にした世界である。ここでは、時間は空間に即して考えられる。物質的世界においては時間は独自の意義を有していない。したがって、時間は空間化されて過去から現在へ、また現在から未来へと均質的に進行していく。それは因果論的に過去から決定される時間である。ここでは新しいものは何も創造されない。時間が均質的になると同時に個物も均質的になり、世界は同質的なものの集合と考えられる。すなわちそれは多数の原子から成っている世界である。したがって、物質的世界は同じ条件が与えられれば何度でも同じ形が繰り返される機械論的世界である。ここでは、物質は合成体であって、多数の原子の集合であると考えられている。したがって、物質的世界は個物的多を基にして考えられた世界であって、「多の一」の世界、あるいは「多から一へ」の世界であり、「多即一」の世界である。

生命的世界は、物質的世界とは反対に、弁証法的世界をその時間的限定に即して見た世界である。生命的世界においては、各々の個物は自己に固有の時間を有している。生命的世界は全体的一に重点が置かれた世界であり、「一の多」の世界、あるいは「一から多へ」の世界である。「一の多」の世界というのは時間的世界ということであり、「一から多へ」というのは目的論的世界ということである。ここでは、時間は過去から決定されるのではなく、反対に未来から決定される。それぞれの個物は自己に固有の時間を有し、また自己に固有の目的によって動いている。生命的世界においては時間は一回かぎりであって繰り返されるということはない。したがってまた、個物も一回かぎりであって反復されるということはない。

物質的世界の個物の典型が「原子」であるとすれば、生命的世界の個物の典型は「細胞」である。そして、細胞はただ単に外部からの力によって動くのではなく、同時に自発的に内部からの力によって動く。それだから生命的世界は、物質的世界のように、現在が過去から決定される機械論的な世界ではなく、むしろ現在が未来から決定される目的論的な世界である。しかし生命的世界においてはまだ真に個物が個物と対立するということはない。個物が個物自身を限定するということはない。個物は外的環境に依存し、外的環境によって媒介される。つまり個物はまだ真に独立的ではないのである。それゆえ生命的世界はまだ「作られたものから作るものへ」の世界ではなく、「作られたものから作られたものへ」の世界である。

歴史的世界

歴史的世界は時間的限定が同時に空間的限定であり、空間的限定が同時に時間的限定であるような世界である。あるいは個物的多が同時に全体的一であり、全体的一が同時に個物的多であるような世界である。歴史的世界は、物質的世界のように、弁証法的世界をその空間的限定に即して見た世界でもなければ、反対に、生命的世界のように、それを時間的限定に即して見た世界でもない。また、それは機械論的に現在が過去から決定される世界でもなければ、目的論的に現在が未来から決定される世界でもない。その一瞬一瞬において現在が現在自身を限定していく世界である。すなわち「永遠の今」あるいは「絶対現在」の自己限定の世界である。そのようなものとして歴史的世界は真に自由な世界であり、またどこまでも創造的な世界であって、そこでは、作られたものが、作るものによって作られたものでありながら、同時に作るものを作っていく。反対に、作るものは、作られたものを作るものでありながら、同時にその作られたものによって作られる。いいかえれば、作られたものが作るものであり、作るものが作られたものであるような世界である。こうして歴史的世界は「作られたものから作るものへ」と不断に自己形成的である。

歴史的世界においては、個物はどこまでも個物に対立し、個物と個物が相互に限定しあうということと、作られたものから作るものへと世界が世界自身を限定していくということとは同一である。すなわち個物と個物の相互限定即一般者の自己限定である。一即多・多即一である。歴史的世界は「多の一」の世界でもなければ「一の多」の世界でもない。「多から一へ」の世界でもなければ「一から多へ」の世界でもない。むしろ両極端の世界が中和され綜合された「一即多・多即一」の世界である。歴史的世界は個物が自己否定的に環境を形成し、環境が自己否定的に個物を形成するポイエシスの世界である。そして、われわれの自己はこのような創造的世界の創造的要素として考えられている。行為的自己は真の個物として、ライプニッツのモナドのように、世界を映すとともに、世界のペルスペクティーフの一観点であるということができる。表出即表現として、行為的直観的に見ることによって働き、働くことによって見るのである。

ところで西田のいう歴史的世界においては厳密な意味では進歩や発展というものはない。そこにあるのは世界が自己自身を形成していく無限に異なった「形」である。歴史的世界はどこまでも創造的な世界であって、そこでは、不断に新しい形が形自身によって創造されていく。世界は一瞬一瞬に形態変化（メタモルフォーゼ）していくと考えられている。そして、その変化の一瞬一瞬が永遠に触れている。あるいは世界は永遠の今の自己限定である、と考えられている。したがってまた、その一瞬一瞬が絶対的であり、それ自体で完結していると考えられているのである。この点では、西田の歴史観はスピノザやランケのそれに近い。

しかるに、こうした歴史観においては進歩や発展というものは考えにくい。歴史の一瞬一瞬が永遠に触れており、絶対的であるとすれば、そこに目的や目標を設定するのは困難であろう。その一瞬一瞬が絶対現在の顕現であるような世界は、その一瞬一瞬が完全であると考えられる。したがって、そこにあるのは永遠なるものの不断の形態変化である。一瞬一瞬に新しい形が創造され、その一々が、その根底において永遠の今に触れており、したがってそれぞれが比較を絶する価値を有していると考えられている。

この意味で、西田のいう歴史的世界の自己形成は芸術や文化の領域においてもっともよく当てはまるといえるだろう。実際、前述したように、西田自身、しばしばそれを芸術的制作（ポイエシス）を例にして説明している。「行為的直観」にしても、「作られたものから作るものへ」にしても、それが進歩や発展という観念と容易に結びつかないのはこうした理由によるのではなかろうか。そこでは、個物と個物、自己と環境は相互に相即的で相補的な関係にあるとは考えられても、相互に矛盾的で対立的であるとは考えにくい。したがってまた、矛盾や対立の綜合としての進歩や発展という考えは生じにくいように思われる。

たしかに西田は、歴史的世界においてわれわれに与えられるものは、単に与えられるものではなく、課題として与えられるものであって、世界はわれわれにその課題に対する解決を迫るものであるとか、行為的直観的にわれわれに臨む世界は、われわれに生死を迫るものであるとかいっている。歴史的世界は「生か死かの戦い」の場であるといったり、われわれの自己の底にまで迫って「魂の譲渡をもとめる」といったりもしている。さらには、そうした課題を解決するところに歴史の進歩や発展というものがあるといったりもしている。しかし、仔細に検討してみると、それらはどちらかというと心境的なものであり、自覚的な要素が強い。進歩というよりも進行であり、発展というよりも進展である。西田のいう実践は社会を変革していくという意味の実践ではなく、自覚を深めていくという意味の実践、すなわちポイエシス的実践の要素が強い。歴史的世界の自己形成は「進歩の相の下に」見られているのではなく、「永遠の相の下に」見られており、したがってそこに認められるのは、社会のさまざまな進歩や発展というよりも、さまざまな形や形態の変化である。それは芸術や宗教の世界を説明するのには好適であるが、社会的・政治的実践を説明するには必ずしも適していないようにも思われる。そして、この点が西田の実践概念の問題点ないしは課題であるといえるだろう。(17)

4　最晩年の逆対応の論理との関係

最後に、「絶対矛盾的自己同一」と最晩年の「逆対応」の論理の関係について若干、触れておきたい。冒頭でも述べたように、西田は絶対矛盾的自己同一の論理でもって、自分の哲学は完成し、その最終的な表現を得たと確信していた。そして、以後は、この絶対矛盾的自己同一の立場から種々の領域を位置づけ、説明しようとした。実際、彼は経験科学・実践・芸術・知識・物理・数学・自然科学・歴史・

国家・宗教・生命等々の特殊的問題を矢継ぎ早に論じている。こうした事情と経緯を見れば、彼は絶対矛盾的自己同一の論理を、あらゆる学問領域を基礎づける根本の原理と考えていたことがよくわかる。しかし、西田は、その最晩年に、さらに逆対応の論理を説くにいたった。そして、近親の者たちに対して、この逆対応の論理が彼の最終の世界観である、と公言している(18)。

では、逆対応の論理とはいったいどのような論理なのであろうか。また、それは絶対矛盾的自己同一の論理とどのような関係にあるのだろうか。

逆対応というのは、絶対と相対、神と人間、仏と衆生の間に見られる逆方向からの相互の自己否定的な対応をいう。そのようなものとして、それは優れて宗教的な関係を表示する概念であるといってよい。絶対は、文字どおり、いかなる対をも絶したものであるが、しかし何ものにも対しないものは無であって、それ自身何ものでもない。だとすれば、絶対は対を絶するものであるとともに、何かに対するものでなければならないことになる。しかし、それは矛盾である。では、このような矛盾はどのように考えれば克服されるだろうか。西田の答えはこうである。絶対は自己を否定し、その否定した自己に対する。それが相対である。だとすれば、相対は絶対の自己否定態であり、絶対は自己否定態としての相対に対するのである。つまり絶対は自己を否定して自己を相対化し、そして相対化した自己に対するのである。

一方、相対はそれ自身では絶対に対することはできない。絶対に対するものはそれ自身が絶対でなければならず、また反対に、相対に対するものは、それ自身、一つの相対であって、もはや絶対とはいえないからである。そこで、相対は自己自身を否定し、その否定した自己に対する。しかるに、相対の否定は絶対であるから、相対は自己自身を否定して初めて絶対に対することができることになる。こうして絶対は自己否定的に相対に対し、逆に相対は自己否定的に絶対に対する。絶対と相対は相互の自己否定を媒介として逆方向から対応しあっている、と考えられなければならない。そして、これが西田のいう逆対応の論理の要諦である。

こうした逆対応的な関係は神と人間、仏と衆生の間に顕著に認められる。自己の悪と無力を自覚して自己を放下し、神や仏に救済をもとめる人間や衆生の側の働きに対応して、人間の姿をとったり（受肉）、地獄に落ちたりしてまでも罪人や悪人を助けんとする神や仏の側の働き（愛や慈悲）がある。それは相対（人間・衆生）と絶対（神・仏）の間の、相互の自己否定を媒介とした逆方向からの対応関係である。そして、その場合、まず相対の自己否定的な働きがあり、それに対応して絶対の働きがあるというのではない。かといって、反対に、絶対の側の自己否定的な働きが先にあって、それに相対の働きが対応しているというのでもない。相対の働きがあるところ、同時に、そこに逆方向からの絶対の働きがあり、また反対に、絶対の働きのあるところ、同時に、そこに逆方向からの相対の働きがある。神・仏の働きと人間・衆生の働きは啐啄同時である。

逆対応の論理は、絶対と相対あるいは普遍と個の間の矛盾的・対立的関係をよくあらわしている。あるいはまた、超越的なものが内在的であり、内在的なものが超越的であるというパラドクシカルな関係がよく表示されている。

ところで、従来から、西田の絶対矛盾的自己同一の観念は自己同一の方に重点が置かれていて、自己矛盾的な要素が希薄であるということが指摘されていた。それが逆対応の論理によって、絶対矛盾的自己同一の概念では希薄であった矛盾的・対立的な要素が前面に押し出されてきたとして、それを高く評価する意見が多かった[19]。

たしかにそういう傾向はあったであろう。しかし、それだからといって、逆対応の論理は絶対矛盾的自己同一の論理を超えたまったく新しい論理であると解釈するとすれば、それは行き過ぎであるように筆者には思われる。むしろ絶対矛盾的自己同一の内の「絶対矛盾的」という要素が、逆対応の論理によって自覚的に明確にされ、深く掘り下げられたといえるのではなかろうか。これに対して、「自己同一」という要素は「平常底」の概念によって明示されているといえるだろう。平常底というのは、宗教的態度ないし心境をあらわす言葉であり、究極的な安心を得た状態（休歇《きゅうけつ》）を表示する概念である。それは南泉のいう平常心を、さらにその底に徹底したものと考えられる。だとすれば、絶対矛盾的自己同一の論理は、その最晩年において逆対応の論理によって取って代わられたというよりも、それが「絶対矛盾的」と「自己同一」の二つに分節され、その「絶対矛盾的」という要素が先鋭化されて逆対応としてあらわされ、また「自己同一」という要素の方は平常底として説かれるようになった、と考えるのが穏当であるのではなかろうか。最晩年の鈴木大拙宛の書簡においても、しばしば絶対矛盾的自己同一の論理が鈴木のいう「即非の論理」と軌を一にすることが力説されている[20]。

このように考えれば、絶対矛盾的自己同一の論理は依然として西田哲学の最終的な世界観であったといえるだろう。いずれにしても、それは、歴史的現実界の内的・論理的構造を表示する絶対矛盾的自己同一の論理が本質的に宗教的性格を有していることを示している。「作られたものから作るものへ」と行為的直観的に自己自身を形成していく現実の歴史的世界はその根底において宗教的構造を有しているのである。この意味で、すべて学問道徳の根本には宗教があるといえるだろう。そして、こうした考えは処女作『善の研究』以来、西田の思想に一貫した考えであったのである。

註

（1）たとえば西田は務台理作宛書簡（大正一五年六月八日）で、「場所」の論文に触れて、「私は之によって私の最終の立場に達した様な気がします」と書いている。また、『哲学論文集　二』（昭和一〇年一一月）には「哲学体系への企図」という副題が付されている。

（2）旧版、第十巻、三頁。新版、第九巻、九七頁。

（3）旧版、第十巻、三四一頁。新版、第九巻、三五九頁。

（4）旧版、第十一巻、三頁。新版、第十巻、三頁。

（5）旧版、第九巻、三頁。新版、第八巻、二五五頁。

（6）『善の研究』においては、個体的な「純粋経験」からその自発自展の諸相としていっさいのものが説明されているのに対して、『自覚に於ける直観と反省』においては、むしろ反対に普遍的な「自覚」の意識からその自己発展の要素ないし契機として直観と反省が位置づけられている。前者が個体主義であるとすれば、後者は普遍主義である。また、『善の研究』においては、「純粋経験」（直観）に力点が置かれているのに対して、『自覚に於ける直観と反省』においては「反省」の契機に力点が置かれている。この意味では、『善の研究』は直観主義の立場であり、『自覚に於ける直観と反省』は論理主義の立場であるといえるだろう。なお、自覚の定義に「自己の内に自己を見る」という表現と「自己の内に自己を映す」という表現との二種があるが、前者は自覚を直観の側から見たものであり、後者はそれを反省の側から見たものであると、一応、区別することができるだろう。

（7）こうした二重構造は「絶対矛盾的自己同一」についてもいえる。「絶対矛盾的自己同一」とは、後述するように、歴史的世界が有している内的・論理的構造を表示する観念であるが、歴史的世界は「絶対矛盾的」

要素と「自己同一」的要素を有している、と考えられている。その場合、ヘーゲルやマルクスの弁証法のように、絶対に矛盾的なものが高次の段階で止揚され克服されて自己同一になるというのではなく、矛盾が矛盾のままに同時に自己同一を保持しているというのである。絶対に矛盾し対立するものが、そのように相互に矛盾し対立しながら、同時にその根底においては自己同一的であるというのである。

(8) 旧版、第二巻、六頁。新版、第二巻、七頁。

(9) 「自然の形而上学」と「心の形而上学」との関係および異同については拙著『西洋の哲学・東洋の思想』(講談社、二〇〇八年)、とくにその第三章を参照されたい。また本書、第二章をも参照。

(10) 厳密にいえば、「絶対無の場所」は「叡智的一般者」そのものではなく、叡智的一般者の極限に見られるものであり、「無の一般者」とも呼ばれている。さらに、「判断的一般者」と「自覚的一般者」の間に、いわば両者の中間項として「推論式的一般者」が考えられている。

(11) *G. W. F. Hegel Werke in zwanzig Bänden 6, Wissenschaft der Logik II*, Suhrkamp Verlag, S. 47-55.

(12) *ibid.*, S. 55-64.

(13) *ibid.*, S. 64-80.

(14) 旧版、第八巻、四二五頁。新版、第八巻、一二四頁。なおボーアの相互補足性の観念については『因果性と相補性』(ニールス・ボーア論文集1)岩波文庫、一九九九年、参照。

(15) 旧版、第九巻、二〇三頁。新版、第八巻、四一〇頁参照。

(16) 「多の一」とか「一の多」という場合は世界の空間的構造を指し、「多から一へ」とか「一から多へ」という場合は世界の時間的構造を指していると思われる。

(17) 西田の実践概念については、拙著『西田幾多郎』(ミネルヴァ書房、一九九五年)、とくにその「終章」参照。

(18) 沢瀉久敬宛書簡(昭和二〇年三月二三日)。

(19) たとえば田辺元は『哲学入門』において、次のように述べている。

「有と無というものは矛盾的に対立し、互に反対する作用である。そのように相互反対なものが、或は逆なものが、逆のままで相呼応し互いに結びつくというのです。その関係を西田先生は逆対応、逆限定と呼んでおられます。まことに適切な概念である。……逆対応という規定は、ごく晩年の先生のお考えですが、これは適切に有と無との絡み合いを表現したものだと思います」(『田辺元全集』第十一巻、筑摩書房、一九六三年、四九二頁)。

(20)「私は今宗教のことを書いています　大体従来の対象論理の見方では宗教というものは考えられず　私の矛盾的自己同一の論理即ち即非の論理でなければならないということを明らかにしたいと思うのです　私は即非の般若的立場から人《にん》というもの即ち人格を出したいと思うのです　そしてそれを現実の世界と結合したいと思うのです」(鈴木大拙宛書簡、昭和二〇年三月一一日)。

第九章　場所的論理と宗教的世界観

1　成立の経緯と時代背景

西田幾多郎の遺稿「場所的論理と宗教的世界観」（以下、「宗教論」と略称する）は昭和二〇年（一九四五）二月四日に起稿され、同年四月一四日に脱稿された。それからおよそ二カ月後の六月七日に、西田は死去しているので、これが彼の最後の完成論文となった。あるいは虫が知らせたのでもあろうか、西田は近親の弟子たちに、この論文を自分の「遺言」のようなものだと語っている。西田は「宗教論」の公刊を切望し、あらゆる手立てを尽くしたが、ついに彼の生前には日の目を見ることなく、亡くなった翌年の昭和二一年（一九四六）二月に、同じく遺稿となった論文「生命」とともに、『哲学論文集　第七』に収録され、岩波書店から刊行された。

「宗教論」は、太平洋戦争の末期という未曾有の政治的・社会的混乱状態と切り離して考えることはできない。米軍による連日の大空襲下に書かれたものである。西田の日記を見ると、連夜の空襲の記載があり、弟子の久松真一に宛てた書簡には、Ｂ29による空襲に触れながら、「もう老先も短きこと故ヘーゲルがイェーナでナポレオンの砲弾を聞きつつ現象学を書いたというつもりで毎日決死の覚悟を以て書いています」（四月一二日）と記している。また、澤瀉久敬宛の書簡では「これは私の最終の世界観とも云うべきもので　私にとって実に大事なものであり　又是非諸君に見てもらいたいと思うものです」（三月二三日）と述べている。何とか少部数でも印刷して近親者に配布したいという強い願望をもっていたが、当時の出版事情の悪さに加え、印刷所が火災にあったりなどして西田の望みは叶わなかった。この頃、書かれた日記や書簡を見ると、彼はすでに敗戦を見越した上で、敗戦によって日本人が何よりも国民的自信を失うことを危惧し、道義文化に基礎をおいた国家建設の急務を力説している。「永遠に栄える国は立派な道徳と文化とが根柢とならねばな」らず、「我国民は今や実にこの根柢から大転換をやらねばならぬ時」（三月一四日、長與善郎宛書簡）だというのである。この「宗教論」も、こうした思いが根底にあって執筆されたものと思われる。

2　「場所的論理と宗教的世界観」の背景

以上が、西田の「宗教論」の成立の経緯とその時代背景である。『哲学論文集 第三』所収の論文「絶対矛盾的自己同一」（昭和一四年（一九三九）三月）によって、自己の哲学の最終的立場を確立した後、西田は絶対矛盾的自己同一の立場から、歴史、国家、実践、制作、知識、物理、数学、論理、生命等の特殊的問題を矢継ぎ早に論じていったが、最後に、もう一度、宗教の問題に戻って、彼が常々、学問・道徳の基本と考えていた宗教の本質を説き明かそうとしたように思われる。しかし、この時期に西田がとくに宗教に関心をもち、また自分の立場から宗教を論じてみようと思い立つにいたったのには、いくつかの動機ないしは誘因が伏在していた。その時代的・社会的背景については略述したので、繰り返さないことにして、まず挙げられるべきは、この頃の田辺元（明治一八～昭和三七、一八八五～一九六二）の動向であろう。

田辺元『懺悔道としての哲学』

大正八年、京都大学に招聘されて以後、長年、田辺は西田の後継者と見られていたが、昭和一〇年代に、社会存在の論理として、いわゆる「種の論理」あるいは「絶対媒介の弁証法」を提唱して、次第に西田の「場所の論理」に対して批判的態度を強めていった。当時、田辺は西田哲学を直観主義、神秘主義、観想主義、発出論として、さかんに批判している。しかし、太平洋戦争の末期に、突然、それまでのカント的な道徳的理性の立場を翻《ひるがえ》して、一転して「懺悔道」を説くようになり、急速に親鸞の他力思想に接近していった。昭和一九年度の特殊講義は「懺悔道」という題目でおこなわれ、その講義の一部は『私観教行信証の哲学』（同年一二月）という題で出版された。西田は田辺の講義を実際に聴いたわけでも、またその書物を実際に読んだわけでもなかったようであるが、その内容のあらましは弟子の務台理作、高山岩男、島谷俊三などをとおして間接に聞き知っていたようである。そして、日頃の田辺の西田批判に対する不満や不快感も手伝って、田辺の親鸞解釈に強く反発を感じたように思われる。当時、弟子たちに宛てた書簡を見ると、「弥陀の呼声というものの出で来ない浄土宗的世界観は浄土宗的世界観にはならない」(1)とか、「ザンゲばかりの世界は道徳の世界で宗教の世界ではない」(2)とか、「聖道門浄土門というのも唯概念的にのみ考えている」(3)とかいった手厳しい批判を繰り返している。こうした批判は、前述したように、主として伝聞にもとづいてイマージュされた田辺の教説に対する批判であり、そのような性質のものとして、そこには多くの先入観や予断があったようである。というのも、戦後、刊行された田辺の『懺悔道としての哲学』（昭和二一年、一九四六）を見ると、田辺自身は「私が此様に他力信仰に対し眼が開かれると同時に、普通自力門としてそれに対蹠的とせられる禅に、従来よりもなお一歩を近づけしめられた感があった[4]」と述べているし、また同書のなかで名号による救済というものを力説しているからである。

このように、西田の田辺理解には、前述したような、両者の関係の不幸な経緯にもとづく誤解や臆断が少なからず見られるのであるが、それと同時に、西田がつねに自分の思想に対する田辺の批判に敏感であったこと、また西田の田辺の関心や問題意識のなかには、当時の田辺の思想動向や問題提起によって、直接、間接に触発されたものが少なくなかったということは留意されるべきであろう。たとえば西田が「種」の問題を論ずるようになるのは、明らかに田辺による西田批判を契機としてであったし、自分の哲学の弁証法的性格を強調するようになるのも、当時の田辺のヘーゲル研究に触発されるところが大きかった。

また、西田は昭和一四年の後半頃から、それまではあまり触れることのなかった道元の思想に触れるようになり、『正法眼蔵』をさかんに引用するようになる。そして、自分の行為的直観の思想、とくに「物となって見、物となって行なう」という精神を、しばしば「現成公案」にある「自己をはこびて万法を修証するを迷とす、万法すすみて自己を修証するはさとりなり」という道元の言葉と重ね合わせて説明するようになるが、おそらく、それは、田辺が同年五月に出版した『正法眼蔵の哲学私観』が誘因になっていると思われる。当時、田辺の道元論を、「まったく分別の立場であって、道元を歪めるもの」（鈴木大拙宛書簡、昭和一四年（一九三九）六月一三日）として批判しながらも、それを機会に、あらためて

道元を読み返してみて、その思想に親近感をいだき、また自分の思想との驚くべき類似性を感得したのではなかろうか。(5)

同様に、昭和一九年の末頃、西田は田辺の親鸞解釈を知って（聞いて？）、それに強い反発を感じながらも、一方では、それを契機として、浄土宗的世界観にあらためて関心を抱《いだ》くようになり、また自分の「場所の論理」の立場から浄土宗的世界観を基礎づけようとする問題意識が目覚めていったように思われる。とにかく、西田の「宗教論」が浄土宗的世界観の哲学的基礎づけの意図をもっていたことは、務台理作宛の書簡（昭和二〇年一月六日）からも明らかであるが、その背景には田辺の懺悔道が介在していたことは否定できないだろう。なるほど西田は田辺の懺悔道に対して、ただ不満と反発を感じただけで、そこから何も学ぶものはなかったようであるが、田辺哲学の内部におけるこうした劇的な思想の変化が西田にあたえた衝撃は想像以上に強かったようである。そして、それが「宗教論」執筆の有力な誘因になったように思われる。

鈴木大拙『日本的霊性』

さて、西田の「宗教論」執筆の第二の誘因は鈴木大拙（明治三～昭和四一、一八七〇～一九六六）との交流であろう。西田と鈴木は第四高等学校の生徒時代からの旧友であったが、西田が京都大学を停年後、夏と冬を鎌倉で過ごすようになってからは両者の思想的交流は一段と深まっていった。鈴木大拙の回想によると、当時、西田は、仏教はキリスト教と較べて哲学的に深遠なものを有していながらも、あまりに体験を重んずる結果、論理を軽視するきらいがあること、仏教が自己の優れた点を明らかにするには、その深い体験を自覚的に反省して、普遍化しなければならないこと、またそのためには論理が必要であることを繰り返し力説したということである。(6)それまで「不立文字」とか「無分別の分別」とかいって、むしろ仏教の非論理性や反論理性を強調する傾向のあった鈴木が「名号の論理」や「即非の論理」を説くようになったのは、明らかに西田の啓発によるものであろう。

一方、西田は仏教、とくに禅仏教の思想や文献や用語に関して、頻繁に鈴木から教示をうけている。また、鈴木の提唱した「名号の論理」や「即非の論理」を自分の「絶対矛盾的自己同一」の論理と符合するものとして、その「宗教論」のなかでさかんに援用している。

鈴木は昭和一九年（一九四四）一二月、『日本的霊性』を上梓した。彼は同書で「名号の論理」を説き、また同書に収められた「金剛経の禅」で「般若即非の論理」を展開したが、それが西田の「宗教論」に多大の影響をあたえた。昭和二〇年二月三日、西田は同書を鈴木から寄贈された（同月六日に読了）。彼が彼の「宗教論」を起稿したのはその翌日（二月四日）のことであった。こうした事実は、西田と鈴木との間の、またその「宗教論」と『日本的霊性』との間の緊密な関係を暗示しているようである。

同年三月一一日の鈴木宛の書簡には、「私は今宗教のことを書いています　大体従来の対象論理の見方では宗教というものは考えられず　私の矛盾的自己同一の論理すなわち即非の論理でなければならないということを明らかにしたいと思うのです　私は即非の般若的立場から人《にん》というもの　すなわち人格を出したいと思うのです　そしてそれを現実の歴史的世界と結合したいと思うのです……君の『日本的霊性』は実に教えられます」と書き、その一週間後には「とにかく般若即非の論理というのは面白いと思います　あれを西洋論理に対抗するように論理的に作り上げねばなりませぬ　そうでないと東洋思想といっても非科学的などといわれて世界的発展の力を持てない」（同月一八日）と書いている。西田の

「宗教論」執筆の意図と関心が、どのあたりにあったかは明白である。

また、五月一一日の書簡では、「君の宗教論を拝見した　色々と教えを受けた　同感する所多い……絶対矛盾的自己同一の論理は一面般若即非の論理であると共に　一面にその自己同一として　すなわち一と多との矛盾的自己同一　空間時間の自己同一　絶対現在の自己同一として　唯一なるもの　すなわち個が出て来ると思う　全心即仏全仏即人である」と記し、また務台理作宛の書簡（同年一月六日）では、「大拙の名号の論理　あれはとてもよいです　浄土真宗はあれで立てられねばならぬ　あれはすなわち私のいう表現するものと表現されるものとの矛盾的自己同一の立場から考えられねばならない　そこが天地の根源　宗教の根源です　絶対現在の自己限定の底から仏の名号を聞くのです」と述べている。西田と田辺の関係が相互反発的で否定的な関係であったとするならば、さしずめ西田と鈴木の関係は相互啓発的な関係であり、相互補完的な理想的関係であったといえるだろう。(7)

務台理作『場所の論理学』　さらに、西田の「宗教論」の成立の背景として、務台理作《むたいりさく》（明治二三～昭和四九年、一八九〇～一九七四）の『場所の論理学』をあげなければならないだろう。とくに、西田の「宗教論」のなかで頻繁に用いられている「逆対応」という用語の成立の直接的な機縁は、この書にある。

務台理作は昭和一九年一一月、『場所の論理学』を上梓した。本書は、一言でいえば、西田の場所の論理によって浄土真宗的信仰を基礎づけようとしたものである。同書のなかで、務台は、場所の論理における「場所」と「個」、「包むもの」と「包まれるもの」との間の対応関係が、浄土仏教でいう二種の深信や機法一体観を論理的に基礎づけるものであるということを明らかにしようとした。場所的な意味での「包む・包まれる」関係は、通常の意味での包摂関係とは異なって、「包むもの」が「包まれるもの」を自己自身の内に映し、また反対に、「包まれるもの」の内に「包むもの」が映される関係である。「場所」が自己自身の内に「個」を映すとともに、また「場所」が「個」の内に映される。反対に、「個」は「場所」の内に映されるとともに、自己自身の内に「場所」を映す（このことは個と個の関係についても同様である）。

それで、「包むもの」と「包まれるもの」は相互に浸透し、こうして映し・映される関係が相互に翻る。「包むもの」が「包まれるもの」になり、「包まれるもの」が「包むもの」になる。けれども、このような両者の関係の翻りがあるにもかかわらず、他方、「包むもの」はどこまでも「包むもの」であり、「包まれるもの」はどこまでも「包まれるもの」であって、この関係は絶対に翻ることがない。こうして「包むもの」と「包まれるもの」は絶対矛盾的自己同一的関係にある。そして、こうした自己矛盾的同一的関係が浄土仏教における弥陀と衆生との間におけるいわゆる機法一体観や二種の深信に見られるから、浄土教的世界観は場所的論理によって論理的に基礎づけられるというのである。

西田は務台への礼状（同年一二月二日）のなかで、「私も慥《まこと》に浄土真宗的信仰は場所論理的に論理的表現を与え得ると存じます」と述べ、また「私の場所論理の metaphysical〔形而上学的〕なるに対して君はその logical form〔論理的形式〕を明らかにせられた様に思います」（同月一八日）と述べている。

また、務台は同書のなかで、個と個、個と場所との「場所的対応」ということをさかんに論じているが、この「対応」という言葉に西田は惹かれたようである。「場所的対応というのはよい思いつきです」（同月二日）とか、「君の対応ということを場所的論理に入れるとよい様だ」（同月三〇日）とか、「私は対応ということをまだ入れていなかったが　之を入れると都合がよい」（昭和二〇年一月二五日）とかいっている。

けれども、それと同時に、西田は務台の思想には逆限定の思想が欠けている点を指摘して、「罪悪深重の凡夫が仏の呼声を聞き信に入る　そこに転換の立場がなければならない　これまで独りで煩悶していたが実は仏のほどころにあった　仏の光の圏内に入って仏に手を引かれていることになる　そこにはどうしても包まれるというとこがなければならない　場所論理において対応ということはいつも逆対応ということでなければならない　場所的論理にて世界と自己すなわち全と個と対応ということは　個が全になるとか全が個になるとかいうのではどこまでも相対立するものであるから矛盾的自己同一的に結びつくのだ　場所的論理においての対応というのは根柢的に逆対応ということなのだ　この立場から対応ということを考えねばならぬ」と指摘し、「君の場所的論理の対応ということをうんと逆限定の立場から考えてみてはいかゞ　矛盾的自己同一がはっきり入って来はしないだろうか」（昭和一九年一二月二二日）と語っている。こうした両者のやりとりを見ると、西田の、場所的論理と浄土教的世界観との連関の自覚や、「逆対応」の概念の形成に関して、務台の『場所の論理学』が、その重要な契機となっていることがわかる。

3　逆対応の論理

西田の「宗教論」は、前述したように、当初は場所の論理によって浄土教的世界観に論理的基礎をあたえようとするものであったが、次第に彼の関心は、ただ単に浄土仏教だけでなく、禅仏教やキリスト教をも含めたすべての宗教を自分の場所的論理によって基礎づけようとする方向へと深まっていった。そのため、西田は「宗教論」の最初のところで、彼の場所的世界観の梗概を少しく冗長とも思えるほど詳しく述べている。西田の宗教観や宗教論を期待していた読者は、予想に反して、いきなり場所の論理を長々と詳説されるので、いささか戸惑いを感ずるかもしれない。しかし、西田の側に立って見れば、宗教の本質は対象論理によってはけっしてとらえることはできず、ただ場所の論理によってのみとらえることができると確信するがゆえに、どうしても最初に場所の論理の概要を示しておく必要があったのである。

場所の論理

場所の論理というのは、一言でいえば、対象論理のように、いっさいのものを自己の外に、自己に対して有る対象としてとらえるのではなく、むしろ場所的有としての自己の内に映されるものとしてとらえようとする論理である。そこでは、個と全、個と個が相互に映し・映される関係、あるいは包み・包まれる関係にあるものとしてとらえられる。ひとつ一つの個が同時に全であり、各々の個の内に全体が表現されている。あるいは個はその内に他のすべての個を映しており、また反対に、他のすべての個の内に映されている。重々無尽の華厳の世界やライプニッツのモナドの世界にも似た世界観といってもいいかもしれない。そして、個と全、個と個との間のこのような論理的関係は現実の歴史的世界における自己と世界、個物と個物の関係にそのまま適用される。人格的自己（私）と人格的自己（汝）、人格的自己と世界は先に述べた個と個、個と全との関係としてとらえられる。したがって、一は多であり、多は一である（一即多・多即一）。内は外であり、外は内である（内即外・外即内）。個は全であり、全は個である。自己は世界であり、世界は自己である。個は個でありながら同時に全であり、自己は自己でありながら同時に世界である。歴史的現実界のうちに見られるこうした相即的な関係構造を西田は「絶対矛盾的自己同一」と呼んだ。現実の歴史的世界においては、一はどこまでも一でありながら同時に多であり、多はどこまでも多でありながら同時に一である。同様に、内はどこまでも内でありながら同時に外であり、外はどこまでも外でありながら同時に内である。

また、こうした絶対矛盾的自己同一的な論理的構造をもつ歴史的世界を、行為的自己の側から、行為的自己の主体的行為に即してとらえたのが「行為的直観」であり、反対に、それを世界の自己形成の側面からとらえたのが「作られたものから作るものへ」である。絶対矛盾的自己同一的な歴史的現実界は、これを行為的主体の側から見れば、物を見ること（直観）に促されて自己の働き（行為）が生じ、また物への働きかけ（行為）をとおして自己自身が見られる（直観）。直観が行為を生み、行為が直観を生む。だとすれば、見ることとは働くことであり、働くこととは見ることである（直観即行為・行為即直観）。こうして、世界は行為的直観的に自己自身を形成していく。また、歴史的現実界は、これを世界の側から見れば、環境（作るもの）がわれわれの自己（作られたもの）を作るが、しかし同時に、環境によって作られたわれわれの自己が逆に環境を作っていく。自己は「作られて作るもの」である。だとすれば、「作るもの」は実は「作られたもの」であり、「作られたもの」は実は「作るもの」である。こうして世界は「作られたものから作るものへ」と矛盾的自己同一的に自己自身を形成していく。

さらに、こうした歴史的世界の絶対矛盾的自己同一的な自己形成は、同時にまた真実在である絶対無の場所の自覚的限定としてとらえられる。いわば往相的世界における自己形成作用が還相的世界の顕現ないし現成としてとらえられる。個物と個物の相互限定の世界は同時に一般者の自己限定の世界でもある。歴史的現実界の一瞬一瞬が同時に「永遠の今」ないしは「絶対現在」の自己限定としてとらえられる。同一の世界がこちら側とあちら側の両側から見られる。此岸と彼岸の両岸から見られるのである。現象界はすなわち実在界であり、実在界はすなわち現象界である。現象即実在である。われわれの自己は現象としての個であると同時に実在の現成でもある。このように自己という存在はつねに二重構造をもったものとして考えられる。これをいいかえれば、われわれの自己は自己を超えたものにおいて自己をもつということである。自己を超えたものが自己の根源であるということである。

だとすれば、こうした超越者は外的方向にではなく、内的方向にもとめられなければならない。真の超越者は内在的超越者である。「宗教論」において、西田は、このような超越者を「絶対者」「絶対的一者」「絶対無」「神」「仏」等、種々の表現を用いて表示しているが、そこに共通しているのは、それらをいずれも内在的超越的方向に考えていることである。神や仏は超越者であるが、しかしそれは内なる超越者であって、外なる超越者ではない。そしてこの点からすれば、場所の論理は「内在的超越主義」ともいうことができるだろう。

絶対と相対の関係

宗教の本質は絶対と相対との関係にある。では、絶対と相対はどのように関係するだろうか。絶対は、文字どおり、対を絶したものであるから、何ものにも対するものではない。というのも、何かに対するものは、それ自身ひとつの相対であって、絶対ではないからである。しかしながら同時に、何ものにも対しないものは、またそれ自身、無であって、何ものでもない。およそ有るものは、何かに対して有るのである。したがって、絶対は何かに対するものでなければならない。すると、絶対は、対を絶したものであると同時に、何かに対して有るものでなければならないということになる。しかし、それは矛盾である。絶対は自己矛盾的存在である。

では、われわれは真の絶対というものをどう考えたらいいのだろうか。西田の考えはこうである。絶対は自己自身を否定し、その否定した自己自身に対するのである。絶対とは、いわば自己否定の働きであって、不断に自己を否定する。そして、そのように否定された自己自身に対する。この絶対の否定態が相対である。相対は絶対の顕現であり、西田の言葉を借りれば、絶対の自己限定の諸相である。西田が個を一般者の自己限定とか、絶対現在の自己限定とかいうのは、この意味においてである。

一方、相対はそれ自身では絶対に対するということはできない。もし、相対が絶対に対するとすれば、それはもはや相対ではなく、ひとつの絶対であるからである。あるいは相対に対する絶対はもはや絶対ではなく、ひとつの相対にすぎないからである。では、相対はいかにして絶対に対することができるか。西田の答えはこうである。相対はそれ自身を否定することによって初めて絶対に対することができる。しかるに、相対が自己を否定するということは相対が絶対となることである。自己を否定するということは、自己が相対であることを否定するということであるから、絶対になるということにほかならない。だとすれば、絶対も相対も、ともに自己を否定することによって初めて相対《あいたい》することができる。対極の位置にある絶対と相対は相互の自己否定をとおして対面していることになる。そして、絶対と相対のこうした相互否定的な対応関係を西田は「逆対応」と呼んだ。宗教的信仰において、人間と神、衆生と仏が相対するのはこうした逆対応によるのである。

前述したように、絶対が自己否定的に相対に対し、反対に相対が自己否定的に絶対に対する関係を、西田は「逆対応」と呼んだ。それは従来、西田が「逆限定」とか「逆作用」という言葉で表現していたものをいい改めたものである。個物と一般、自己と環境との関係を表現する場合は、逆限定とか逆作用とかいう表現でもよいが、神と人間、仏と衆生の関係を表現するには、限定とか、作用とかいう言葉よりも、対応という言葉の方が相応しい。それで西田は、務台の「場所的対応」という言葉にヒントを得て、逆対応という言葉で表現したのである。「私は対応ということをまだ入れていなかったが　之を入れると都合がよい」というゆえんである。

逆対応とは、神と人間あるいは仏と衆生の間に見られる相互否定的な対応関係を表示する概念である。たとえば一方に弥陀の救済をもとめる衆生の声があり、他方に迷える衆生を救おうとする仏の呼声がある。それが「南無阿弥陀仏」の六字の名号において合致している。この名号は阿弥陀仏に救いをもとめる衆生の側から発せられる悲痛な声であると同時に、たとえ地獄に堕ちてでも衆生を救わんとする阿弥陀仏の側から発せられる悲願の声でもある。こちら側からの「もとめる声」とあちら側からの「呼びかける声」が相互に逆対応している。それが二種の深信や機法一体観の根底に見られる論理的構造であるというのである。そして、それを衆生の側から見れば、「善人なをもて往生をとぐ、いはんや悪人をや」[8]の信念となり、「弥陀の五劫思惟の願をよくよく案ずれば、ひとへに親鸞一人がためなりけり」[9]の確信となるのである。

絶対と相対との間のこうした逆対応関係はキリスト教のいわゆる「神のケノーシス」の思想にも認められる。ケノーシス（κένωσις）というのは、「謙虚あるいは自己を空しくすること」の意であるが、新約聖書の『ピリピ書』には、「キリストは神の形であられたが、神と等しくなることを固守すべ事とは思わず、かえって、おのれをむなしうして下僕の形をとり、人間の姿になられた。その有様は人と異ならず、おのれを低くして、死に至るまで、しかも十字架の死に至るまで従順であられた」（２・７）とある。こうした神の受肉は、人間の側から見れば、「もはや私が生きているのではない、キリストが私の内で生きておられるのである[10]」という確信になり、「アダムによってすべての人が死に、キリストによってすべての人が生かされる[11]」という信念になる。そこには、神の働きと人間の働きとの間の逆対応的関係が認められる。

さらに、西田は逆対応を説明する際、しばしば大燈国師の「億劫《おくごう》相別れて而《しか》も須臾《しゅゆ》も離れず、尽日《じんじつ》相対して而も刹那《せつな》も対せず[12]」という言葉を引き合いに出している。これもまた絶対と相対、仏と衆生の間の絶対矛盾的、逆対応的な関係を表現したものと見ることができる。仏と衆生は絶対に隔絶しているとともに、寸毫も隔絶していない。逆方向にあるものが相互に自己否定的に対応しあっている。仏と衆生との間に見られるこうした即非的関係を表示するのに、「逆対応」という言葉がうってつけだと西田は考えたのである。

このように逆対応は神と人間、仏と衆生との間に典型的に見られる宗教的関係を表示する概念である。神と人間、仏と衆生のように、対極にあるものが相互の自己否定をとおして逆方向から対応しあっている。一方の自己否定の働きと他方の自己否定の働きが相互に対応しており、この二つの働きは相即不離というよりも、一体不二の関係にある。そして、このような自己否定的な対応関係を逆対応と呼ぶのである。このことは、たとえば「神は自己否定的に逆対応的に個に対する」とか、「我々の自己は、ただ死によってのみ、逆対応的に神に接する(13)」という言葉からも明らかであろう。

逆対応と絶対矛盾的自己同一

では、この逆対応の思想と、従来の絶対矛盾的自己同一の思想とはいったいどのような関係にあるのだろうか。従来、逆対応については種々の解釈があった。そのひとつは、それを従来とはまったく異なった思想としてとらえようとするものである。たとえば高坂正顕は「先生の『宗教論』は逆対応という概念によって貫かれている……しかし先生は特に逆対応という語について説明もされず、また、その論理も示してもいられない(14)」と語り、北森嘉蔵は「逆対応の論理は西田の晩年に立ち現われるや否や、彼の逝去によって思索を絶たれた思想である(15)」と語っている。たしかに「逆対応」自体は、「宗教論」において初めて本格的に展開された思想であるが、しかしその内実は、従来、「逆限定」とか、「逆作用」とか呼んでいたものと何ら異なるものではない。いわばそれらに、宗教的関係を表示するにふさわしい意匠をほどこしたものである。したがってまた、逆対応は「絶対矛盾的自己同一」の思想と別個に考えられたものではない。このことは、たとえば鈴木大拙宛の書簡にある「私は今宗教のことを書いています　大体、従来の対象論理の見方では宗教というものは考えられず私の矛盾的自己同一の論理すなわち即非の論理でなければならないということを明らかにしたいと思うのです」（昭和二〇年三月一一日）とか、務台理作宛書簡にある「矛盾的自己同一の場所的論理では逆対応ということが深く考えて行かなければならない」（同年一月六日）とかいった言葉によく示されている。「宗教論」においても、「否定即肯定の絶対矛盾的自己同一の世界は、どこまでも逆限定の世界、逆対応の世界でなければならない(16)」といっている。

しかるに、従来、西田のこの「絶対矛盾的自己同一」の思想は「自己同一」に重点がおかれていて

「否定性」の契機が欠如しているという指摘があった（高坂正顕・北森嘉蔵・鈴木亨等）。これらの評者に共通しているのは、西田の場所的論理を般若即非の論理と符合するものと見なし、絶対矛盾的自己同一は般若即非の論理の「即」の面を、また「逆対応の論理」はその「非」の面をあらわしていると理解しているということである。田辺元も、西田の絶対矛盾的自己同一に対しては批判的であったが、逆対応については「相互反対なものが、或は逆なものが、逆のままで相呼応し互に結びつくというのです。その関係を西田先生は逆対応、逆限定と呼んでおられます。まことに適切な概念である」と賛意をあらわしたあとで、「これを先生は久しく絶対矛盾の自己同一と呼んでおられました[17]」と述べている。

しかし、「逆対応」は「絶対矛盾的自己同一」と別個の思想であるのではない。むしろ「絶対矛盾的自己同一」の内、「絶対矛盾的」という側面を強調した言葉として理解されなければならない。これに対して、その「自己同一」的側面を表示しているのが「平常底」であると考えられる。この点は、阿部正雄や上田閑照も筆者と同じ解釈をとっている[18]。逆対応と平常底は一対の概念として理解されなければならない。西田は逆対応という言葉を用いる際、逆対応的に「接する」とか、「触れる」とか、「応ずる」とかいった表現をしているが、この「接する」とか、「触れる」とか、「応ずる」とかいう言葉の内に、「自己同一」という意味が込められているように思われる。同様に、西田は平常底という言葉を用いる際、きまって「終末論的平常底」とか「終末論的なる処、すなわち平常底」というい方をしている。ここで、終末論というのは、歴史の始まりと歴史の終わりがこの絶対現在において同時存在的であるということを表示しているので、そこに「絶対矛盾的」という意味が込められているように思われる。

いずれにしても、西田の絶対矛盾的自己同一の論理は、最晩年の「宗教論」において、あらたな局面が開かれ、あらたな立場へと展開したというよりも、それが「絶対矛盾的」という要素と「自己同一」という要素に分節され、前者は「逆対応」として、また後者は「平常底」として、それぞれ明確にされ具体化されたといえるだろう。とかく絶対矛盾的自己同一の概念は公式的・抽象的に過ぎ、その具体的内容を欠いているという批判があったが[19]、それに応えるべく、あらたに逆対応と平常底という具体的な内容が与えられたといってよいかもしれない。

4　平常底と終末論

絶対矛盾的自己同一の論理が有している「絶対矛盾的」という側面を強調したのが「逆対応」の思想であるとすれば、その「自己同一」という側面を強調したのが「平常底」の立場である。逆対応が、絶対と相対、神と人間、仏と衆生との間の宗教的関係を表示しているのに対して、平常底はむしろ回心や見性に特有な宗教的立場ないし境地を表示している。あるいは阿部正雄もいっているように、逆対応は絶対者のもっている超越的側面に即していわれる言葉であるとすれば、平常底はその内在的側面に即していわれる言葉であるともいえよう[20]。

では、平常底《びょうじょうてい》とはいったい何であろうか。逆対応と同様、平常底という言葉も耳慣れない言葉であるが、もともとは禅宗で用いる「平常心」[21]に由来する言葉であろう。実際、西田は平常底を説明する際、南泉（七四八〜八三五）の「平常心是道」や臨済（?〜八六七）の「仏法無用処功処、祇是平常無事、屙屎送尿、著衣喫飯、困来即臥」[22]（仏法は用功《ゆうこう》の処無し、祇《た》だ是れ平常無事《びょうじょうぶじ》、屙屎送尿《あしそうにょう》、著衣喫飯《じゃくえきっぱん》、困《つか》れ来たれば即ち臥す）という言葉を再三引用している。それは平生の生活を超越した脱俗的な境地をいうのではなく、むしろ日常の生活を、その底の底に突き抜けたような境地や態度をいうのである。また、そこにこそ人間の本来的なあり方が見られ、したがってまた何ものにもとらわれない自由な境地があると考えられるので、「我々の自己に本質的な一つの立場[23]」であるとか、「人格的自己に必然的にして、人格的自己を人格的自己たらしめる立場[24]」であるとか、「真の自由意志の立場」であるとか、「自己転換の自在的立場[25]」であるとかいわれる。一言でいえば、「見性」のような悟りの境地、あるいは臨済のいう「随処作主、立処皆真[26]」（随処に主と作《な》れば、立処皆な真）のような自由自在な境地を指していると思われる。

では、西田はどうして「平常心」といわずに、「平常底」というのであろうか。おそらくそれは、平常心という言葉には何か固定した実体的な響きがあって、場所的に無基底的な性格を表現するのに適していないという理由によると思われる。とかく平常心という言葉は対象的に受けとられやすい。あたかも平常心という特定の心があるかのように受けとられてしまう。しかし、そうした意味での平常心があるのではなく、むしろそうした境地をどこまでもその底の底に突き破っていく働きがあるのである。そしてこの点で、平常底という言葉はこうした無限の奥行きを表現するのに都合がいい。西田自身も、「自己の底に自己を限定する何ものもない、主語的に本能的なものもなければ、述語的に理性的なものもない。どこまでも無基底的である。故に祇是平常無事、すなわち平常底という[27]」といっている。

しかも、この「底」は浅いものから深いものまで無限の奥行きを有している。それは深いといえばどこまでも深く、反対に浅いといえばどこまでも浅い。西田が、一方で、平常底と常識とを峻別すると同時に、他方では、「常識の中にまた平常底的立場が含まれている[28]」というゆえんである。そこには、われわれにもっとも近いものが、同時にもっとも遠いものであり、またわれわれにもっとも日常的なものが、同時にもっとも根源的なものであるという確信がある。それは既に『善の研究』において、もっとも理想的で究極的な純粋経験として「知的直観」を説明する際、それは感覚や知覚のような日常的経験を離れたものではなく、むしろ日常的経験の底に徹したものであり、したがって日常的な感覚や知覚にも知的直観と共通するものがある、と説いていたのと同様である。

西田は「歴史的身体」(昭和一二(一九三七)年九月)と題する講演のなかで、「我々の最も平凡な日常の生活が何であるかを最も深く攫むことによって最も深い哲学が生まれるのである[29]」といっている。根源的なものは日常的なものを超越したところにあるのではなく、反対に日常的なものの無限の奥底にある。この意味で、現象は実在であるが、しかし現象は無限の深さを蔵している。そして、その奥の奥に真実在が見られると考えられているのである。この意味で、前述したように、西田哲学は内在的超越主義ともいうべきものであろう。平常底は純粋経験や行為的直観の境地を宗教的に表現し直したものということができよう。道元のいう「心身脱落」や親鸞のいう「自然法爾」がまさしく平常底であるのである。

平常底は、歴史のはじまりと歴史の終わりが現在のこの一瞬に収斂する絶対現在の自己限定として自己自身を自覚する立場である。西田はそれを「絶対現在的意識」とも呼び、「終末論的平常底」という慣用句であらわしている。それは絶対の自己否定による自己転換の立場であるが、しかもけっして日常性を離れることなく、むしろ日常的生の底に徹した立場である。それはいわば時間的な面と場所的な面、水平的な横軸と垂直的な縦軸との交差点であり、したがって最深にして最浅、最遠にして最近といわれる。平常底は歴史的世界と宗教的世界の接点であり、もっとも具体的な世界である。それゆえに、「宗教は個人の意識上の事ではない。それは歴史的生命の自覚にほかならない[30]」といわれ、「歴史的世界は、その根柢において、宗教的であり、また形而上学的である[31]」といわれるのである。絶対現在の自己限定の世界が歴史的形成の世界であり、同時に宗教的救済の世界であるのである。そして、われわれはかような世界の創造的要素として、一瞬一瞬に逆対応的に神（仏）と接しており、終末論的平常底的に世界の射影点となるのである。西田は彼の「宗教論」を「国家とは、此土において浄土を映すものでなければならない[32]」という言葉で結んでいる。

西田においては、宗教は学問・道徳の根本である。『善の研究』以来、この考えは終始一貫している。一般にそう思われているように、宗教は歴史的現実界とはまったく無縁の世界であるのではない。むしろ現実の歴史的世界はその根底において宗教的構造を有しているのである。歴史的世界は絶対者の自己限定として成立しているのであり、現象世界にあるものはことごとく絶対者の自己表現であるのである。絶対現在の一瞬一瞬の自覚的限定がすなわち現実の世界である。したがって、そこには、内在的なものが超越的であり、超越的なものが内在的であるという関係がなければならない。内在即超越、超越即内在の絶対矛盾的自己同一の立場において初めて宗教というものが考えられるのであり、また歴史的現実界はまさしくそこに自己存在の基礎をおいているのである。それだから、「宗教を否定することは、世界が自己自身を失うことであり、逆に人間が人間自身を失うことであり、人間が真の自己を否定することである[33]」とさえ西田はいっている。

けれども、その場合、絶対者は超越者として、われわれの外に超越するものであってはならない。反対に、どこまでもわれわれの内に超越するものでなければならない。内在的超越者でなければならない。西田の考えでは、この内在的超越こそ新しい文化への道である。将来の宗教は超越的内在よりも内在的超越の方向へ考えられねばならない、と西田はいう。そして、こうした確信から、彼は、ドーソン（Christopher H. Dawson、一八八九〜一九七〇）などが提唱する中世的なものへの還帰の運動を時代錯誤として批判し、むしろ「新しいキリスト教的世界は、内在的超越のキリストによって開かれるかもしれない」という見通しを述べている。また、こうした内在的超越主義にこそ、仏教の側から新しい時代に寄与するものがあると説いている。[34]

前述したように、西田はこの「宗教論」を自分の遺言だといっている。この遺言をいかに受け止め、それを発展させていくかは、われわれに残された課題である。

註

（1）務台理作宛書簡（昭和一九年一二月二二日）。

（2）同上。

（3）同上。

（4）田辺元『懺悔道としての哲学』『田辺元全集』第九巻、筑摩書房、一九六三年、七頁。

（5）拙稿「道元と西田幾多郎――東洋的実在観の特性」（『宗学研究』曹洞宗宗学研究所、第四八号、二〇〇六年三月）および「西田哲学における道元とその思想」（『研究紀要』日本大学経済学部、第五一号、二〇〇六年一月）、参照。

（6）鈴木大拙「西田の思ひ出」「西田君の思ひ出二つ三つ」『鈴木大拙全集』第三十巻、岩波書店、一九七〇年、九〜一二頁、五七〜六一頁。たとえば鈴木は「東洋人の抱いている思想の中に世界性をもったものがないというなら兎に角、それがあるならそれに十分の論理性を持たせなくてはならぬ。西田の主張はいつもこの論理性であった」と語っている（同巻、一四頁）。

(7) ここでは、紙幅の関係で「即非の論理」や「名号の論理」について詳述することはできない。詳しくは拙著『西田哲学と宗教』大東出版社、一九九四年、二九一〜三〇七頁参照。

(8) 『歎異抄』『親鸞著作全集』（金子大栄編）、法蔵館、一九六四年、六七六頁。

(9) 『歎異抄』『親鸞著作全集』六九四頁。

(10) 『ガラテヤ書』2・20。

(11) 『コリント書』15・22。

(12) 大燈国師が花園天皇にささげた偈。

(13) 旧版、第十一巻、三九六頁。新版、第十巻、三一五頁。

(14) 高坂正顕「西田哲学と論理」『西田幾多郎先生の追憶』国立書院、一九四八年、一一七頁。

(15) 北森嘉蔵「西田哲学について」『哲学と神』日本之薔薇出版社、一九八五年、一九三頁。

(16) 旧版、第十一巻、四〇九頁。新版、第十巻、三三五頁。

(17) 田辺元『哲学入門』補説第三、宗教哲学・倫理学、『田辺元全集』第十一巻、四九二頁。

(18) 阿部正雄「西田哲学における〝逆対応〟の問題、その批判的理解のために」（一）（二）、『理想』第五六二号、第五六五号、一九八〇年三月、六月。上田閑照「逆対応と平常底――西田哲学の宗教理解について」『理想』第五三六号、一九七八年一月。

(19) たとえば高山岩男は「絶対矛盾的自己同一というやはり消極的な形式的な事柄では私は満足できないのでありますす。何かそこに論理の根本原則としてもっと積極的に内容を指示するような原理が考えられないものだろうか。単に矛盾しているものが一つであるというのではなくして、矛盾しているものが一つであるような境をもっと積極的に言い表す論理的原則がなかろうか」と疑問を提出している。そしてこうした疑問に答えるべく自分が案出したのが「呼応的同一の原理」であると述べている（「呼応的同一の原理」『高山岩男著

作集』第一巻、玉川大学出版部、二〇〇七年、五一〇頁)。
(20) 阿部正雄、前掲論文、参照。
(21) 『無門関』一九則。
(22) 『臨済録』示衆、四。
(23) 旧版、第十一巻、四五一頁。新版、第十巻、三五七頁。
(24) 旧版、第十一巻、四五一頁。新版、第十巻、三五七頁。
(25) 旧版、第十一巻、四五一頁。新版、第十巻、三五七頁。
(26) 『臨済録』示衆、四。
(27) 旧版、第十一巻、四四九頁。新版、第十巻、三五五頁。
(28) 旧版、第十一巻、四五三頁。新版、第十巻、三五八頁。
(29) 旧版、第十四巻、二六七〜二六八頁。新版、第十二巻、三四五頁。
(30) 旧版、第十一巻、四五五頁。新版、第十巻、三五九頁。
(31) 旧版、第十一巻、四五六頁。新版、第十巻、三六〇頁。
(32) 旧版、第十一巻、四六四頁。新版、第十巻、三六七頁。
(33) 旧版、第十一巻、四五九〜四六〇頁。新版、第十巻、三六三頁。
(34) 旧版、第十一巻、四六二頁。新版、第十巻、三六五頁。

あとがき

筆者の西田哲学の研究歴もいつのまにか半世紀を超えたが、その長い年月の間に、おのずと研究の姿勢や関心の動向に変化が見られるようになった。最初の頃は、西田の著作にある、どんな片言隻語をもけっして逸することなく、ひたすら正確に理解しようとつとめたが、またそうした類《たぐい》の研究書や解説書をいくつか出版したが、最近になって、とみに、西田の思想そのものを忠実に解説することよりも、むしろ西田哲学を西洋の伝統的な思想と比較して、その思惟方法の著しい差異や特質を剔出することの方に興味が移っていった。

西田哲学は歴史的に東洋に固有な実在観を、現代という舞台の上で、また西洋哲学の概念装置を用いて展開したきわめて個性的な思想であるといえるだろう。西田自身は、最初、自分の思想がもっているそうした東洋的な、というよりも土着的な性格を自覚していなかったらしく、ジェームズ、ベルクソン、フィヒテ、ヘーゲル等の思想とその独特な術語を借用し、あるいは援用することによって、また反対に、デカルトやカントないしは新カント学派の二元論的で主観主義的な哲学を批判することをとおして自説を展開していったが、『働くものから見るものへ』（一九二七年）の「後編」に収められた論稿あたりから、自分の思想がもっている日本的あるいは大乗仏教的な性格を自覚するようになったと思われる。この頃、西田は哲学を最初からやり直そうと考え、遠くギリシア哲学にまで遡ってプラトンやアリストテレスの著作を繙《ひもと》くようになったが、そのことが却って西洋哲学の源流と自分自身の思想、あるいはその源流との間にある大きな懸隔を意識させる結果になったように思われる。

画期的な論文「叡知的世界」が執筆されたのは、ちょうど西田の停年（五八歳）の頃であった。それ以後、西田は自分の思想の独自性を、否むしろ独創性を強く自覚するようになり、積極的に西洋の代表的な思想と対峙しようとする姿勢を示すようになっていった。そして自分の固有の思想を「絶対無の自覚」「絶対矛盾的自己同一」「行為的直観」「逆対応」等、従来の西洋哲学の用語とはまったく異質な、また独特な術語でもって表現するようになった。

筆者は、こうした西田哲学の特質を、本書において「無の思想」「心の形而上学」「内在的超越論」として特徴づけ、それらが大乗仏教や陽明学や道元等の思想ときわめて近似した思考様式を有していることを明らかにしようと試みた。実際、西田哲学は東洋に伝統的に育《はぐく》まれてきた固有の実在観の哲学的論理化であるといっていいだろう。西田自身はそれを「現象即実在論」「徹底的実証主義」「絶対的客観主義」等、種々の名称でもって性格づけている。

以上のような筆者の意図や問題意識が本書においてどのくらい正確に実現され、明確に表現されているか、いささか心もとないところがあるが、今後もこの方向で自分の研究をつづけていきたいと考えている。そして、それは「世界哲学史における西田哲学」という問題意識とつながるであろう。西田哲学をただ単に西田哲学として研究するのではなく、同時に世界哲学史における西田哲学という観点から思索を重ねていきたいと考えている。

最近、筆者は「思考の類型学」というものに強い関心をもつようになったが、この点から見れば、まさに西田幾多郎は従来の西洋にはなかった新しい実在観のモデルを提示したといってもけっして過言ではないだろう。

出版に際しては、このたびも編集部の田引勝二氏のお世話になった。今回は、今まで出版したものとはいささか性格が異なり、内容が多岐にわたっていることもあって、著作のタイトルをどうするかで少なからず迷ったが、最終的には田引氏の意見を取り入れて『近代日本哲学のなかの西田哲学』とした。本書の内容にもっともふさわしいネーミングではないかと思う。また、田引氏と相談して、最初の原稿では第一章になっていた「日本の近代化と哲学」を序章として独立させることにした。それによって本書の全体の構成がより統一あるものになったように思う。

本書を読んで、ひとりでも多くの人が日本人に固有の思惟方法に関心をいだくようになり、また日本人であることや、日本人として哲学することに自信をもつようになっていただければ、筆者の喜びはこれに勝るものはない。

二〇一六年七月吉日

著　者

《著者紹介》

小坂国継（こさか・くにつぐ）

1943年　生まれ。

1966年　早稲田大学第一文学部哲学科卒業。

1971年　早稲田大学大学院文学研究科博士課程修了。

日本大学経済学部教授，日本大学大学院総合社会情報研究科教授などを経て，
現　在　日本大学名誉教授。文学博士（早稲田大学）。

著　書　『西田哲学の研究――場所の論理の生成と構造』ミネルヴァ書房，1991年。

『西田哲学と宗教』大東出版社，1994年。

『西田幾多郎――その思想と現代』ミネルヴァ書房，1995年。

『西田幾多郎をめぐる哲学者群像』ミネルヴァ書房，1997年。

『西田哲学と現代――歴史・宗教・自然を読み解く』ミネルヴァ書房，2001年。

『西田幾多郎の思想』講談社学術文庫，2002年。

『環境倫理学ノート』ミネルヴァ書房，2003年。

『東洋的な生きかた』ミネルヴァ書房，2008年。

『西洋の哲学・東洋の思想』講談社，2008年。

『倫理と宗教の相剋』ミネルヴァ書房，2009年。

『西田哲学の基層』岩波現代文庫，2011年。

『明治哲学の研究――西周と大西祝』岩波書店，2013年。

Minerva 21世紀ライブラリー㊷

近代日本哲学のなかの西田哲学
――比較思想的考察――

2016年9月30日　初版第1刷発行　〈検印省略〉

定価はカバーに
表示しています

著　者　小　坂　国　継
発行者　杉　田　啓　三
印刷者　坂　本　喜　杏

発行所　株式会社　ミネルヴァ書房
〒607-8494　京都市山科区日ノ岡堤谷町1
電話代表（075）581-5191番
振替口座　01020-0-8076番

　冨山房インターナショナル・新生製本

ISBN 978-4-623-07767-0
Printed in Japan

人名索引

あ　行

か　行

さ　行

た　行

な　行

は　行

事項索引

あ 行

か 行

さ　行

た　行

な　行

は　行

ま　行

や　行

ら　行

わ　行